新时代经济管理特色教材

跨国公司经营与管理

苏振东 编著

MULTINATIONAL CORPORATION
OPERATION AND MANAGEMENT

清华大学出版社
北京

内 容 简 介

本书全面覆盖了跨国公司从理论到实践的多个层面，紧密围绕跨国经营的理论精髓、实践智慧、战略思维展开，系统而深入地剖析跨国经营的一般规律与前沿动态，通过丰富的案例分析与实践指南，引导读者理解并将知识应用于复杂的国际商业环境中。第一章介绍了跨国公司的概念、类型、特征及其在经济全球化中的作用，第二章到第九章探讨了跨国公司的基本理论、国际环境、战略、跨文化管理与沟通、组织管理、人力资源管理、生产管理和营销管理，第十章特别关注了中国跨国企业的经营与管理。

本书适合作为高等学校国际贸易、国际商务、企业管理等专业的本科生、研究生教材，也为理论研究者提供了丰富的学术资源，为企业经营管理实务人员提供了参考与策略指导，助力其在全球化竞争中抢占先机，实现可持续发展。

本书封面贴有清华大学出版社防伪标签，无标签者不得销售。
版权所有，侵权必究。举报：010-62782989，beiqinquan@tup.tsinghua.edu.cn。

图书在版编目（CIP）数据

跨国公司经营与管理 / 苏振东编著. -- 北京：清华大学出版社，2025.3.（新时代经济管理特色教材）. -- ISBN 978-7-302-68726-9

Ⅰ．F276.7

中国国家版本馆 CIP 数据核字第 2025NN8749 号

责任编辑：张　伟
封面设计：孙至付
责任校对：王荣静
责任印制：沈　露

出版发行：清华大学出版社
　　网　　址：https://www.tup.com.cn，https://www.wqxuetang.com
　　地　　址：北京清华大学学研大厦 A 座　　邮　编：100084
　　社 总 机：010-83470000　　邮　购：010-62786544
　　投稿与读者服务：010-62776969，c-service@tup.tsinghua.edu.cn
　　质量反馈：010-62772015，zhiliang@tup.tsinghua.edu.cn
　　课件下载：https://www.tup.com.cn,010-83470332
印 装 者：天津鑫丰华印务有限公司
经　　销：全国新华书店
开　　本：185mm×260mm　　印　张：14　　字　数：322 千字
版　　次：2025 年 5 月第 1 版　　印　次：2025 年 5 月第 1 次印刷
定　　价：48.00 元

产品编号：102449-01

前言

随着中国经济融入世界经济的步伐加快,越来越多的跨国公司来到中国投资,中国企业也逐渐走向世界。了解跨国公司的有关理论和经营管理实务,对于加快中国经济发展具有重要意义。跨国公司是世界经济发展和全球经济一体化的推动力,也是全球数字经济发展的引擎。1990年以来,自由化和出口导向的政策、降低成本的追求和新技术的涌现推动着跨国公司全球生产的快速增长,我国跨国公司在发展过程中凸显了起步晚、发展迅速的特点。在这样的背景下,一方面,我国跨国公司国际化经验积累不足,这就迫切需要借鉴发达国家跨国公司国际化经营的经验;另一方面,我国跨国公司在迅速成长和发展的过程中也暴露了经营与管理人才不足的问题,这就迫切需要了解跨国公司的基本理论知识、特点及其发展模式,以及跨国公司经营与管理的基本经验和技能,结合我国企业跨国经营的实践,造就一批国际化经营与管理的专门人才。在编写本书的过程中,编者在借鉴国内外优秀同类著作或教材的基础上,结合了多年的教学工作实践。本书体现了以下几个特色。

(1) 内容聚焦,体系简明。各章重点突出基本理论,并结合跨国经营发展的最新动态和国内外的相关经典理论,从跨国经营的国际环境、战略战术、跨文化管理、职能管理等方面,阐明了基本概念、基本理论,分析了跨国经营实践的新探索,力求准确把握理论实质。

(2) 结构安排得当,前后呼应,体现出内在逻辑的一致性。

(3) 内容新颖,方便教学。本书的写作得益于国内外大量相关著作或前沿学术论文,编者在此基础上进行了梳理和归纳,有利于学生分析跨国经营的相关问题。

本书基于培养通晓现代跨国公司基础理论,具备完善的跨国公司经营与管理知识、企业国际化经营分析与决策能力,熟练掌握跨国公司经营与管理技能,具有较高的理论素养和较强的跨文化管理能力的高层次、应用型、复合型、创新型的国际化经营与管理专门人才的需要而编写,全书共分为十章。第一章为跨国公司概论。第二章为跨国公司的基本理论,包括国际贸易的基本理论、对外直接投资的基本理论、发展中国家对外直接投资的基本理论和服务业跨国公司投资理论。第三章为跨国公司的国际环境。第四章为跨国公司战略。第五章为跨文化管理与沟通,包括跨文化管理、跨文化沟通以及跨文化领导。第六章为跨国公司的组织管理，包括跨国公司组织结构概述、跨国公司组织结构形式和跨国公司组织结构的设计与选择。第七章为跨国公司的人力资源管理。第八章为跨国公司的生产管理。第九章为跨国公司的营销管理，包括跨国公司市场营销战略的类型与选择、跨国公司市场营销的STP分析和跨国经营企业的市场营销组合策略。第十章为中国跨国企业的经营与管理，包括：中国对外直接投资的发展，"走出去"战略的发展，中国跨国企业经营的模式、特点与优势，中国跨国企业经营面临的挑战与对策。

编 者

2024 年 10 月

目录

第一章 跨国公司概论 ……………………………………… 1
- 第一节 跨国公司的概念、类型与特征 ……………………… 1
- 第二节 跨国公司的产生与发展趋势 ………………………… 5
- 第三节 跨国公司发展的新趋势 ……………………………… 7
- 第四节 跨国公司与经济全球化 ……………………………… 10
- 即测即练 ……………………………………………………… 11

第二章 跨国公司的基本理论 ……………………………… 12
- 第一节 国际贸易的基本理论 ………………………………… 12
- 第二节 对外直接投资的基本理论 …………………………… 15
- 第三节 发展中国家对外直接投资的基本理论 ……………… 28
- 第四节 服务业跨国公司投资理论 …………………………… 29
- 即测即练 ……………………………………………………… 34

第三章 跨国公司的国际环境 ……………………………… 35
- 第一节 跨国公司的经营环境及特征 ………………………… 35
- 第二节 国际政治环境 ………………………………………… 40
- 第三节 国际经济环境 ………………………………………… 45
- 第四节 国际法律环境 ………………………………………… 49
- 第五节 国际文化环境 ………………………………………… 51
- 第六节 国际技术环境 ………………………………………… 52
- 即测即练 ……………………………………………………… 53

第四章 跨国公司战略 ……………………………………… 54
- 第一节 跨国公司战略管理 …………………………………… 54
- 第二节 跨国公司战略的模式选择与经营策略 ……………… 56
- 第三节 跨国兼并与收购 ……………………………………… 59
- 第四节 跨国公司战略管理分析工具 ………………………… 65
- 第五节 跨国企业战略联盟 …………………………………… 74
- 即测即练 ……………………………………………………… 83

第五章 跨文化管理与沟通 ………………………………… 84
- 第一节 跨文化管理 …………………………………………… 84
- 第二节 跨文化沟通 …………………………………………… 96

第三节　跨文化领导 …………………………………………………………… 100
　　即测即练 …………………………………………………………………………… 105

第六章　跨国公司的组织管理 …………………………………………………… 106
　　第一节　跨国公司组织结构概述 ……………………………………………… 106
　　第二节　跨国公司组织结构形式 ……………………………………………… 113
　　第三节　跨国公司组织结构的设计与选择 …………………………………… 118
　　即测即练 …………………………………………………………………………… 122

第七章　跨国公司的人力资源管理 ……………………………………………… 123
　　第一节　跨国公司人力资源管理的概念 ……………………………………… 123
　　第二节　跨国公司人力资源管理基本模式 …………………………………… 124
　　第三节　跨国公司的招聘、甄选与配备 ……………………………………… 129
　　第四节　跨国公司人力资源的培训与管理开发 ……………………………… 133
　　第五节　跨国公司人力资源的绩效考核与薪酬管理 ………………………… 134
　　第六节　跨国公司多国籍人员管理 …………………………………………… 136
　　即测即练 …………………………………………………………………………… 138

第八章　跨国公司的生产管理 …………………………………………………… 139
　　第一节　全球生产网络与供应链 ……………………………………………… 139
　　第二节　国际采购 ……………………………………………………………… 141
　　第三节　跨国公司的公司内贸易 ……………………………………………… 146
　　第四节　国际技术转移 ………………………………………………………… 150
　　第五节　跨国公司的研发管理 ………………………………………………… 155
　　即测即练 …………………………………………………………………………… 157

第九章　跨国经营的营销管理 …………………………………………………… 158
　　第一节　跨国公司市场营销战略的类型与选择 ……………………………… 158
　　第二节　跨国公司市场营销的 STP 分析 ……………………………………… 162
　　第三节　跨国经营企业的市场营销组合策略 ………………………………… 171
　　即测即练 …………………………………………………………………………… 180

第十章　中国跨国企业的经营与管理 …………………………………………… 181
　　第一节　中国对外直接投资的发展 …………………………………………… 181
　　第二节　"走出去"战略的发展 ………………………………………………… 191
　　第三节　中国跨国企业经营的模式、特点与优势 …………………………… 199
　　第四节　中国跨国企业经营面临的挑战与对策 ……………………………… 206
　　即测即练 …………………………………………………………………………… 214

参考文献 …………………………………………………………………………… 215

第一章 跨国公司概论

在当今国际经济中,跨国公司具有多方面的影响,跨国公司是国际投资、国际贸易、国际金融与国际技术转让活动的主要组织者和承担者。本章从不同的角度论述跨国公司,研究和分析了跨国公司的概念与类型、产生与发展、新特点与新趋势、所发挥的作用、在经济全球化中的新表现等。通过学习本章,学生应理解相关概念,对跨国公司有一个全面、整体的把握。

第一节 跨国公司的概念、类型与特征

一、跨国公司的概念

国际上对跨国公司有许多称谓,如全球公司、国际公司、多国公司等,各种机构和学者根据不同的标准对跨国公司下了不同的定义。现将给跨国公司下定义的三种主要标准简单介绍如下。

(一) 结构标准

在结构标准(structural criteria)体系下,跨国公司应该至少满足下述条件之一:①在两个或两个以上的国家经营业务;②公司所有权拥有者的国籍为两个或两个以上;③公司的高级经理人员来自两个或两个以上国家;④公司的组织形式以全球性地区和全球性产品为基础。

(二) 业绩标准

业绩标准(performance characteristics criteria)是指凡是跨国公司,则其在国外的产值、销售额、利润额、资产额或雇员人数占整个合同的相关数据的比值就必须达到某一个百分比。百分比具体应为多少,目前还没有形成一个共识。

(三) 行为标准

行为标准(behavioral characteristics criteria)是指跨国公司应该具有全球战略目标和动机,以全球范围内的整体利益最大化为原则,用一视同仁的态度对待世界各地的商业机会和分支机构。

综合各种观点,可以认为:跨国公司是指这样一种企业,它在两个或两个以上的国家

进行直接投资,从事生产经营活动,国外的业绩达到一定比例,有一个统一的中央决策体系和全球战略目标,其遍布全球的各个实体分享资源和信息并承担相应的责任。

二、跨国公司的类型

从不同的角度,跨国公司可被划分成不同的类型。

按运营的空间,跨国公司可分为传统跨国公司和数字跨国公司。传统跨国公司指其商业运营在实体物理空间的跨国公司,而数字跨国公司则指其业务主要通过互联网在虚拟空间运营的跨国公司。

按法律形式,跨国公司可分为母分公司型跨国公司和母子公司型跨国公司。母分公司型跨国公司的组织模式,适合银行与保险等金融企业的跨国经营;母子公司型跨国公司的组织模式,则比较适合工业企业。

按经营项目的重点,跨国公司可分为资源开发型跨国公司、加工制造型跨国公司和服务型跨国公司。资源开发型跨国公司以采矿业、石油开发业和种植业为主;加工制造型跨国公司主要从事最终产品和中间产品(intermediate product)的制造,如金属制品、钢材、机械、运输设备和电信设备等;服务型跨国公司是指从事非物质产品生产,在贸易、金融、运输、通信、旅游、房地产、保险、广告、管理咨询、会计法律服务、信息等行业和领域内从事经营活动,提供各种服务的跨国公司。

按决策机构的策略取向,跨国公司可分为民族中心型跨国公司、民族多元型跨国公司和全球战略型跨国公司。民族中心型跨国公司的所有决策主要考虑母公司(parent company)的权益;民族多元型跨国公司的决策以众多子公司(subsidiary)的权益为主;全球战略型跨国公司的决策以公司的全球利益为主,这种类型的决策较为合理,目前为大多数跨国公司所采用。

按公司内部的经营结构,跨国公司可分为横向型跨国公司、垂直型跨国公司和混合型跨国公司。横向型跨国公司多数是产品单一的专业型跨国公司,在该类型公司内部没有多少专业分工,母子公司基本上都从事制造同类型的产品或经营同类型的业务;垂直型跨国公司是公司内部母公司和子公司之间以及子公司相互之间分别制造同一产品的不同零部件,或从事不同工序的生产,通过公司内部产品转移,将整个生产过程衔接起来的公司;混合型跨国公司一般是经营产品多样化的跨国公司,根据各产品的生产特点,母公司与子公司、子公司与子公司之间有的是垂直型分工,有的是横向型分工。

按生产经营的空间分布范围,跨国公司可分为区域型跨国公司和全球型跨国公司。区域型跨国公司的活动范围主要局限在特定区域,而全球型跨国公司则是以整个世界市场作为其生产经营活动的空间。

按诞生的早晚和企业开展跨国经营时间的先后,跨国公司可分为先发型跨国公司和后发型跨国公司。先发型跨国公司是在国际范围内一个行业中最早开展国际化经营的企业,并且企业的核心技术基本上是自己研发(R&D)的。这类跨国公司的典型代表是欧洲和美国的跨国公司。后发型跨国公司是后来者,企业开始进行国际化经营时,国际市场中该行业内已充满跨国公司,另外,企业的一些核心技术主要是从外国引进的。这类跨国公司以韩国、新加坡、中国等国家和地区的跨国公司为代表。

三、跨国公司的特征

世界上的跨国公司多种多样,有从事制造业的跨国公司,也有从事服务业的跨国公司;有规模巨大的跨国公司,也有数以万计的中小型跨国公司;有发达国家的跨国公司,也有发展中国家的跨国公司。但无论什么类型的跨国公司,和国内公司相比,由于赖以存在的条件和环境等方面的差异,它们一般都具有以下几个特征。

(一)国际化经营战略

跨国公司不同于国内公司之处,首先就是其战略的全球性。虽然跨国公司开始都是在母国和地区立足,以此作为向国外扩张的基础,但跨国公司的最终目标市场绝不限于母国和地区的市场。跨国公司的战略是以整个世界为目标市场的。跨国公司为了获取资源、占领市场、保持垄断优势等,在世界各地投资设立分支机构,进行国际化经营。国内外投资与经营环境的差异会给企业的生产经营活动带来不同的影响和风险,企业要运用自己所拥有的各种资源,主动地应对环境的各种变化,以实现企业跨国经营的目标。实际上,国际化经营就是企业与国际环境相互作用的过程。国际化经营是跨国公司一个最主要的特征,因为如果没有国际化经营,尤其是没有作为国际化经营第二层次的国际直接投资,那么跨国公司也就名不副实了。

(二)在全球战略指导下的集中管理

跨国公司虽然分支机构众多,遍布全球,但诸如制定价格、生产计划、投资计划、研发计划和利润分配等重大决策,均由母(总)公司作出、各分支机构执行。而指导母(总)公司作出决策的是跨国公司的全球战略,即将所有的分公司(branch)、子公司视为一个整体,以全球而不是地区的观点来考虑问题。因此,跨国公司在全球范围内整体长远利益的最大化是其制定决策的出发点和归宿。一切业务经营主要根据整个公司在全球范围内的最大利益、市场情况和总的发展开展,所考虑的不是一时一地的得失,而是整个公司在全球的最大利益。跨国公司将自己视为一个全球公司,而不再是某个国家的公司。这种高度集中的一体化管理,保证了生产经营网点的合理分布以及资源的合理配置,避免了重复生产和销售中的自相竞争,减少了资源浪费。

(三)明显的内部化优势

由于跨国公司在多个国家和地区设有分支机构,在宏观管理上又采用集中领导,因此各个分支机构之间、母公司与分支机构之间关系密切、相互协作、互相配合。这突出体现在制定内部划拨价格、优先转让先进技术和信息资源共享上,这些做法使得跨国公司具有国内公司所不具备的独特的竞争优势。这也部分地解释了企业达到一定规模后就要向外扩张、向跨国公司方向发展的原因。但交易成本和市场失灵(market failure)的存在,也促使跨国公司将交易内部化,即建立内部市场来取代外部市场。实际上,也只有通过这种内部交易,跨国公司才能作为一个国际化生产体系正常运转。跨国公司内部交易在国际贸易中占有相当大的比重。

（四）以对外直接投资为基础的经营手段

以对外直接投资为基础开展生产经营活动是跨国公司与传统国内公司相区别的最根本的特征。一般来说，跨国公司向国外市场渗透可以有三种方式，即商品输出、无形资产转让（如技术贸易、合同制造等）和对外直接投资。随着竞争的加剧，向外输出商品为主的做法已满足不了世界市场的需要，跨国公司已越来越多地利用对外直接投资代替传统的商品输出。与出口相比，海外直接生产更符合跨国公司全球战略的需要和最大限度地扩大盈利的目的。当然，跨国公司以对外直接投资为其经营发展的基础，并不意味着对外直接投资是跨国公司唯一的经营活动方式，进出口贸易、技术转让、间接投资等也都是跨国公司经营活动的内容。

四、跨国公司的作用

跨国公司作为当今世界经济的一支重要力量，对别国经济和全球经济的发展发挥了巨大的作用，这些作用以积极的方面为主。当然，在一些国家，有时跨国公司也产生了一些消极作用。下面主要分析跨国公司的积极作用。

（一）跨国公司是世界经济增长的引擎

以对外直接投资为基本经营手段的跨国公司已发展成为世界经济增长的引擎：跨国公司通过对研发的巨大投入推动了现代科技的迅猛发展；跨国公司的内部化市场促进了全球市场的扩展，跨国公司在传统的外部市场之外，又创造了跨越国界的地区或全球联网的新市场——内部化市场；跨国公司的发展加速了世界经济的集中化倾向；跨国公司在产值、投资、就业、出口、技术转让等方面均在世界上占有重要的地位。

（二）跨国公司加快了各种生产要素的国际流动、优化了资源配置、提高了资源利用效率

跨国公司通过进行一体化国际生产和公司间贸易，可以形成配置和交换各国不同生产要素的最佳途径，并可利用世界市场作为组织社会化大生产、优化资源配置的重要手段。以价值增值链为纽带的跨国生产体系的建立和公司内部贸易的进行已成为跨国公司提高资源使用效率的有效方法。对于整个世界经济而言，跨国公司的发展推动了各种生产要素在国家间的流动与重新组合配置，扩大了国际直接投资、国际贸易和国际技术转让的规模，促进了世界经济一体化的进程和国与国之间经济合作活动的开展，使各个国家的经济越来越紧密地结合在一起，为国际经济的不断发展和繁荣作出了贡献。

（三）跨国公司对资金的跨国流动起到了促进作用

一方面，跨国公司的对外直接投资促进了资金跨国流动。在国外建立的全资或控股子公司与母公司有大量的、经常的资金往来。比如，子公司向母公司上缴利润，母公司向子公司追加投资等。另一方面，跨国公司的对外间接投资也会促进资金的跨国流动。跨国公司拥有大量的股票及债券等金融资产。随着计算机和通信技术的快速发展，这些金

融资产的流动速度与以前相比明显加快。除此之外,跨国公司业务的发展还推动了银行的国际化经营,跨国公司需要其母国和地区的银行在其子公司所在的国家或地区开展业务,并为其子公司提供各种金融服务,这就会使该银行的国外业务量迅速增加。

(四)跨国公司推动了国际贸易规模的扩大和贸易结构的转变

跨国公司对国际贸易的促进作用主要有两个方面:一方面反映在外资企业对东道国出口的直接贡献上;另一方面反映在由国际直接投资进入所引起的当地企业的产品出口努力上,包括当地企业在外资企业的竞争压力下所采取的产品出口努力、跨国公司的当地采购和零部件分包安排等。跨国公司不仅通过外部市场促进贸易的自由化,而且通过内部市场促进贸易的自由化。据联合国贸易和发展会议(UNCTAD,以下简称"联合国贸发会议")的统计,2010年约有1/3的国际贸易属于跨国公司的内部贸易,这说明跨国公司的内部贸易为当今国际贸易的发展作出了贡献。内部贸易的发展不仅改变了国际贸易的原有范畴,而且使当今的国际贸易进一步向中间投入品和知识产品推进。也就是说,跨国公司不仅促进了国际贸易量的扩大,而且促进了国际贸易结构的改变。

(五)跨国公司对母国和东道国的发展发挥了积极作用

对于跨国公司的母国来说,通过跨国公司的对外直接投资,扩大了资本输出、技术输出、产品输出和劳务输出,增加了国民财富,同时在一定程度上也增强了母国对接受投资国的影响力。对于接受跨国公司投资的东道国来说,引进跨国公司的同时也引进了发展经济所必需的资本、先进的技术和管理理念,从而增加了就业机会、扩大了出口、提升和优化了产业结构、繁荣了经济。

(六)跨国公司的发展加快了经济全球化的进程

跨国公司国际化的投资、生产、销售、研发等跨国经营活动,有利于国际贸易的自由化、资金流动的加速化、资源配置的最优化,从而促进了经济的全球化。第二次世界大战结束以来,跨国公司的壮大和世界经济的发展相伴而行、相互促进。随着经济全球化和一体化趋势的不断增强,跨国公司必将在其中扮演一个更加重要的角色。

第二节 跨国公司的产生与发展趋势

跨国公司是国际直接投资活动的主要承担者,世界上大部分的国际直接投资业务都是由跨国公司执行的。跨国公司产生于19世纪经济全球化开始发展和世界市场逐步形成的时期。截止到2024年,跨国公司的产生与发展主要经历了以下三个阶段。

一、第一次世界大战以前的萌芽阶段

跨国公司的产生已有100多年的历史。在历史上,新航线和新大陆的发现,扩大了国际商业活动的空间和范围。特权贸易公司(如英国东印度公司、英国皇家非洲公司、英国哈德逊湾公司、英资汇丰银行、荷兰东印度公司等)这种新的企业组织形式的出现,意味着

以往商人个人冒险家事业的消亡、现代企业的诞生。这些公司开始以经营贸易和航运业为主,后来逐步扩大到银行等金融业。它们属于掠夺性经营的殖民地公司,遭到了当地居民的强烈反对。1856年,英国正式颁布股份公司条例,随后一批股份公司出现,这标志着对世界经济产生重要影响的资本主义现代企业问世。

欧洲工业革命以后,机器生产被广泛采用,对廉价原材料产生了大量需求,于是那些股份公司改变海外经营策略,由非生产性投资转向大规模的生产性投资,在海外探采矿藏、开发土地、修建铁路、建设港口和发展加工制造业。这类投资的增加,催生了现代跨国公司。早期跨国公司通过对外直接投资,在海外设立分支机构或子公司,从事跨国生产和贸易。当时具有代表性的制造业对外投资项目有:1865年,德国弗里德里克·拜耳公司在美国纽约的奥尔巴尼开设了一家制造苯胺的工厂;1866年,瑞典制造甘油和炸药的阿佛列·诺贝尔公司在德国汉堡开设了一家制造炸药的工厂;1867年,美国胜家缝纫机公司在英国的格拉斯哥创办了缝纫机装配厂;1876年,日本成立了第一家综合商社——三井物产公司;1885年,英国最大的油脂食品公司尤尼莱佛公司的前身英国利华兄弟公司在西非和所罗门群岛投资开发椰子种植园。后来,美国的西屋电气公司、爱迪生电灯公司、伊士曼柯达公司、美孚石油公司等也纷纷走向海外市场,在国外投资生产新产品、应用新技术、开展国际化经营,成为现代跨国公司的先驱。

当时,对外直接投资的特征主要是:投资集中于铁路、采矿业和制造业;投资地区主要为落后地区;投资重心由各自的殖民地向一些欧洲国家和美国扩展。总的来说,资本输出的兴起为跨国公司的形成奠定了物质基础。当然,第一次世界大战以前,世界范围内从事跨国经营的企业数量还较少,对外直接投资额也不大,跨国公司的发展处于萌芽阶段。

二、两次世界大战之间的逐渐发展阶段

在这个阶段,对外直接投资有了相当快的增长,比第一次世界大战前增加了两倍,制造业吸引了更多的国际直接投资,该领域的跨国公司发展迅速,越来越多的西方国家大公司开始在海外建立子公司。在这个阶段,共有1 441家西方国家的公司进行了对外直接投资。这一时期,美国跨国公司的发展较快,在国外直接投资的比重逐渐超过英国,居世界首位。然而,由于战争、经济危机和国家管制,跨国公司整体发展速度仍然较慢。

三、第二次世界大战后至今的迅猛发展阶段

第二次世界大战结束以来,科学技术取得了突飞猛进的发展,世界经济一体化程度不断提高,经济全球化趋势加强,这使对外直接投资在深度和广度上迅速发展,跨国公司的数量大大增加、规模大大扩大,对外直接投资的作用和影响已经超过对外间接投资。根据联合国跨国公司中心的资料,发达国家跨国公司的母公司在1968年有727家,子公司有27 300家,到1980年母公司增加到10 727家,子公司增加到98 000家。2006年年底,全球约有78 000家跨国公司母公司,它们的海外分支机构达到780 000家。2010年年底,跨国公司母公司发展到103 786家,其海外分支机构超过892 114家,跨国公司母公司及

其分支机构创造的价值占全球 GDP(国内生产总值)总额的 1/4,境外分支机构创造的价值占全球 GDP 的 1/10,出口商品占全球出口总额的 1/3。2015 年,跨国公司的境外分支机构共提供 7 951 万个就业岗位,创造的价值占 GDP 的 10.8%,出口商品占全球出口总额的 37.4%。

目前,跨国公司的全球化程度较高。根据 2023 年联合国贸发会议提供的数据,全球海外资产排名前 100 家跨国公司的平均跨国化指数约为 61.95%。跨国企业的国际化程度(外资占总资产、销售额和雇员人数的比例)总体保持稳定。目前,全球跨国公司主要分布在发达国家和地区,特别是美国、日本和欧盟这些习惯上被称为"经济三角"的国家与地区。当然,伴随着经济的发展和企业实力的增强,来自发展中国家和地区的跨国公司也越来越多。跨国公司的迅猛发展大大推动了资本国际化和生产国际化的进程,促进了各种生产要素在国际上的流动与重新合理组合配置,可以说跨国公司是推动经济全球化和一体化的主要力量之一。

第三节 跨国公司发展的新趋势

20 世纪 90 年代以来,世界政治经济格局和科技发展发生了一系列根本性的变化,这些变革极大地改变了跨国公司的经营环境、竞争规则和创造价值的方式。因此,跨国公司的发展呈现出以下新趋势。

一、发展战略和业务领域回归高度专业化

传统的跨国公司理论认为,多元化经营是跨国公司一种重要的扩张战略,大型的跨国公司都拥有多种产品、多种技术和多个市场。20 世纪 80 年代是欧美跨国公司多元化经营的鼎盛时期。而近些年来,跨国公司纷纷从多元化经营回归专业化经营,集中发展自己的核心产业。所谓归核化,其要点是跨国公司把自己的业务集中在最具竞争优势的行业;把经营重点放在核心行业价值链(value chain)上自己优势最大的环节;强调核心竞争力的培育、维护和发展;对非核心业务实施战略性外包。实施归核化战略的根本目的是突出主业,提升企业的竞争力。实施归核化战略的主要措施有出售和撤销、收购及剥离、分拆和战略性外包。美国的通用电气公司(GE)和芬兰的诺基亚公司是近年来实施归核化战略获得成功的典型例子。

二、跨国并购日益成为跨国公司对外直接投资的主要手段

经济全球化打破了原有的国家或地区之间以及不同的市场之间的界限,使跨国公司的经营进入全球性经营战略时代,由此导致的新趋势是跨国公司必须以全球市场为目标争取行业领先地位,在本行业的关键因素上追求全球规模,追求实现全球范围内的最低成本生产和最高价格销售,追求提高全球市场占有率和取得全球利润,以同行业跨国战略兼并和强强联合作为追求全球规模经济的主要手段。由于跨国的并购方式具有迅速打进国外市场、扩大产品种类、充分利用现有营销渠道、获得目标公司的市场份额等优点,因此对

外直接投资中的并购方式逐渐受到跨国公司的偏爱。

三、重视实施当地化战略

20世纪80年代,只有少数跨国公司提出并实施当地化战略,随着90年代越来越多的跨国公司实施这一战略,至90年代末,当地化战略已经成为跨国公司全球战略中的一种大趋势。跨国公司的当地化战略主要体现在入乡随俗,把自己当成一个当地公司看待上。当地化的主要内容包括经营管理当地化、投资融资当地化、管理人员当地化、研发当地化、品牌当地化、公司风格当地化等。

四、跨国化程度不断提高

跨国化程度由跨国公司在国外的资产值与其总资产值之比、国外销售额与总销售额之比以及国外雇员数与总雇员数之比这三个比例的平均值来衡量。20世纪90年代以来,发达国家跨国公司和发展中国家跨国公司的跨国化指数均有较大提高。根据2023年联合国贸发会议提供的数据,2023年全球海外资产排名前100家跨国公司的平均跨国化指数约为61.95%,2022年发展中经济体中最大的100家跨国公司的平均跨国化指数为46.16%;2023年世界上跨国化指数排名第一的跨国公司Rio Tinto(力拓)的跨国化指数为100%。跨国化程度的不断提升说明跨国公司对国际市场的依赖日益增强,它们的盈利也越来越多地来自国外。

五、战略联盟成为跨国公司的重要发展模式

20世纪90年代以来,由于科技进步和生产国际化程度的提高,跨国公司为了集中科技资源、实现优势互补、减小风险、扩大业务活动、共同分担研发费用,越来越倾向于建立公司间的战略联盟(strategic alliances)。跨国公司借助战略联盟弥补各自在技术、市场和竞争力方面的不足,加强在全球范围内的竞争能力和竞争优势,以便对新出现的技术变革和市场机遇作出及时反应。跨国公司的战略联盟更多地表现为以新产品、新技术开发和研究成果共享为特征的技术联盟。(出自《商业研究》张秉福)

六、对外直接投资加速向服务业和高附加值的技术密集型行业倾斜

服务需求的不断增长,带来了全球现代服务业(第三产业)的快速发展。服务业连接着生产、消费和就业,在整个国民经济中发挥着重要作用。同时,由于服务业的投资涉及面广、影响范围大,因而相对于制造业可以获得更高的投资收益。这些年来,许多发展中国家和地区逐步调整利用外资的政策,扩大市场准入,鼓励跨国公司进入商业、金融、保险、房地产、运输、旅游、公共设施等行业,加之20世纪90年代以来信息技术突飞猛进,互联网迅速延伸和扩展,服务活动的贸易性不断提高,在一定程度上增加了跨国公司在发展中国家和地区服务业的投资比重。高科技行业的广阔市场前景也吸引着跨国公司的目光。应当说,制造业跨国公司的服务化趋势进一步加快了跨国公司向第三产业和技术密集型行业增加投资的速度。

七、互联网的广泛应用及数字技术迅猛发展,跨国公司的管理体制和组织构架发生较大变化,同时催生了数字跨国公司

20世纪90年代以来,基于互联网和现代信息技术的新型管理体制与组织结构在许多大公司中开始得到应用,新型管理体制以扁平化、分权化和管理总部小型化为特征,它允许人力资源、信息等在跨国公司母公司及其设在全球的子公司网络内跨国界、跨行业自由流动,它强调信息的开发与共享,使同量的信息为更多的子公司所共有,大大减少了子公司独立开发信息的成本。跨国公司对互联网的发展采取了积极的欢迎态度,纷纷"触电上网",发展电子商务,制定并实施本企业的网络发展战略,也催生阿里巴巴、腾讯、百度、亚马逊等数字跨国公司及许多小微跨境电商企业。

八、研发更趋国际化

跨国公司一改以往以母国为技术研发中心的传统布局,根据不同东道国在人才、科技实力以及科研基础设施上的比较优势,在全球范围内有组织地安排科研机构,从事新技术、新产品的研发工作,从而促使跨国公司的研发活动朝着国际化、全球化的方向发展。研发的国际化从另一个角度看也就是研发在东道国的当地化。目前的研发对外直接投资主要集中在欧、美、日等发达经济体的跨国公司。OPPO在全球化进程中,成功进入全球70多个国家和地区,并且在美国加州硅谷设立OPPO Digital公司,利用当地领先的技术专门研发高清DVD(数字激光视盘)等产品。日本丰田汽车制造公司在日本、英国、美国、德国等地建立了跨国联网的研发体系。在每一次新产品研制时,由美国负责车型设计、德国负责内部设计、英国负责传动系统设计,而丰田公司总部除了进行诸如动力装置的设计外,还负责协调各研发部门。国外研发机构和技术创新网络的建立既有利于利用东道国的科技研发资源,也可以大大提高跨国公司创新资源的使用效率。

九、发展中国家和地区跨国公司的蓬勃发展

诚然,跨国公司产生于发达国家,绝大部分跨国公司的母国是发达国家,世界上100家最大的跨国公司中多数来自发达国家,这说明长期以来跨国公司成了发达国家的专利。但近些年来这种格局正在发生改变,来自发展中国家和地区的跨国公司的数量越来越多。发展中国家和地区跨国公司数量的增加主要是以下几个因素作用的结果:首先,新兴市场国家和地区的经济实力不断增强,如中国、印度、巴西、马来西亚、墨西哥、南非等;其次,发展中国家和地区企业国际竞争力的提高;再次,石油和矿产等原材料价格的不断攀升;最后,经济全球化和一体化的深入发展推进了发展中国家和地区的市场化及开放化,为企业的成长和壮大创造了良好的环境。近几年,在联合国贸发会议公布的年度《世界投资报告》中,都要列举来自发展中国家和地区的100家跨国公司,由此可以看出发展中国家和地区跨国公司的地位越来越重要。

第四节　跨国公司与经济全球化

当代世界经济的新发展主要表现为贸易自由化、金融国际化和生产一体化。贸易自由化、金融国际化和生产一体化全面推动了经济全球化，使世界经济的总体格局和运行方式发生巨大变化，使各国、各地区之间经济和贸易活动的联系不断增强，使新知识和高科技得以迅速交流与广泛应用，使各国和各地区经济要素在全球范围内逐步实现优化配置，从而提高各自的经济效益。而随着经济全球化在全球范围内的迅速扩展，跨国公司的进程也迅速发展，并在经济全球化中取得了无可替代的地位。随着经济全球化不断深入，跨国公司在发展过程中又呈现出和以往不同的特点，以下是跨国公司在经济全球化新形势下的新特点。

一、国际生产分工进入要素合作阶段

经济全球化使各种生产要素在世界范围内优化配置，使各国经济相互依赖、相互影响。而跨国公司作为经济全球化的载体，生产要素在世界范围内优化配置就表现为跨国公司国际生产分工进入"要素合作阶段"。

"要素合作"是指生产要素通过国际流动在若干国家组合进行生产的一种国际生产分工形式。"要素合作"比原来任何意义上的国际分工体系更能体现现阶段经济全球化的性质。

根据要素禀赋理论，不同国家具有不同的生产要素禀赋结构，各国生产要素的差异性导致了生产要素的国际流动，这一流动的目标是生产要素在全球范围内的优化配置。而在经济全球化背景下，发达国家为了将其资本和技术要素与发展中国家廉价劳动力相结合，从而生产出成本更低、更有竞争力的产品，在政策上允许和鼓励资本与技术向外流出。与此同时，发展中国家为了实现经济发展，实行开放型的经济战略，鼓励本国所缺少的生产要素的流入。这些国家所实行的政策为跨国公司生产分工进入"要素合作阶段"提供了可行性和巨大的推动力。

二、经营本土化

跨国公司经营特征在于地理的扩散性和文化的多样性。地理的扩散性是指在经济全球化背景下，跨国公司业务延伸到世界不同地区；文化的多样性是指跨国公司在一种多元文化环境中从事经营活动。

跨国公司在东道国从事经营活动时，所面对的常是与母国文化根本不同的文化。不同的文化意味着消费者具有不同的价值观念、思维模式、消费心理、消费习惯和行为方式。当不同的文化产生冲突时，如果不能很好地解决，就会给跨国公司带来许多不利的影响。如管理决策的低效率、经营成本的大幅增加、企业目标的不统一、企业缺乏凝聚力等。这些不仅仅会加大跨国公司经营的难度，甚至可能导致跨国公司在东道国经营失败。

随着经济全球化不断深入，跨国公司纷纷选择在东道国经营实行本土化。实行本土

化经营,可以增强跨国公司对东道国及其区域文化的适应性,实现与当地文化的融合,积极利用当地文化元素提升企业经营绩效,同时有效避免文化冲突对跨国公司产生的负面影响。

三、企业兼并成为跨国公司直接投资主要形式

通常来说,跨国公司对外直接投资的方式主要有两种:一种是新建或称为绿地投资;另一种是跨国并购(cross-border mergers and acquisitions)。跨国并购是指一国(母国)企业基于某种目的,通过取得另一国(东道国)企业的全部或部分资产,对另一国(东道国)企业的经营管理实施一定的或完全控制行为。并购活动在全球范围内正在增加,成为跨国公司对外直接投资的一种重要形式。跨国并购成为跨国公司对外直接投资的主要形式。

经济全球化背景下,企业进入"超强竞争"时代,市场占有份额和企业规模对提升企业的竞争能力至关重要。跨国公司通过跨国兼并(cross-border merger),可以迅速地提高市场占有率,也可以获得竞争所需要的资源乃至战略资产。通过并购,跨国公司可以快速地扩大企业规模,使其在海外市场上有效地运用市场力量,抵御当地竞争,产生规模经济效应,优化全球生产一体化网络。同时,面对经济全球化不断深化,发展中国家为促进本地经济快速发展,纷纷开放市场,改善投资环境,吸引外资进入。这为全球并购提供了十分有利的政策环境。另外,科技和信息技术的发展,为规模不断扩大的跨国公司提供了有效的组织和控制手段,成为跨国并购扩张的技术基础。

 即测即练

第二章 跨国公司的基本理论

第一节 国际贸易的基本理论

以国际贸易学说为基础的跨国经营理论,是属于宏观分析的理论,即从国民经济的角度出发来分析一国如何优化贸易结构、如何按照产品的价值在国家之间转移生产活动、如何转移边际产业和最大限度地增加一国的总体效用等问题。以国际贸易学说为基础的跨国经营理论非常多,本章主要介绍比较优势理论(Theory of Comparative Advantage)与小岛清(Kiyoshi Kojima)的边际产业扩张理论。

一、比较优势理论

比较优势理论起源于亚当·斯密(Adam Smith)以地域为基础的绝对优势理论。1776年,斯密出版了《国民财富的性质和原因的研究》(简称《国富论》)一书,并在这本书中首次提出了两国之间进行自由贸易的绝对优势理论。他认为,一国应当进口他国生产成本比本国成本绝对低的产品,而出口本国比别国生产成本绝对低的商品,以促进分工、促进交换,获得更多的利益。绝对优势理论在某种程度上解释了两国之间产业间贸易产生的原因,但无法解释两国间的产业内贸易,也不能解释广泛存在的落后国家与先进工业化国家之间的贸易。为解决这些问题,在绝对优势理论提出后,经过大卫·李嘉图(David Ricardo)、伊莱·菲利普·赫克歇尔(Eli Filip Heckscher)、贝蒂·俄林(Bertil Ohlin)等人的补充和完善而发展起来的比较优势理论与要素禀赋理论被广泛认同和接受。

(一)李嘉图的比较优势理论

1817年,英国古典政治经济学家李嘉图出版《政治经济学及赋税原理》一书,在绝对优势说的基础上,提出了自己的国际贸易思想,即比较优势理论。其主要思想是:各国因自然因素等条件的不同而存在着劳动生产率的相对差异,从而造成各国在生产成本上的相对差异,即比较优势或劣势,这是国际贸易产生的基础。对于处于比较优势的国家,应集中力量生产优势较大的商品,处于劣势的国家,应集中力量生产劣势较小的商品,然后通过国际贸易交换,彼此都节省了劳动,都得到了益处,即"两利相权取其重,两害相权取其轻"。也就是说,在国际贸易活动中,各国应该生产和出口本国具有比较优势的产品,进口外国具有比较优势的产品。

假设有 A、B 两个国家,生产 X 与 Y 两种产品,A、B 两国在单位产品 X、Y 的生产上所耗费的劳动(单位:天)分别为:L_{AX}、L_{AY} 和 L_{BX}、L_{BY},如果不等式 $L_{AX}/L_{BX}<L_{AY}/L_{BY}$ 或 $L_{AX}/L_{AY}<L_{BX}<L_{BY}$ 成立,那么根据李嘉图的比较优势理论,A 国在产品 X 的生产上、B 国在产品 Y 的生产上耗费的劳动相对较少,即劳动生产率较高,两国分别在这两种产品的生产上具有比较优势。

(二) 赫克歇尔和俄林的要素禀赋理论

要素禀赋理论又称要素比例学说和 2×2×2 模型,或赫克歇尔—俄林理论,是瑞典经济学家赫克歇尔和俄林提出的关于国际贸易的理论。要素禀赋理论认为,不同国家拥有的生产要素不同,各国在生产那些密集使用其较充裕的生产要素的商品时,必然会有比较利益产生。根据要素禀赋理论,一国的比较优势产品是应出口的产品,是它需在生产上密集使用该国相对充裕而便宜的生产要素生产的产品,而进口的产品是它需在生产上密集使用该国相对稀缺而昂贵的生产要素生产的产品。简言之,劳动力丰富的国家应出口劳动密集型商品,而进口资本密集型商品;相反,资本丰富的国家应出口资本密集型商品、进口劳动密集型商品。

要素禀赋理论继承了比较优势理论的比较优势原则,但又与李嘉图的比较优势理论有明显差别。一方面,二者依据的理论基础不同,比较优势理论以劳动价值论为基础,而要素禀赋理论则以多要素价值为基础。另一方面,比较优势理论认为国际贸易的产生在于各国由于劳动生产率的差异而导致的生产成本差异,而要素禀赋理论则是在假定各国劳动生产率相同的条件下,以不同的要素禀赋导致国际要素相对价格差别形成国际贸易为基础来分析开展国际贸易的原因。

尽管相比比较优势理论,要素禀赋理论有了一定的进步,但仍存在一定的局限性。要素禀赋理论以及要素禀赋理论的结论之一要素价格均等化学说所依据的一系列假设条件都是静态的,忽略了国际、国内经济因素的动态变化。现实中,技术的不断进步,使老产品的成本不断降低,创新则导致新产品出现等,这些要素会改变一国的比较利益格局,使比较优势产品升级换代,扩大贸易的基础。从要素角度来看,要素远非同质,新旧机器总归有别,熟练工人与非熟练工人也不能相提并论,所以同种要素在不同国家的价格,全然不是要素价格均等化学说所指出的那样会随着商品价格均等而渐趋均等,发达国家与发展中国家工人工资的利率的悬殊,足以说明现实世界中要素价格无法均等。

(三) 对传统比较优势理论的评价

比较优势学说长期以来在国际贸易领域占据统治地位。无论是斯密的绝对优势学说、李嘉图的比较优势理论,还是赫克歇尔—俄林的要素禀赋理论,它们都是工业革命时期形成的理论,反映了当时国际社会的贸易关系,符合并且推动了自由贸易的发展。斯密和李嘉图的优势理论揭示了在资源禀赋相同而劳动生产率或技术存在差异的情况下比较优势的形成,而资源禀赋理论则以劳动生产率或技术不变为假设揭示了资源禀赋差异对比较优势的决定作用。

斯密的绝对优势理论、李嘉图的比较优势理论和赫克希尔—俄林的资源禀赋理论,从不同的角度分析了国际贸易产生的原因,强调了对外贸易对一国经济发展的积极作用,认为对外贸易可以使一个国家更好地配置资源,更有效地利用全球资源提高劳动生产率,从而促进本国经济的增长。它们认为从全球角度看,对外贸易使一国不受本国稀缺资源的局限,可以消费自己不能生产的产品;同时,基于比较优势的自由贸易会使全世界的劳动生产率提高、全球的生产量达到最高水平,从而提高全球的经济福利水平。

斯密还进一步将一国的优势分为两大类,提出了"自然优势"和"获得优势"这样的"两种优势"概念。这两种优势使一个国家在特定产品的生产方面可以节约劳动时间,形成绝对的成本优势,从而在国际市场上具有竞争力。一些经济学家认为,斯密"两种优势"的概念具有重要的现实意义,为后来的发展经济学的建立及"后发优势"理论奠定了基础,对贸易利益的动态分析和动态比较优势理论的形成产生了影响。

传统的比较优势理论解释了国际分工和国际贸易产生的原因,并在长时期作为国际分工和国际贸易理论的主流,为国际贸易理论的发展作出了重大贡献,但随着国际经济环境和国际贸易格局的变化,该理论对现实经济解释的不足和局限性逐渐显现。首先,理论假设前提难以成立,与全球化背景现实相背离。其次,其对于新的贸易格局下的贸易影响因素考虑不全面。李嘉图的比较优势理论只考虑了劳动生产率对比较优势的影响,而没有考虑要素价格对比较优势的影响;赫克歇尔—俄林的要素禀赋理论则只考虑了要素价格对比较优势的影响,而没有考虑劳动生产率对比较优势的影响。最后,传统的比较优势理论将多变的经济情况抽象为僵化的、凝固的和一成不变的静态分析方法,忽视了获得性生产要素(人力资本、技术能力等)。

二、小岛清的边际产业扩张理论

日本一桥大学教授小岛清于20世纪70年代以日本对外直接投资为研究对象,并在对美国、日本对外直接投资进行比较研究的基础上提出了著名的边际产业扩张理论。

小岛清认为,各国经济特点不同,所以根据美国对外直接投资状况研究出来的理论无法解释日本的对外直接投资。他认为,日本对外投资之所以成功,主要是由于对外投资企业能够利用国际分工原则,把国内失去优势的部门转移到国外,建立新的出口基地;在国内集中发展那些具有比较优势的产业,使国内产业结构更趋合理,进而促进对外贸易的发展。

由此,他总结出"日本式对外直接投资理论",即对外直接投资应该从投资国已经或即将陷于比较劣势的产业,即边际产业依次进行。其结果不仅可以使国内的产业结构更加合理、促进本国对外贸易的发展,而且有利于东道国产业的调整、促进东道国劳动密集型行业的发展,对双方都产生有利的影响。

小岛清根据对外直接投资的动机将其分为自然资源导向型、市场导向型、生产要素导向型、生产与销售国际化型四种类型。

(一)自然资源导向型

此类投资是为了获得或利用东道国的自然资源。跨国公司在东道国建立资源开发型企业,开发油田、矿山等自然资源,所生产的产品可以向投资国出口,也可以在东道国销售。

(二)市场导向型

小岛清将寻求市场型投资分为两类:一类是为了突破东道国的贸易壁垒所造成的出口困难或成本增加而进行的对外直接投资;另一类是寡头垄断的对外直接投资,这类直接投资在第二次世界大战后几十年内美国的制造业中表现得尤为明显,属于反贸易导向型投资。

(三)生产要素导向型

此类投资是为了利用东道国廉价的生产要素。如劳工成本高的国家倾向于将本国传统的劳动密集型产业转移到劳工成本低的国家。

(四)生产与销售国际化型

这类投资是大型跨国公司通过横向或纵向一体化来扩大自己的生产和销售规模,目的是建立全球性的生产与销售网络。

小岛清认为,国际贸易是按既定的比较成本进行的,根据上述原则所进行的对外投资也可以扩大两国的比较成本差距,创造出新的比较成本格局。据此,小岛清认为,日本的传统工业部门很容易在海外找到立足点,传统工业部门到国外生产要素和技术水平相适应的地区投资,其优势远比在国内投资新行业要大。小岛清理论在把微观分析作为既定前提的基础上,注重从宏观动态角度来研究跨国公司的对外直接投资行为。其缺陷在于,其动态分析仅限于日本及少数欧洲国家的情况。

第二节 对外直接投资的基本理论

第二次世界大战后,跨国公司的迅速崛起及其对外直接投资的迅速发展引起了学者们的关注。他们从不同角度对跨国公司进行研究,提出了多种关于跨国公司对外投资的理论。由于这些理论主要研究跨国公司的对外直接投资行为,因此有时也称为对外直接投资理论或国际直接投资理论。

严格来讲,20世纪60年代以前没有独立的对外直接投资理论,因而也就没有独立的跨国公司投资理论。对外直接投资理论是在20世纪60年代从国际间接投资(即国际证券投资)理论中独立出来的。由此可见,实践先于理论,理论的发展源于实践的发展和丰富。独立的跨国公司投资理论产生于20世纪60年代初,标志是美国学者斯蒂芬·H.海默(Stephen H. Hymer)提出垄断优势理论(Monopolistic Advantage Theory)。1960年,海默在美国麻省理工学院(MIT)完成了他的博士学位论文《国内企业的国际经营:对外直接投资研究》(*The International Operation of National Firms: A Study of Direct Foreign Investment*),西方学术界认为这标志着跨国公司问题从传统的证券投资、国际贸易和金融理论中分离出来了,开始成为一个独立的研究领域。1976年,麻省理工学院教授查尔斯·P.金德尔伯格(Charles P. Kindleberger)出版了海默的博士论文,并亲自写了序言。不幸的是,海默在20世纪70年代的一场车祸中丧生。从20世纪60年代初期至

70年代中期,西方学者主要研究不同国家尤其是美国跨国公司对外直接投资的特点与决定因素,如垄断优势理论与产品周期论就是典型的美国企业海外扩张理论。但自20世纪60年代末,随着西欧和日本跨国公司的发展,这些国家的学者也提出了一些相关理论,如小岛清提出的"比较优势理论"。这一阶段还出现了一些其他的理论,如 Y. 阿哈隆尼(Y. Aharoni)将对外直接投资视为行为过程的理论、G. V. 斯蒂芬斯(G. V. Stevens)的直接投资分散风险理论、W. M. 柯登(W. M. Corden)的关税壁垒说以及寡占反应理论、产业内双向直接投资理论、核心资产论、区位论、通货区域论、资本化率理论、管理能力过剩论等。自20世纪70年代中期开始,学者们对跨国公司投资理论的研究提升到了一个新的阶段,即致力于建立统一的或一般的跨国公司理论,用以说明不同国家(地区)、不同行业的跨国公司的对外直接投资行为,他们提出的比较具有代表性的理论包括内部化理论(Theory of Internalization)与国际生产折衷理论(Eclectic Theory of International Production)等。经过40多年的发展,跨国公司投资理论已经逐步完善,并自成体系。

在探讨跨国公司问题时,理论家们往往侧重探讨自己所熟悉的领域,如工业经济学家在解释直接投资时,是从产品的差别生产、垄断和要素市场角度出发的;国际金融专家着重探讨资本市场的不完善性;管理和决策专家的研究重点则放在公司内部的管理与决策过程上。尽管各自的理论体系及方法不尽相同,但它们有一些共同的出发点,具体表现如下:第一,直接投资不同于证券投资,前者包含投资企业的资本、技术、管理才能和信息等生产要素的转移,因此无法沿用传统的国际资本移动理论来解释。第二,直接投资是企业发展到一定规模和具有某些垄断优势时的海外扩张行为,跨国公司是垄断企业海外扩张的产物。因此,学者们一般以不完全竞争的假定取代完全竞争的假设。第三,多数学者侧重研究微观的企业行为,如研究跨国公司从事对外直接投资的决定因素、条件及其方式等,但也有少数学者关注宏观的分析,如罗伯特·阿利伯(Robert Aliber)和约翰·H. 邓宁(John H. Dunning)等。

第二次世界大战后,尤其是进入20世纪60年代以后,随着跨国公司的迅速发展,对外直接投资的规模不断扩大,西方经济学界对这一领域进行了大量探讨和研究,形成了观点各异的跨国公司国际投资理论。这些理论有时被称为跨国公司的国际投资理论,有时也一般性地被称为国际直接投资理论。下面对其中一些有代表性的理论进行简要介绍。

一、垄断优势理论

垄断优势理论是最早研究对外直接投资的独立理论,它产生于20世纪60年代初,在这以前基本没有独立的对外直接投资理论。1960年,美国学者海默在他的博士论文《国内企业的国际经营:对外直接投资研究》中首先提出了以垄断优势来解释对外直接投资的理论。此后,海默的导师金德尔伯格在《对外直接投资的垄断理论》等文章中又对该理论进行了补充和系统阐述。由于两人从理论上开创了以国际直接投资为研究对象的新的研究领域,故学术界将他们二人并列为这一理论的创立者。后来,又有一些学者对垄断优势理论做了发展和补充。由于该理论主要是以产业组织学说为基础展开分析的,因此也被称为产业组织理论分析法。

垄断优势理论的主要内容如下。

(一) 以不完全竞争的假设为理论分析前提

不完全竞争是指在市场结构中,存在众多生产者,它们生产和销售同类产品,但具有差异性,这种差异性表现在产品的质量、性能、档次、规格、品牌和商标等诸多方面。在不完全竞争的市场条件下,存在着价格竞争和非价格竞争。海默认为,任何关于跨国经营和直接投资的讨论都涉及垄断问题,而垄断优势是市场不完全竞争的产物。

(二) 跨国公司从事对外直接投资所凭借的垄断优势的种类

1. 来自产品市场不完全的垄断优势

如来自跨国公司拥有的产品差异化能力、名牌商标、销售技术和渠道、获得资金的便利条件、其他市场特殊技能以及包括价格联盟在内的各种操纵价格的条件。

2. 来自要素市场不完全的垄断优势

如技术要素(优势可来自专利、技术诀窍等知识产权,技术的专有和垄断既可以使跨国公司的产品与众不同,又可以限制竞争者进入市场;充足的研发费用,加快了大公司的技术创新步伐)、资本要素(跨国公司可凭借其拥有的较高的金融信用等级在资本市场上以较低的成本、较多、较快地筹集到资金)、管理技能和信息等。

3. 来自规模经济的垄断优势

其包括跨国公司内部和外部的规模经济优势。大企业为谋求规模经济而投入的巨额初始资本,对欲加入市场与之竞争的新企业来说,无疑是一道难以逾越的门槛,而且伴随着很大的风险。另外,跨国公司可以利用国际专业化生产来合理配置生产经营的区位,避免母国和东道国对公司经营规模的限制,扩大市场占有份额。

4. 来自政府干预的垄断优势

东道国和母国政府可以通过市场准入、关税、利率、税率、外汇及进出口管理等方面的政策法规对跨国公司的直接投资进行干预,跨国公司可以从政府提供的税收减免、补贴、优先贷款等方面的干预措施中获得某种垄断优势。

前三种垄断优势直接作用于企业自身,第四种垄断优势使企业可以通过对外直接投资实现价值增值。

海默还分析了产品和生产要素市场的不完全竞争性对对外直接投资的影响。在市场完全竞争的情况下,国际贸易是企业参与和进入国际市场或对外扩张的唯一方式,企业将根据比较利益原则从事进出口活动。但在现实生活中,市场是不完全的,这种不完全性是指竞争是不完全的,市场上存在一些障碍和干扰,如:关税和非关税壁垒,少数卖主或买主能够凭借控制产量或购买量来影响市场价格,政府对价格和利润的管制等。正是上述障碍和干扰的存在,严重阻碍了国际贸易的顺利进行,减少了贸易带来的益处,从而导致企业利用自己所拥有的垄断优势通过对外直接投资参与和进入国际市场。

(三) 利率不能解释对外直接投资

海默认为,要研究跨国公司必须区分直接投资与证券投资,这两种投资的区别主要在于"控制",即对国外企业的控制权。传统经济理论以利率的差异说明资本的国际流动。金德尔伯格指出,证券资本流动是利率差异作用的结果,而直接投资则是对利润差异的反映,是一种伴随投资企业长期控制的资本流动。客观上,直接投资与证券投资的流向是相反的。在海外大量资金流入纽约金融市场购买美国各种有价证券的同时,美国公司也在大量进行对外直接投资。这种交叉流向的存在说明利率本身并不足以解释对外直接投资活动。

(四)直接投资与垄断的工业部门结构有关

海默研究了美国企业对外直接投资的工业部门构成,发现对外直接投资与垄断的工业部门结构有关,他认为,跨国公司拥有的垄断优势是它们开展对外直接投资的决定因素。美国从事对外直接投资的企业主要集中在具有独特优势的少数行业,如汽车、石油、电子、化工等制造业,行业分布的集中程度十分明显。美国企业走向国际化的主要动机是充分利用自己独占性的生产要素优势,以谋取高额利润。海默认为,其他国家的对外直接投资也与部门的垄断程度较高有关。海默的垄断优势理论是产业组织理论在国际生产领域的扩展。海默认为,完全竞争是一种纯粹的情况,现实中存在较多的市场条件是不完全竞争。跨国公司正是拥有某种垄断优势,其在跨国经营中才立于不败之地。愿意而且能够从事对外直接投资并由此获利的企业,必须具有一种或若干种当地厂商所缺乏的独占优势,这些优势足以抵消跨国竞争和国外经营所引起的额外成本。

作为国际直接投资和跨国公司主要理论之一的垄断优势理论的贡献主要表现在以下几个方面:首先,海默用垄断代替了完全竞争,并将国际直接投资与间接投资(证券投资)区别开来进行研究,第一次把资本国际流动的研究从流通领域转向生产领域,这是一种"突破",垄断优势和不完全竞争是他的基本命题,后人循着这一思路加以补充发挥,使跨国公司理论臻于完备。上述命题的内涵虽屡有变化,但始终是跨国公司理论体系的两块基石。可以说,海默是真正意义上的跨国公司理论开创者,为后来的理论研究奠定了基础。其次,海默的垄断优势理论与新古典贸易和投资理论的最大区别是把跨国公司视为国际生产的主体,而不是仅仅把它们看作国际交换的主体。除强调跨国公司对其海外生产的有效控制这一重要特征外,海默还在他的论文中着重论述了将外国直接投资看作转移中间产品如技术、管理、营销、组织的手段。正是这些中间产品的跨国界转移使企业成为跨国公司,并利用自己的垄断优势从事海外生产活动。最后,海默明确提出企业从事跨国经营的必要条件之一是"企业的所有权优势",这一分析思路对其他直接投资理论的发展产生了深刻的影响,在外国直接投资理论发展史上具有很高的学术地位。邓宁和艾伦·M.拉格曼(Allan M. Rugman)等学者认为:海默论文的巨大贡献,在于它摆脱了新古典贸易金融理论在思想上的束缚,将对跨国公司的研究引入产业组织理论的分析之中。

当然,该理论也是存在缺陷和不足的,表现在:第一,只是进行了经验的分析与描述,缺乏抽象的实证分析,因而其结论缺乏普遍意义;第二,不能解释生产部门跨国化的地理布局问题和服务业企业跨国投资行为的区位选择问题;第三,这一理论将市场的不完全性着重放在对结构性市场缺陷的理解上,而缺乏对信息不对称、市场外部性等方面的理解和运用;第四,它以美国制造业跨国公司为研究对象,强调寡头垄断行业企业的垄断优势对海外投资的决定作用,不能完全适用于其他发达国家(如日本在20世纪60—70年代开始的对外直接投资活动),更无法解释发展中国家企业的对外直接投资问题。

二、内部化理论

内部化理论也称市场内部化理论,它是20世纪70年代以后西方跨国公司研究者为了建立跨国公司一般理论所提出和形成的理论,是解释对外直接投资的一种比较流行的理论,但不足以称其为"通论"。这一理论主要是由英国学者彼得·J. 巴克利(Peter J. Buckley)、马克·卡森(Mark Casson)和加拿大学者拉格曼共同提出的。巴克利和卡森在1976年合著的《多国企业的未来》及1978年合著的《国际经营论》中,对跨国公司内部化形成过程的基本条件、成本与收益等问题做了明确的阐述,使人们重新审视内部化概念。1979年,卡森在《多国企业的选择》中对内部化概念做了进一步的理论分析。拉格曼在《在多国企业内部》一书中对内部化理论做了更为深入的探讨,扩大了内部化理论的研究范围。

内部化是指在企业内部建立市场的过程,以企业的内部市场代替外部市场,从而解决由于市场不完整而带来的不能保证供需交换正常进行的问题。企业内部的转移价格起着润滑剂的作用,使内部市场能像外部市场一样有效运转。跨国化是企业内部化超越国界的表现。

内部化理论认为,由于市场存在不完整性和交易成本的上升,企业通过外部市场的买卖关系不能保证企业获利,并导致许多附加成本的产生。因此,企业要进行对外直接投资,建立企业内部市场,即通过跨国公司内部形成的公司内部市场,克服外部市场的交易障碍,弥补市场机制不完整缺陷所造成的风险与损失。该理论认为,市场不完全并非由于规模经济、寡占或关税壁垒,而是由于某些市场失灵、某些产品的特殊性质或垄断势力的存在。

内部化理论建立在三个假设的基础上:一是企业在不完全市场上从事经营的目的是追求利润的最大化;二是当生产要素特别是中间产品的市场不完全时,企业就有可能以内部市场取代外部市场,统一管理经营活动;三是内部化超越国界时就产生了跨国公司。

市场内部化的过程取决于四个因素:一是产业特定因素(industry-specific factor),指与产品性质、外部市场结构和规模经济等有关的因素;二是区位特定因素(region-specific factor),指由区位地理上的距离、文化差异和社会特点等引起的交易成本变动;三是国家特定因素(country-specific factor),指东道国的政治、法律和财经制度对跨国公司业务的影响;四是公司特定因素(firm-specific factor),指不同企业组织内部市场的管理能力。

在这几个因素中,产业特定因素是最关键的因素,因为如果某一产业的生产活动存在多阶段生产的特点,那么就必然存在中间产品(如原材料、零部件、信息、技术、管理技能等),若中间产品的供需在外部市场进行,则供需双方无论如何协调,也难以排除外部市场供需中的摩擦和波动,为了克服中间产品市场的不完全性,就可能出现市场内部化。市场内部化会给企业带来多方面的收益。企业的组织管理能力也会直接影响到内部化的效率,因为市场交易内部化是需要成本的。例如,由于组织规模扩大而增加管理费用和降低效率,增加交通、通信费用开支等。只有组织能力强、管理技术先进的企业才有能力使交易内部化的成本低于外部市场交易的成本,这样内部化才有意义。

以知识为代表的中间产品是企业内部化的动力。巴克利和卡森认为,随着生产分工的深化,中间产品在生产中的重要性大大提高。中间产品不仅种类复杂繁多,而且对性能、质量的要求更高。这些中间产品不只是半成品、原材料,较为常见的是夹杂在专利权、人力资本之中的各种知识。企业经营日益重视销售、研发、金融资产管理等。所有这些活动相互依赖,知识等中间产品的流动使它们连接起来。一般来说,企业协调其经营活动需要一整套中间产品市场。但某些中间产品市场却是不完全的,其表现为缺乏某些市场以供企业之间交换产品,或者市场效率低,导致企业通过市场交易的成本上升。市场不完全性使企业不能有效地利用外部市场周转中间产品,协调经营活动。因此追求最大利润的厂商必须对外部市场实行内部化,即建立企业内部市场,利用企业管理手段协调企业内部资源的配置,避免市场不完全性对市场经营效率的影响。

产品所有权的交换是外部市场交易成本高的主要原因,市场内部化避免了所有权交换引起的利益摩擦,从而降低了市场交易成本、提高了经营效率。知识产品(包括知识、信息、技术、专利、专有技术、管理技能、商业信誉)本身的特殊性质使企业以内部市场代替外部市场,从而获得竞争力。知识产品具有以下几个特点:第一,知识、技术、技能的研发投资大,耗费时间长,知识的开发和应用在一定时期内具有"自然垄断"的性质。差别定价和歧视性定价是实现知识价值的主要形式。但是,现有的专利制度不允许歧视性定价行为,故知识产品内部化是企业获得超额利润的主要途径。第二,知识的形成需要长期的研发,在研究项目结束以前的任何阶段,如果该企业打算出售这种知识,就很难确定可能获得的价值。并且,由于难以估价,企业就愿意以内部转移定价来实现知识的流动和价值。第三,知识产品具有公共产品性质。由于公共产品的消费是"共享"的,它对某一人或企业的供给并不减少对他人的供给,某一人或企业对公共产品的享用并不妨碍他人的享用。如果将知识产品提供给某个企业或个人,它就不可能或至少要花很大的成本才能阻止他人从中受益。知识产品的内部市场转移,可避免技术泄露的潜在风险,保证跨国公司的技术垄断。第四,知识产品市场存在买方不确定性。由于信息不对称,买卖双方对知识产品的评价往往不一致。买方对知识产品的价值缺乏充分的认识,很可能不愿意支付令卖方完全满意的价格。这样,将知识产品内部化就成为避免卖方风险的必要途径。上述这些特点说明:知识产品内部化可以给跨国公司带来巨大的收益。这些收益主要来自:创造内部未来市场,建立歧视性价格体系,降低谈判成本,消除买方不确定性,减小政府干预的影响等。

毫无疑问,市场内部化过程也是有成本的,主要包括四个方面:一是市场分割的成本,主要指内部化分割外部市场后带来的企业规模收益下降。二是附加的企业内部交流成本。内部化要求交易保密,严防泄露,因此需要增加安全开支。这种交流成本随着集团内部公司间地理距离和社会、语言、心理障碍的扩大而增加。三是东道国对外国企业的政治歧视,也会给跨国公司的海外经营带来政治风险。四是内部市场的管理成本。实行市场内部化,扩大了企业经营范围,增加了人力和财力,加大了企业的管理费用。

内部化理论的出现是西方学者跨国公司理论研究的一个重要转折。内部化理论力图克服现存的各种外国直接投资的理论的缺陷,从跨国公司内部资源配置机制的形成过程出发,研究外部市场对公司内部资源配置效率的影响,从而对跨国公司对外直接投资的决定因素作出新的解释。内部化理论的分析方法是传统微观经济理论与交易成本理论的结合,这表现为:内部化理论接受古典经济理论中关于厂商追求最大限度利润的假设;内部化理论从单个厂商的行为着手,利用成本收益的比较分析来说明跨国公司对外直接投资的基础。

内部化理论的主要贡献表现在以下几个方面:第一,内部化理论的一个重要贡献是它区分了中间产品与最终产品的市场不完全性,并把分析的基点放在中间产品的市场不完全性上,这对发达国家企业的相互投资活动作出了有利的解释。当然,内部化理论不仅适用于解释发达国家的对外投资,也可用于发展中国家。第二,内部化理论有助于说明各种类型的跨国公司形成的基础。例如,知识产品市场内部化形成了研发同生产及销售一体化的跨国公司;原料加工及提炼等多阶段生产过程的内部化形成了垂直一体化的跨国公司;各国货币制度、汇率与利率的差异以及各国政府对国际资金流动的控制与调节,促进了跨国银行的发展。第三,内部化理论把市场的不完全归结为市场机制内在的缺陷,并以中间产品的性质与市场机制的矛盾来论证内部化的必要性,把内部化说成是解决上述问题的途径,使企业得以合理配置资源、提高经济效益,从而也有助于达到"帕累托最佳状态",使经济福利趋于最大化。第四,海默等人以垄断引起的市场不完全作为跨国化的前提,认为市场不完全是垄断排斥竞争所致,而内部化理论则正好相反,内部化(即跨国化)是为了消除市场的不完全性。另外,海默强调技术等垄断优势对跨国经营的重要意义,内部化理论则强调企业管理的重要性,必须不断提高企业协调和管理的能力,才能使交易成本极小化,保证跨国经营的优势。

内部化理论的不足之处有两点:一是内部化理论虽具有综合性,但不少学者指出它并未涵盖一切,仍不足以称为跨国公司投资理论的"通论",如它不能解释对外直接投资的地理方向和跨国经营的布局,常为重视区位因素的学者所批评。二是在内部化理论中,分析的重点是生产组织的一般形式,而没有海默和雷蒙德·弗农(Raymond Vernon)对跨国公司垄断行为特征的分析,应该说这是内部化理论的一个缺憾。

三、产品生命周期理论

产品生命周期理论(Theory of Product Life Cycle)是美国哈佛大学教授弗农在1966年发表的《产品周期中的国际投资与国际贸易》一文中提出的。在该文中,他十分重视创新的时机、规模经济和不稳定性等因素。弗农认为,美国企业对外直接投资的变动与产品的生命周期有着密切的联系,他把国际直接投资同国际贸易和产品的生命周期结合起来,利用产品生命周期的变化,解释美国第二次世界大战后对外直接投资的动机与区位的选择。

这一理论的基本思想是:在新产品的整个生命周期内,生产和销售产品所需要的生产要素是不断变化的。当新产品被引入时,通常需要大量的研发费用和人力资本含量高的劳动力。当这一产品的生产技术日臻成熟而走向大规模生产时,产品变得日益标准化,从而需要标准化的技术和大量的非熟练劳动力,结果技术和资本充裕的发达国家在最初开发这一产品上的比较优势逐步弱化,优势逐步转移到劳动力相对富余且成本相对低廉的其他国家。比较优势的这种动态转移通常伴随着技术创新国与其他国家之间的贸易和对外直接投资活动。

产品生命周期理论由20世纪60年代的产品生命周期模型和20世纪70年代经过修正的产品周期模型组成。

(一) 20世纪60年代的产品生命周期模型

弗农把一种产品的生命周期划分为创新、成熟和标准化三个阶段,不同的阶段决定了不同的生产成本和生产区位的选择,决定了公司应该有不同的贸易和投资战略,同时也决定了不同类型国家在产品生命周期各阶段的行为。该理论的基本假设有:①需求取决于收入水平;②企业的交流成本随着企业与市场间距离的扩大而迅速增加;③技术市场是不完全竞争市场;④技术创新是一个间断和突变的过程。

在产品创新阶段,由于创新国垄断着新产品的生产技术,因此,尽管新产品的价格偏高但也有需求,产品的需求价格弹性很低,生产成本的差异对公司生产区位的选择影响不大,这时最有利的安排就是在国内生产。企业主要利用产品差别等竞争手段,或力图垄断技术与产品生产来占领市场。这一阶段,新产品的需求主要在国内,至于其他经济结构和消费水平与本国类似的国家如果对这种新产品有需求,则本国企业主要通过出口而不是直接投资来满足这些国家的市场需求。

在产品成熟阶段,产品逐渐标准化,最有效的生产工序已经形成,产品的生产技术基本稳定,市场上出现了仿制品和替代品,在国内市场需求扩大的同时,市场竞争也日趋激烈,新产品生产企业的技术垄断地位和寡占市场结构被削弱。此时,产品的需求价格弹性逐步增大,降低成本对提高竞争力的作用增强,因而如何降低生产成本成为企业考虑的首要因素。为此,企业一方面通过规模经济来降低成本,通过价格竞争来维持和占领国际市场;另一方面,在国内竞争日趋激烈、市场日趋饱和以及国外市场对这类产品的需求不断扩大的条件下,创新国企业开始进行对外直接投资,在国外建立子公司进行生产。投资地区一般是那些消费水平与创新国相似,但劳动力成本略低于创新国的地区。到国外投资办厂的另一个好处就是可以避开进口国的关税与非关税壁垒。

在产品标准化阶段,产品的生产技术、工艺、规格等都已完全标准化,产品已完全成熟。创新国企业的技术优势已经丧失,企业之间的竞争更加激烈,竞争的焦点和基础是成本和价格,因此,企业要在世界范围内寻找适当的产品生产区位,通过对外直接投资将产品的生产转移到工资最低的国家和地区,一般是发展中国家和地区,以降低生产成本、继续参与市场竞争。最初的创新国将从发展中国家进口最终产品满足国内需求,原来新产品的生产企业也将由于产品生命周期的终结而必须转向另一新产品的研发。

(二) 20世纪70年代经过修正的产品周期模型

20世纪70年代初,弗农认识到了他所提理论的一些缺陷。于是,他在1971年所著的《国家主权面临困境:美国企业的跨国扩散》及1974年的《经济活动的区位》等文中修正了自己的理论。他强调跨国公司的寡占行为对产品生命周期产生了影响,为了建立和维持自己的寡占地位,防止竞争对手进入其寡占的市场,跨国公司应在不同阶段采取不同措施。经过修改,弗农将产品周期重新划分为创新寡占、成熟寡占和衰老寡占三个阶段。

在创新寡占阶段,企业不惜支出高昂的研发费用,雇用大批研究人员,集中于母国进行新产品的研发工作,并不断向市场推出新产品,或者对现有产品采取差异化以维持其垄断地位。由于各国经济和社会等资源禀赋条件的不同,所形成的企业特定优势也不同。美国公司维持在满足高收入需求和节省劳动产品的创新与研制方面的比较优势,欧洲公司则集中创新节省土地和原材料的产品,日本公司主要创新节省原材料的产品。在这个阶段,弗农认为把生产地点放在发明创造国仍然有强大的经济动因,以便把生产过程同研发、市场购销活动协调起来。因此,技术创新是寡头垄断市场进入的主要障碍。

在成熟寡占阶段,随着产品的标准化,率先推出新产品的企业逐步丧失其原有的创新领先地位,但还可以依靠高度集中化和规模经济,阻止其他企业快速进入市场,因而仍能保持相当的寡占地位。这是规模经济构成寡占优势的基础。跨国公司一般采取两种战略来维持各自的市场份额:一是相互牵制战略,即跨国公司到竞争对手的主要市场上设厂经营,以避免竞争对手在自己的市场上削价竞争;二是盯住战略,即当领先的公司开辟新市场时,同一行业的寡头成员亦紧紧跟上,以维持寡占均衡。

在衰老寡占阶段,产品标准化使原先的寡占者丧失其特殊的优势,有的已被淘汰出市场,有的不得不采取产品差异化或组织卡特尔实行协调定价来维持部分市场。但这些都不足以保持原有的生产格局。由于市场进入障碍减弱,企业面临着竞争压力,生产区位的选择更多地取决于成本因素,而不是毗邻市场或寡占反应。结果,一些生产成本高的企业不得不退出该行业,其他掌握某种特殊资源的企业要么转而生产其他产品,要么因获得某些外部效应而继续生产。这时,生产区位选择的主要依据是成本差异,而市场距离和寡占反应则变为次要因素。

产品生命周期理论的贡献主要表现在以下几个方面。

(1) 超越了古典贸易理论静态分析的局限。该理论首次从比较优势的动态转移角度将国际贸易和国际投资活动结合起来进行分析,从整体上考察企业的跨国经营行为,为当时的跨国公司理论增添了动态分析即时间因素。该理论认为,随着产品生命周期的演进,比较优势表现为一个动态转移的过程,贸易格局和投资格局随着比较优势的转移而发生变化;每个国家都可以根据自己的资源条件,生产具有比较优势的产品,并通过交换获得利益。

(2) 将产品生命周期与企业所拥有的垄断优势和东道国的区位优势(location-specific advantage)联系起来展开分析。作为直接投资理论,产品生命周期模型把企业的所有权优势(ownership-specific advantage)与东道国的区位优势结合起来,以说明国际生产格局的形成。它揭示了对外直接投资的动因和基础不仅取决于企业拥有的特殊优势,而且取决于企业在东道国所能获得的区位优势。只有将这两种优势相结合,才能给投资者带来利益。企业对外直接投资是为了替代出口,是由于技术垄断地位被削弱和国内外竞争条件发生变化。劳动力成本和市场信息是影响企业海外投资区位的最重要因素。

(3) 为分析制造业跨国公司的成长提供了一个有力的工具。这一理论把美国的宏观经济结构、美国企业的产品创新取向以及美国跨国公司海外生产的动机和选址三者较好地联系起来,一方面解释了美国跨国公司从事对外直接投资的特点,另一方面也说明了这些公司先向西欧再向发展中国家投资的原因。

（4）将国际贸易理论与国际直接投资理论结合起来研究。产品生命周期理论既是贸易理论也是投资理论，这种将贸易与投资结合起来分析的方法，对以后的理论尤其是邓宁的国际生产折衷理论产生了很大的影响。

当然，这一理论也存在一些缺陷和不足，主要有以下三个方面。

（1）该理论只是进行经验的分析与描述，缺乏抽象的实证分析。由于缺乏抽象的实证分析，其缺乏普遍意义。例如，它不能很好地解释没有明显产品生命周期阶段的产品及为海外市场专门设计的产品的对外直接投资行为；还有，该理论适合于解释企业最初作为一个投资者进入国外市场的情况，不能解释跨国公司的投资行为。

（2）该理论把产品生命周期的三个阶段割裂开来，视为互相独立的几个阶段。实际上，在企业的生产经营业务中，这几个阶段是有机联系的。

（3）该理论仅仅考察了美国跨国公司的情况，有很大的局限性。

四、国际生产折衷理论

国际生产折衷理论又称国际生产综合理论，是在20世纪70年代由英国里丁大学国际投资和国际企业教授邓宁提出的。邓宁是当代研究跨国公司与国际直接投资的专家，他的代表作是1981年出版的《国际生产和跨国公司》，该书汇集了一系列阐述其折衷理论的论文。

国际生产是指跨国公司对外直接投资所形成的生产活动。邓宁认为，导致其提出这一理论的原因主要有两个：一是第二次世界大战尤其是20世纪60年代以后国际生产格局的变化。20世纪60年代以前，国际生产格局是比较单一的，那时以美国为基地的跨国公司在国际生产中占有重要地位，国际生产主要集中在技术密集的制造业部门和资本密集的初级工业部门，投资主要流向西欧、加拿大及拉美国家，海外子公司大多采用独资形式。20世纪60年代以后，国际生产格局出现复杂化趋势，西欧和日本的跨国公司兴起，发达国家间出现交叉投资的现象，一些跨国公司开始向新兴工业化国家（地区）和其他发展中国家（地区）投资，一些发展中国家（地区）的企业也开始加入对外直接投资的行列，合资形式成为海外企业的主要形式。二是缺乏统一的国际生产理论。传统的理论只注重资本流动方面的研究，而缺乏将直接投资、国际贸易和区位选择综合起来加以考虑的研究方法。在邓宁看来，他的理论将企业的特定垄断优势、国家的区位与资源优势结合起来，为国际经济活动提供了一种综合分析的方法，从而弥补了传统理论的不足，所以他的理论也可称为综合理论。

邓宁认为，自20世纪60年代开始，国际生产理论主要沿着三个方向发展：一是以海默等人的垄断优势理论为代表的产业组织理论；二是以阿利伯的安全通货论和拉格曼的证券投资分散风险论为代表的金融理论；三是以巴克利和卡森等人的内部化理论为代表的厂商理论。但这三种理论都是从一个侧面研究跨国公司对外直接投资的基础，对国际生产和投资的解释具有一定的片面性，没有把国际生产与贸易和其他资源转让形式结合起来分析，特别是忽视了对区位因素的考虑。国际生产折衷理论吸收了上述三种理论的主要观点，并结合区位理论解释了跨国公司从事国际生产的能力和意愿，解释了它们为什么在对外直接投资、出口和许可证安排这三种参与国际市场的方式中选择对外直接投资。

国际生产折衷理论认为,一家企业要从事对外直接投资,必须同时满足下述三个条件:第一,企业在供应某些特定的市场时,拥有对其他国家企业的所有权优势。这些所有权优势主要表现在拥有某些无形资产,并且至少在某个时期内,拥有这些资产是该企业排他性的权利。第二,当第一个条件得到满足时,对拥有这些优势的企业来说,它自己使用这些优势必须比把这些优势转让给外国企业更有利。换句话说,企业通过扩大它们自己的经营活动,将这些优势的使用内部化,要比通过与其他独立企业进行市场交易更有利。第三,如果上述两个条件得到满足,那么,对该企业来说,至少把这些优势与某些国外要素投入结合起来加以利用,必须有利可得。否则,就没有必要进行国外生产,对国外市场的供应问题只能靠出口来解决。

邓宁将以上三个条件概括为所有权优势、内部化优势(internalization-specific advantage)和区位优势。

(一)所有权优势

所有权优势主要是指企业所拥有的大于外国企业的优势。它主要包括技术优势、企业规模优势、组织管理能力优势、金融和货币优势以及市场销售优势等。邓宁认为,对外直接投资和海外生产必然会带来成本的提高与风险的增加,在这种情况下,跨国公司之所以还愿意且能够发展海外直接投资,并能够获得利益,是因为跨国公司拥有一种当地竞争者所没有的比较优势,这种比较优势能够克服国外生产所引起的附加成本和政治风险。他把这种比较优势称为所有权优势,这些优势要在跨国生产中发挥作用必须是这个公司所特有的、独占的,在公司内部能够自由流动,并且能够跨越一定的距离。

(二)内部化优势

内部化优势是指企业在通过对外直接投资将其资产或所有权内部化的过程中所拥有的优势。也就是说,企业将拥有的资产通过内部化转移给国外子公司,可以比通过交易转移给其他企业获得更多的利益。一家企业拥有了所有权优势,还不能说明它必然进行对外投资活动,因为它可以通过其他途径发挥和利用这些优势。一般而言,企业有两个途径发挥利用这些优势:其一,将所有权资产或资产的使用权出售给别国企业,即把资产的使用外部化。其二,企业自己利用这些所有权资产,即把资产的使用内部化。企业是选择资产内部化还是选择资产外部化,取决于利益的比较。由于外部市场是不完善的,企业所拥有的各种优势进行外部化使用有丧失的风险,因而,为了保持垄断优势,企业就存在对其优势进行内部化使用的强大动力。国际直接投资就是企业利用它的所有权优势直接到国外办厂开店,建立企业内部的国际生产和运营体系的过程。

实际上,内部化优势就是指企业克服市场失灵的能力。在邓宁的理论中,市场失灵分为两类:一类是结构性市场失灵,是指由非完全竞争所导致的市场缺陷,这种市场缺陷可以产生垄断租金,如关税壁垒和非关税壁垒所引起的市场失灵。另一类是交易性市场失灵,是指交易公平原则不能有效地发挥作用的情况,如交易渠道不畅,为实现交易需付出高昂的费用等。具体而言,邓宁认为在以下情况出现时,企业倾向于实行内部化:避免交易成本和谈判成本,避免为保护知识产权所支付的成本,买者不确定,不允许价格歧视存在,需要卖方保证产品质量,弥补市场失灵的缺陷,有利于防止政府干预(配额、关税、价格歧视和税收歧视等),保证供给条件稳定,控制市场范围。

(三)区位优势

区位优势是指可供投资的地区在某些方面较国内优越。在邓宁看来,一家企业具备了所有权优势,并有能力将这些优势内部化,这不能完全解释直接投资活动,还必须加上区位优势。区位优势是指东道国所特有的政治法律制度和经济市场条件。它包括两个方面:一是指东道国要素禀赋所产生的优势,如自然资源、地理位置、人口、市场结构及其规模、收入水平、基础设施。二是指东道国的政治法律制度、经济政策、基础设施、教育水平、文化特征等。区位因素直接影响着跨国公司对外投资的选址和整个国际生产体系的布局。企业进行国际生产必然会受到区位因素的影响,只有在国外区位优势比较大时,企业才可能从事国际生产。

如果一家企业同时具有上述三种优势,那么它就可以对外直接投资了。这种三位一体的组合有时也被称为"OIL 模式"(ownership-internalization-location paradigm)。

国际生产折衷理论的特点和贡献在于以下几点。

(1) 对已有的国际直接投资理论进行了归纳融合,使之达到了一个新的高度。它吸收借鉴了在此之前 20 年中出现的新的国际直接投资理论,采用了折衷和归纳的方法,对各家之长兼容并蓄,并在区位理论方面作出了独到贡献。折衷理论被认为是迄今为止最完备的模式。邓宁的贡献在于综合地吸收了其他理论中关于跨国公司对外直接投资决定因素的分析,从中归纳出三组变量,并利用这些变量解释跨国公司对外直接投资所应具有的各种条件。不过,他的理论并不是对其他理论所分析变量的简单归纳,而是将它们系统地联系起来,从跨国公司国际生产这个高度,讨论这些变量对对外直接投资的作用。例如,海默认为垄断优势是对外直接投资的决定因素,而邓宁认为,这只是跨国公司进行国际生产的基本物质条件。内部化理论指出垄断优势必须内部化,但在邓宁看来,这两个因素的结合仍不能说明跨国公司必须采取对外直接投资的方式,必须加入区位因素进行分析。

(2) 它与国际直接投资的所有形式都有联系,涵盖和应用的范围较广。国际生产折衷理论有时也被称作 OIL 模式,因其概括性、综合性和应用性强而获得了对外直接投资"通论"之称。这一理论目前已成为世界上对外直接投资和跨国公司研究中最有影响的理论,并被广泛用来分析跨国公司对外投资的动机和优势。

(3) 它能够较好地解释企业选择进入国际市场的三种主要方式的原因。该理论较好地解决了西方国际经济学界面临的一个理论难题,即如何运用统一的理论解释整个国际经济活动,也就是对出口贸易、许可证安排(技术转让)和对外直接投资作出统一的解释。国际生产折衷理论在这一点上取得了突破,具有重要的理论意义。

(4) 对服务业跨国企业对外直接投资问题进行了较有说服力的论证。国际生产折衷理论结合服务业的特点,运用三种优势分析法,较客观地说明了服务业的对外投资问题。

其他理论对服务业的跨国投资问题均不能作出令人满意的解释：垄断优势理论未能说明服务业跨国化的选址问题；产品生命周期理论不符合服务业跨国化发展的过程，如金融和保险等行业的跨国化并未发生产品周期中各个阶段的交替；小岛清的比较优势理论可用于说明一个时期日本企业的对外直接投资状况，但无法适用于服务业，因为许多服务业企业开展对外投资时并未在国内丧失优势。

对于国际生产折衷理论今后的发展方向和研究重点，邓宁认为主要应在以下五个方面有所创新和建树：第一，用对策论和网络分析方法进一步扩展 OIL 模式。第二，国际生产折衷理论的动态化。第三，对跨国公司海外生产的不同市场进入方式及其演变的分析。第四，有关跨国公司减少海外投资的问题。第五，跨国公司对东道国和母国的经济影响。

对国际生产折衷理论也存在一些批评意见，主要有以下几点：第一，这个理论的创新性不够。批评者认为，折衷理论虽能满足解释多方面问题的需要，但终究不是另辟蹊径的新论。折衷理论的特色就是"折衷"，它不仅沿用了西方经济学中的厂商理论、区位理论和工业组织理论等，而且吸收了国际经济学中的各派思潮，包括垄断优势理论、寡占反应理论、产品生命周期理论和内部化理论等，还纳入俄林的生产要素禀赋理论，目的是创建一个关于国际贸易、对外直接投资和许可证安排三者统一的理论。恰恰如此，折衷理论不过是其他多种理论供以发展的一个结构。1983年，爱德华·陈（Edward Chen）在《多国公司、技术与就业》一书中评价折衷理论时写道：这在某种意义上并非什么理论，因为尽管它的解释能力很强，但这种能力仅仅是由于它几乎囊括了其他各种直接投资理论。第二，学者巴克利在其1985年所著的《多国企业的经济理论》一书中认为，折衷理论有若干未解决的问题：首先，对三种优势要素的相互关系及其在实践过程中的发展未交代清楚，要素分类体系缺乏动态的内容。其次，把所有权优势单独分离出来是否恰当，令人怀疑，而且这在逻辑上是多余的，因为内部化理论提出了产业（行业）、国别、企业三类特定因素，已足以解释一切，至于区位因素，内部化理论中也已提及"空间成本节约"（spatial cost saving）的概念，将它包含在企业特定因素之中了。

以上我们分析和介绍了西方学者在研究国际直接投资时提出的四种主要理论。上述四种理论主要是从微观和企业的角度来研究与分析跨国公司从事对外直接投资的决定因素、动机、竞争优势、制约条件及其方式等。

除此之外，在20世纪90年代以前还出现了其他一些国际直接投资理论，如投资诱发要素组合理论、寡占反应理论、产业内双向直接投资理论、纵向一体化直接投资理论、横向一体化直接投资理论、核心资产论、投资与贸易替代论、最佳对外投资课税论、区位论、通货区域论和资本化率理论等。这些理论有的是从微观角度展开研究，有的则是从宏观角度研究和分析国际直接投资现象，力图找到东道国为什么要利用外资、资本为什么要发生国际移动等问题的答案。国际直接投资理论是20世纪60年代从国际间接投资（国际证券投资）理论中独立出来的，理论的发展源于实践的发展和丰富，我们相信，随着各国对外直接投资活动的不断开展和跨国公司影响的进一步扩大，有关这方面的理论研究必将会不断有所创新和发展。

第三节　发展中国家对外直接投资的基本理论

20 世纪 80 年代以来,随着发展中国家跨国公司的形成和发展,陆续出现了一些专门用来解释发展中国家企业对外直接投资行为的理论。

一、小规模技术理论

小规模技术理论是由美国学者路易斯·威尔斯(Louis Wells)针对发展中国家的对外直接投资提出的。该理论注意到发展中投资母国对发展中国家跨国公司"特定优势"的影响,认为发展中国家跨国公司的技术优势具有十分特殊的性质,是投资母国市场环境的反映。具体来说,发展中国家的跨国公司具有如下三个优势。

(1)小规模技术。发展中投资母国大多市场规模不大、需求多样化,发展中国家的企业不得不将引进的技术加以改造,使其生产技术更具有灵活性,提供品种繁多的产品,以适应本国小规模、多样化的市场需求,从而具有小规模技术的特征。这些经过改造的小规模技术成为发展中国家跨国公司到类似市场开展对外直接投资的特殊优势之一。

(2)当地采购和特殊产品。威尔斯发现,当发达国家的技术转移到发展中国家后,往往需要加以改造,以便适应发展中国家当地的原料供应和零部件配套生产能力,而这一优势同样成为发展中国家企业对外直接投资的特殊优势之一。另外,发展中国家的对外直接投资往往还带有鲜明的民族特色,能够提供具有民族文化特点的特殊产品,在某些时候甚至可以成为压倒性的经营优势。

(3)物美价廉。发展中国家跨国公司之所以有可能做到这一点,主要原因有二:一是与发达国家相比,发展中国家的劳动力成本普遍较低;二是发展中国家跨国公司的广告支出较少。

威尔斯小规模技术理论的贡献在于:将发展中国家跨国公司的竞争优势与其投资母国自身的市场特征结合起来,能够解释发展中国家对外直接投资的部分行为。但该理论也存在明显的缺陷,如威尔斯始终将发展中国家在技术上的创新活动局限于对现有技术的继承和使用上,从而限制了该理论的适用范围。

二、技术地方化理论

桑加亚·拉奥(Sanjaya Lall)在对印度跨国公司的竞争优势和投资动机进行深入研究之后,提出了关于发展中国家跨国公司的技术地方化理论。和小规模技术理论一样,技术地方化理论也是从技术角度来分析发展中国家跨国公司竞争优势的。

所谓技术地方化,是指发展中国家跨国公司可以对外国技术进行消化、改进和创新,从而使产品更适合自身的经济条件和需求。拉奥强调,发展中国家跨国公司的这种创新过程是企业技术引进的再生过程,而非单纯的被动模仿和复制。所产生的技术在小规模生产条件下具有更高的经济效益,且效果会因民族或语言等因素而得到加强。另外,拉奥还认为在发展中国家的国内市场较大、存在特殊市场需求的情况下(如消费者的不同口味和购买力），发展中国家的跨国公司有可能填补这些市场空白，从而使其产品具有一定的竞争力。

三、技术创新产业升级理论

英国学者约翰·坎特威尔（John Cantwell）和帕兹·埃斯特雷拉·托伦蒂诺（Paz Estrella Tolentino）对发展中国家对外直接投资问题进行了系统的考察，提出了发展中国家技术创新产业升级理论。

技术创新产业升级理论强调技术创新是一国、产业、企业发展的根本动力。与发达国家跨国公司的技术创新活动有所不同，发展中国家跨国公司的技术创新活动具有明显的"学习"特征。换句话说，这种技术创新活动主要利用特有的"学习经验"和组织能力，掌握和开发现有的生产技术。坎特威尔和托伦蒂诺认为，不断的技术积累可以促进一国经济的发展和产业结构的升级，而技术能力的不断提高和积累与企业的对外直接投资直接相关，它影响着发展中国家跨国公司对外直接投资的形式和增长速度。

四、投资发展周期理论

投资发展周期理论由邓宁于20世纪80年代初提出，后经过两次修订与完善，由联合国贸发会议对该理论进行检验，该理论是国际生产折衷理论在发展中经济体的运用和延伸。该理论认为，一个经济体（或国家）的FDI（外国直接投资）流出量和流入量与其经济发展阶段和经济结构存在系统的关系，FDI流出格局反映了投资国企业所有权优势不断变化的状况，显示出母国经济的优势相对于潜在东道国经济所发生的变化。在发展过程中，不同经济体的演进路径、发展模式及采取的政策可能存在差异。此外，他还断言投资构成的结构变化，认为FDI首先集中在低知识密集型或者以资源为基础的产业，而后转移到高技术密集型产业，并且会出现效率寻求型的FDI。

投资发展周期理论是基于工业时代发展中经济体FDI流动状况提出的解释FDI发展过程的理论。虽然该理论存在局限性，但它从理论上指出了发展中国家对外直接投资发展的一般轨迹，即一国的对外直接投资与该国所处的经济发展阶段和人均GDP水平呈正相关关系。

第四节 服务业跨国公司投资理论

一、跨国公司国际投资理论在服务业的适用性

服务业的国际化过程有其特殊性，其发展的内在动力和外部环境与制造业部门有所不同。第二次世界大战后，对外直接投资的发展和跨国公司的扩张主要发生在制造业部门，因此有关理论研究也一直集中于此，相比而言，对服务业对外直接投资的研究比较少。随着服务业在发达国家国民收入、就业和国际收支平衡等方面发挥的作用不断增强，服务部门的国内和国际地位迅速提高，对服务业跨国生产和经营的研究也开始发展起来，其出

发点首先是对传统对外直接投资理论在服务部门适用性的讨论。通过对不同传统理论观点在服务部门的适用性检验,越来越多的经济学家相信,制造业对外直接投资理论经过修正,是完全可以用于分析服务业对外直接投资行为的。其中,有代表性的研究主要有以下几个。

(1) 鲍德温(Boddewyn)试图使用主流理论来解释服务业跨国公司的行为。他发现由于服务产品的特殊性会引发一些问题,如对理论假设前提的违背、对服务产业特定优势区分的难度等,因此应该对这些问题进行进一步深入探讨,但不需要做特别的定义和理论解释,只需通过简单的条件限制和详细说明就能轻易地运用现有的理论。

(2) 邓宁将其在制造业中发展起来的国际生产折衷理论扩展到了服务部门。他在《跨国企业和服务增长:一些概念和理论问题》这篇代表性文章中解释了服务业跨国公司行为的有关概念和理论问题,指出国际生产折衷理论的基本框架是适用于服务业跨国公司的,并对原有的所有权优势、内部化优势和区位优势在服务业企业的具体表现进行了阐述,还列举了一些特定服务行业对外直接投资所需要具备的优势。在其分析的基础上,恩德韦克(Enderwick)又分析了该理论模型应用于服务部门时,要特别注意的一些问题,譬如服务业很多部门都是技术复杂性水平较低的行业,确定企业的特定优势较难;又如跨国经营的非股权方式,像许可证、管理合同、特许经营等在服务业中的广泛使用,这些以市场交换为基础的经营方式对跨国公司理论中内部化的作用有着重要的意义。

(3) 拉格曼(Rugman)以银行业为基点分析了内部化理论的适用性。他认为,按照内部化理论,跨国公司可以通过创造内部市场来克服世界商品市场和要素市场的不完全性,同样地,跨国银行也可以实现交易内部化,从而克服国际金融市场的不完全性。格瑞(Gray)指出,当一个银行选择在超国家的市场,如欧洲货币市场经营时,不必拥有相同的优势条件,因为在超国家金融市场,没有当地银行,不需要以所有权优势作为补偿优势。这实际上相当于重新定义了区位优势,将其范畴从某一特定国家扩展到超国家市场,此时,区位优势具有更重要的意义。此外,上述分析指出,在银行业之外的一些服务部门,如国际饭店业、商业服务业、商业服务公司的外国机构等,所有权优势、内部化优势和区位优势也同样适用,只不过需要根据行业特点做一些限制和详细说明。

弗农对传统直接投资理论的适用性问题,没有做过多说明。他直接指明,既然知识的转移可以代替物品转移,那么有关制造业跨国公司的理论就可以应用于对服务业跨国公司的解释。

二、服务业跨国公司国际投资理论

目前,涉及服务业对外直接投资的理论已有一定的发展,比较典型的如巴克利和卡森的内部化理论,它在原有内部化理论的基础上,说明服务业企业也有内部化中间市场的优势。卡森强调,服务消费中买者的不确定性是市场不完善的根源之一,将会导致较高的交易成本,从而使企业的对外直接投资成为一种必要。

作为对外直接投资理论的集大成者,邓宁在服务业对外直接投资方面也有比较系统的论述。他指出,服务业对外直接投资也应同时具备所有权优势、区位优势和内部化优势三个条件。相对而言,该理论体系比较完善,也最具代表性,因此本部分将以此为基础,对服务业对外直接投资的基础和动因作出解释。

（一）所有权优势

服务业所有权优势可以理解为企业得以满足当前或潜在顾客需求的能力,一般有三个重要的评判标准:①服务的特征和范围,如服务的构思、舒适度、实用性、可靠性、专业化程度等;②服务的价格和成本;③有关售前、售中及售后的服务。具体来讲,服务业跨国公司的所有权优势主要体现在以下几个方面。

(1) 质量。由于服务一般具有不可存储性、异质性等特点,所以保证服务质量对企业尤为重要,特别是随着收入水平的提高和企业之间竞争的加剧,质量日益成为影响消费者对服务的需求和生产者所提供的服务的重要变量,在许多情况下,它是决定服务业跨国公司竞争力的一个最重要的变量。在一些服务行业中,企业创造和保持一个成功品牌形象的能力,或者在多个地区提供服务时实行质量监控和降低购买者交易成本的能力,是其保持质量形象和占有竞争优势的关键。

(2) 范围经济。其指服务提供者可以满足消费者对产品种类和价格的多种不同需求。在运输、商业等服务行业中,都不同程度地存在范围经济。典型的是零售业,零售商储存商品的范围越广、数量越大,其在同供应商交易中的议价能力就越强,就越能通过讨价还价的方式以较低价格从供应商处获得商品;同时,供货品种和数量的增加使其有能力降低消费者的交易成本,因为后者只需在一处就可以买到多种商品;此外,议价能力的提高使零售商能够加强对其买卖的产品和服务质量的控制,也有助于增大其所有权优势。

(3) 规模经济。从本质上讲,规模经济和专业化在制造业与一些服务业企业间并无太大区别,如拥有500个床位的宾馆与拥有30个床位的宾馆提供的住宿服务相比,大医院与小医院提供的医疗服务相比,前者能够通过较大的规模有效降低单位成本。类似地,大型咨询机构和投资银行等可以在机构内部调动人员、资金和信息,实现人事和管理的专业化,从而针对不同的经营环境来调整价格以实现利润最大化。此外,大型服务业企业还往往容易得到优惠的融资条件和折扣等。至于规模经济和范围经济产生的分散风险优势,在保险、再保险和投资银行业务领域表现得更为突出,在这三个行业中,规模是成功进行对外直接投资的前提条件。

(4) 技术和信息。在制造业中,衡量生产技术和产品知识成分的指数,通常是研发投入占销售额的比重,专业人员、科技人员和工程人员在总就业人数中的比重以及取得的专利数量等。在服务业中,与上述衡量标准类似的指标是对信息的把握和处理能力。在许多服务业企业中,以尽可能低的成本对信息进行收集、加工、储存、监控、解释和分析的能力,是关键的无形资产或核心竞争优势。对于证券、咨询这类以数据处理为主要内容的服务行业,情况更是如此。随着知识经济的蔓延,知识密集型服务行业的跨国公司数量增加,信息和技术在竞争中的地位日益提高,它们还能为规模经济、范围经济以及垂直一体化提供机会,特别有利于大型的、经营多样化的跨国公司,由于数据技术往往需要昂贵的辅助资产、固定成本或基础设施,因此拥有这两项优势的服务业企业也就占据了竞争中的有利地位。

(5) 企业的信誉和商标名称。服务是典型的"经验产品",其性能只有在消费之后才能得到评价,而且由于服务的主体是人,其性能还往往呈现出多边性,因此信誉和商标这样的非价格因素往往是服务业企业向消费者传递信息的有力手段,也成为企业主要的竞争优势之一。许多成功的服务业跨国公司,如所罗门兄弟、贝恩等,其卓越服务和优良品牌的扩散往往成为对外直接投资的先导。

(6) 人力资源。服务的施动者和受动者都是人,人力资源素质的提高无疑将使服务的质量和数量大大提升,有利于增大企业的优势。另外,在人力资源的使用过程中还普遍存在"干中学"和"溢出效应"这样的动态效应,为服务企业优势的创造、保持和发展奠定了基础。所以,人力资源对服务业企业来讲尤为重要。

此外,所有权优势还表现在服务业企业利用诸如劳动力、自然资源、金融、数据处理和传送设备等投入的机会,进入产品市场的机会,进入信息、金融、劳动力国际市场的机会或对国际市场的了解等方面。

(二) 区位优势

区位优势与所有权优势和内部化优势不同,它是东道国及地区所有的特定优势,企业无法自行支配,只能去适应和利用这种优势。区位优势主要表现在以下几个方面。

(1) 东道国及地区不可移动的要素禀赋所产生的优势,如自然资源丰富、地理位置优越、人口众多等。不同的服务行业对外直接投资对区位优势的要求也不同,比如,旅游业服务点的选址显然与金融业大不相同,前者需要考虑气候、自然风光、名胜古迹等,后者则集中在工商业中心。除了区位约束性服务外,跨国公司东道国及地区的区位选择主要受服务消费者需求的支配,因此东道国及地区人口数量、人口素质、习惯性的消费偏好等因素也决定了跨国公司的对外直接投资行为。除此之外,东道国及地区较大的市场规模、优越的资源质量、较为完善的基础设施以及地理相邻、语言相通、文化相近的地缘优势等,也构成了重要的区位优势。

(2) 东道国及地区灵活、优惠的政治体制和政策法规形成的有利条件。东道国及地区政府在服务领域的政策干预可能会给投资者创造更好的竞争机会。例如,美国废除了对金融业混业经营的限制,这不仅有利于其境内的金融机构向大规模发展,也有利于外资金融机构扩大其在美经营范围,从而有利于吸引外国投资。又如,我国台湾地区由于逐渐放宽对服务业外资的限制,成为东南亚地区服务业直接投资流向的一个热点地区。

(3) 聚集经济。竞争者集中的地方,会产生新的服务机会,这种服务是针对市场发展需求而产生的。例如,国际银行在竞争者集中的大金融中心创立银行间市场,严重依赖专业信息来源和专门技巧的服务商大多选择同类企业相对集中的领域,而保险和银行业常常会选择主要城市和中心商业区。

区位优势的获得与保持往往是服务业对外直接投资的关键,当企业投资的产业选择与东道国及地区的区位特色相融合时,会强化产业比较优势和区位比较优势,促进对外直接投资的发展;反之,则使两者的优势相互抵消、衰减乃至丧失。但应注意的是,区位因素直接影响跨国公司对外直接投资的选址及其国际化生产体系的布局,它只构成对外直接投资的充分条件。

（三）内部化优势

内部化优势指服务业企业为了克服外部市场的不完全性和不确定性，防止外国竞争对手模仿，将其无形资产使用内部化而形成的特定优势。一般而言，与服务业跨国公司特别相关的内部化优势包括以下几个方面。

(1) 避免寻找交易对象并与其进行谈判而节约的成本。服务业国际贸易的起始点是跨越国境寻求合适的客户资源，这必然会产生包括寻租成本、协商成本等在内的一系列交易成本。跨国公司通过将外部交易内部化，可以有效地降低交易成本，尤其是当跨国投资的启动成本低于外部交易成本时，对外直接投资就是有利可图的，企业也能因此取得竞争优势。

(2) 弱化或消除要素投入在性质和价值等方面的不确定性。由于服务产品的差异性较大，又具有量身定制的特征，信息的不对称性使得买方对产品的了解程度远低于卖方，容易出现服务业的买方出价过低或卖方要价过高的现象。内部化可以克服以上弊端，消除投入方面的不确定因素，这对中间性服务产品尤为重要。

(3) 保证中间产品或最终产品的质量。产品质量控制是服务业企业对外直接投资的主要动力之一，通过将服务交易内部化，服务企业可以用统一的衡量标准，实现在全球范围内对产品质量的监控，使其所有权优势得以保持和发挥。

(4) 避免政府干预。目前，对服务产品跨国交易的严格管制普遍存在，配额、关税、价格管制、税收差异等干预手段层出不穷。相对来讲，外商投资由于其在一国经济发展中所产生的积极影响而易于被东道国所接受。因而，通过跨越国境投资设厂可以降低服务业国际交易中的政策性因素干扰，而且能得到东道国的一些优惠性投资待遇，有利于企业在当地市场展开竞争。

邓宁认为，下列几种类型的服务业企业具有内部化开发利用优势和从事对外直接投资的强烈倾向。

(1) 信息密集型的服务行业，如银行业和商业服务行业。这类企业以拥有的信息和知识为主要优势，这些知识带有默示性质，生产费用高，复杂且特征性强，但易于复制，只有在企业内部才能得到更好的保护和更有力的运用。

(2) 以品牌或公司形象而著称的公司，如建筑、汽车租赁、广告和一些商业服务行业。当企业寻求质量保持和商誉维护时，就需要为服务产品建立严格的、直接的质量标准，此时就会出现水平一体化，因为内部化比外部市场交易对质量标准的控制更有效。

(3) 以知识为基础的创新型服务企业。实现生产和消费的垂直一体化有利于新型服务产品的推广，这是因为在创造服务需求和普及服务产品时，需要指导购买者消费服务，而创新者对其产品所具备的知识使其成为最佳引导者。

(4) 拥有商标和版权等无形资产的企业。这类企业会在国外建立保护其资产权利的分支机构。

(5) 工业跨国公司拥有股权的服务业附属公司。这类公司旨在保证制造业公司以最优条件获得投入物，帮助母公司维持和发展生产、出口及海外市场。

邓宁的内部化优势理论源于巴克利和卡森等人的分析，但他认为，拥有无形资产所有权优势的企业,通过扩大组织和经营活动,将这些优势的使用内部化,可以带来比非股权转让更多的潜在或现实利益。然而,拥有内部化优势的企业也可以扩大国内的规模,并通过出口来获得充分的补偿,并非一定要进行对外直接投资。所以,这两项优势只是企业对外直接投资的必要条件,而非充分条件。

邓宁关于服务业对外直接投资理论的核心是"OIL 模式",他认为所有权优势、区位优势和内部化优势,加之服务和服务业的特性使对外直接投资、跨国经营成为服务业企业的必然选择。但是该理论强调,企业只有同时具备上述三大优势,才能进行有利的对外直接投资。如果只有所有权优势和内部化优势,而无区位优势,企业就缺乏优越的投资场所,只能将有关优势在国内加以利用,即在国内进行生产,然后出口。如果没有内部化优势和区位优势,仅有所有权优势,企业就难以在内部使用其自身拥有的无形资产优势,只能通过特许转让等方式来获取收益。

1993 年,索旺(Sauvant)主持的"服务业跨国化"研究对服务业跨国公司进行了综合实证分析。他用包括不同国家 11 个部门中最大的 210 家企业在 10 年间(1976—1986 年)的数据进行了回归法检验,以测定影响服务业跨国公司对外直接投资的决定因素。回归分析确定了 9 个决定服务业对外直接投资的主要因素,即市场规模、东道国的商业存在、文化差距、政府法规、服务业的竞争优势、全球寡头反应、产业集中度、服务业的可贸易性以及企业规模与增长,这一检验结果充分证实了邓宁的理论在现实中的解释力。

第三章 跨国公司的国际环境

第一节 跨国公司的经营环境及特征

一、跨国公司的经营环境

进行跨国公司的经营决策首先需要了解和熟悉国际商务环境。跨国公司的经营环境,是指存在于跨国公司经营过程中的不可控制的因素和力量,这些因素和力量是影响公司国际商务活动及其目标实现的外部条件。企业管理理论告诉我们,企业经营决策的根本目的是谋求企业外部环境、企业内部条件、企业经营目标三者之间的动态平衡。这三个综合性因素互相促进、互相制约、互为因果,又经常独自变化。在这三个因素之中,企业的外部环境是最为重要、最为活跃的,也是企业最难驾驭的。企业的经营决策归根到底是要适应和服从外部环境的变化,要根据外部环境的变化调整企业自身的条件,必要时,还要顺应环境的变化调整公司的经营目标,以实现三者之间的动态平衡。因此,企业经营决策所解决的根本问题就是如何解决这三者之间的不平衡,特别是要解决因外部环境变化造成的不平衡。

与在自己国家的经营决策相比,跨国公司的经营决策也面临着相似的外部环境,如图3-1所示。但与国内经营活动中仅有的一种语言、一种货币,以及基本相同的文化背景、政治经济制度和法律环境相比,跨国公司将会遇到复杂得多的情况:语言障碍、文化差异、法律差别、政治和经济制度等的不同。这些独特的外部环境不仅决定了跨国公司的经营管理工作与仅在自己国家经营企业的明显差别,而且也决定了跨国公司经营管理人员工作的重点必然是解决外部环境变化所带来的问题。

由图3-1可知,企业环境总体上可分为两大类:内部环境和外部环境。内部环境由组织结构、资源状况和企业文化构成。外部环境也就是通常所说的企业经营环境,根据各种环境因素对企业业绩影响程度的不同,企业的经营环境可分为两大类:社会环境(social environment)和任务(或工作)环境(task environment)。社会环境又称为一般环境或宏观环境,是指可能对企业的活动产生影响但其影响的相关性却不清楚的各种要素,一般包括经济、政治、法律、文化和技术等因素。任务环境是指对企业目标的实现有直接影响的那些外部环境因素,包括企业的竞争地位、产业和市场状况,以及供应商、贷款人和劳动力市场等。

从环境的特性看,企业的经营环境一般具有较强的刚性(刚性为一个技术名词,它是

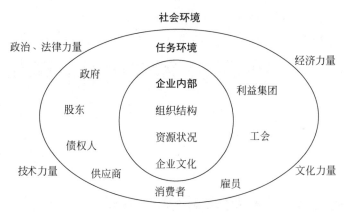

图 3-1 跨国公司经营环境

对材料受到外力作用下变形状况的描述,变形越小,意味着材料的刚性越强),这也意味着,企业的经营管理人员面对企业外部环境的变化,其改变外部环境的能力是极其有限的。一般来说,其主要的应对措施应是顺应环境的变化,在变化中寻找机遇。在经营环境中,刚性最强的是社会环境,这是因为,面对政治、法律、经济、技术、社会文化力量的变化,企业的经营管理人员一般是难以把握和控制的;而面对任务环境的变化,企业的经营管理人员往往存在把握和控制的空间,但把握和控制它,特别是改变其要素的状况,需要的是时间。

从地域空间来看,国际经营环境由母国环境、东道国环境和国际环境三个部分组成。

(一) 母国环境

母国环境由本国的社会环境和任务环境因素所构成,这些因素不仅影响国内经营,也影响海外业务。母国的经济、政治和社会状况促使本国政府制定鼓励或限制对外投资或出口的措施。对国际企业而言,母国的环境研究也主要集中在母国对跨国公司的鼓励与限制政策上。

(二) 东道国环境

东道国环境(目标国环境)是企业在国外市场经营时在当地所面临的各种环境因素的总和。东道国环境除了与母国环境差异很大之外,另一个特点就是难以评价和预测。这就要求跨国公司的经营者们认真研究东道国环境,以避免或降低经营风险。

(三) 国际环境

研究国际环境,不能简单局限于一国(母国或东道国)的环境,而必须考虑比一国环境更大的国际经营环境。跨国公司面临的国际环境涉及多方面的因素。

在跨国经营过程中,诸多相互影响与关联的宏观环境因素直接影响跨国公司国际经营绩效及管理方式的选择。为制定在国外进行经营活动的有效战略规划,企业管理者必须首先充分了解国外的因素及其与本国因素的不同之处。他们必须进行必要的调整,否则,失败几乎是不可避免的。

从内容来看,国际经营环境可分为五个类别,分别为政治环境、经济环境、法律环境、文化环境和技术环境,具体内容如表3-1所示。

表3-1 跨国公司经营的环境因素

类 别	具 体 内 容
政治环境	政治意识形态、政治稳定性、政府对外贸易和外国投资的政策、对外关系与政策
经济环境	经济发展水平、GDP、经济周期、人均收入、货币金融政策、汇率、利率、通货膨胀率、失业率、国际收支盈余或逆差
法律环境	法律传统、法律系统的有效性、影响公司经营的法律系统、与国外政府及国际组织之间的条约
文化环境	习俗、规范、价值观和信念、语言与方言、态度与动机、宗教信仰
技术环境	R&D(研究与开发)投入、产业技术装备水平、技术创新与应用能力、专利与专有技术数量、专业技术人员在人口中的比率

正如前面所讲到的,虽然任何企业只要开展经营活动就会碰见诸如前述的各类环境和构成环境的各类要素,但跨国公司在跨国经营过程中所碰见的环境必然会更复杂。

从政治、法律力量来看,各国最大的差别可能就在于此。各国历史的渊源不同,文化上的差别和经济状况的差异,决定了各国政治制度的不同、立法基础的差别。比如,当今世界有发达国家与发展中国家的划分,也有第一世界、第二世界和第三世界的区别,还有所谓民主国家和独裁国家的不同,这些划分本身就是依据各国对当今世界认识的不同,采用不同的标准划分得到的结果,其本身就是不同的政治立场和态度的产物。政治是经济的集中反映,政治制度的不同也就必然会对如何选择合作伙伴、如何解决经济纠纷、如何选择竞争手段产生影响。中美之间政治制度的巨大差异造成了多次贸易纠纷(甚至多次差一点进入双方相互制裁的境地),就是一个很好的实例。法律主要体现了一个国家希望规范人们行为的意志,它的最大特征就是具有强制性,也强烈地体现了国家利益和统治阶级意志。由此,人们在进行国际经营活动时,就会体会到法律的力量及其对国际商务的影响。简单地讲,法律制度会影响国际商务活动的开展,进而影响开展商务活动双方的权利和义务。

从经济力量来看,各国发展水平的差异、经济政策的不同就基本决定了经济活动开展的空间和形式。比如,在发达国家或经济较为发达的国家和地区,市场的作用会强一些,政府的干预会少一些;而在经济发展较差的国家和地区,市场的作用会弱一些,政府的干预会多一些。市场作用往往体现了一种规律,即"看不见的手"的作用,而政府的干预往往是统治阶级意志的一种反映。所以,在不同的经济制度下,经营的方式会受到不同的影响,在跨国经营形式的选择上也会有明显的不同。

从文化力量来看,文化是人们的价值观念,是人们待人接物的规范,或是人们判断事物的标准。由此可见,在跨国经营的过程中,各国、各民族之间的文化差异必然会对国际商务活动产生巨大的影响。

从技术力量来看,技术已成为当今世界各国、各企业核心竞争力最为重要的因素,也是公司跨国经营能够超越国与国之间重大差异的主要竞争力量。从目前的情况来看,拥有现代技术的主要是发达国家,因此,在国际商务活动中,能够赚取高附加值的高科技产品主要还是来源于发达国家的企业。比如,曾经有过这样的报道,为换取一架空中客车飞机,中国需要出口1亿双鞋。这1∶100 000 000的比例关系就充分说明了技术在当今国际商务中具有巨大和不可替代的作用。

综上所述,与仅在一个国家开展经营活动相比,从事国际商务活动的企业会遇到差异更大、情况更为复杂的经营环境,如图3-2所示。这也就决定了从事国际商务活动的企业在制定经营决策时所面临的风险更大,也需要更为高超的经营管理水平。

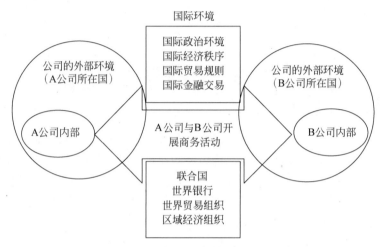

图 3-2 跨国公司开展商务活动的经营环境

二、跨国公司经营环境的特征

与国内公司所依赖的环境相比,跨国公司的经营环境更为特殊、更为复杂,呈现出下列特征。

(一)客观性

环境作为企业外在的、不以管理者意志为转移的因素,对企业经营活动的影响具有强制性和不可控性。一般来说,经营管理部门无法摆脱和控制经营环境,特别是宏观环境,企业难以按自身的意愿随意改变它,如人口因素、政治法律因素、社会文化因素等。但是,企业可以主动适应环境的变化和要求,制定并不断调整市场营销策略。在社会发展与环境变化的过程中,适者生存,不适者淘汰。同样,在企业与环境的关系中,这个规律也完全适用。企业善于适应环境就能生存和发展,否则就难免被淘汰。

(二)差异性

不同的国家或地区之间,宏观环境存在着广泛的差异。不同的企业,其微观环境也千差万别。正是由于存在跨国经营环境的差异性,企业为适应不同的环境及其变化,必须采取各有特点和针对性的经营策略。环境的差异性也表现为同一环境的变化对不同企业有不同的影响。

（三）相关性

外部环境诸因素之间相互影响、相互制约。某一因素的变化会带动其他因素的变化，形成新的营销环境。例如，宏观环境中的政治法律因素或经济政策的变动，会影响一个行业竞争者加入的数量，从而形成不同的竞争格局。又如，市场需求不仅受消费者收入水平、爱好以及社会文化等方面的影响，而且政治法律的变化往往也会成为决定性因素。再如，各个环境因素之间有时存在矛盾，像某些地方的消费者有购买家电的需求，但如果当地电力供应不正常，无疑会成为拓展家电市场的制约因素。

（四）不确定性

国际企业的外部环境是企业赖以生存和发展的社会基础，其生产经营活动不是孤立进行的，而是与外部环境存在各种各样错综复杂的关系。政府的政策与计划控制强度制约着企业的行为取向，市场环境影响着企业行为的变化。随着世界经济一体化的进程不断加快以及全球范围内产业结构的调整和升级，企业所处的环境越来越呈现出不确定性。这种不确定性体现在环境的状态变化和环境的复杂性两个方面，如表3-2所示。

表 3-2 经营环境变化程度

项　目	静　态	动　态
简单	静态可预见环境　Ⅰ 产品和服务缺乏 客户、供应商、竞争者少 对复杂知识需求低	动态不可预测环境　Ⅲ 产品和服务缺乏 客户、供应商、竞争者少 对复杂知识需求低
复杂	静态可预见环境　Ⅱ 产品和服务丰富 客户、供应商、竞争者多 对复杂知识需求高	动态不可预测环境　Ⅳ 产品和服务丰富 客户、供应商、竞争者多 对复杂知识需求高

第Ⅰ象限代表静态可基本预见的环境。此处，客户、供应商和竞争者数量有限，环境多年没什么变化，原料来源、竞争者数量和主要客户数目少，易辨认。

第Ⅱ象限的环境在动静程度上与第Ⅰ象限相似，但环境复杂。客户、供应商和竞争者的数目增加了，知识的复杂性增强了。如家庭用具制造商、大型会计企业以及储蓄贷款公司等。

第Ⅲ象限代表有限客户、供应商和竞争者的动态环境。如向零售店批发产品的制衣企业的环境。其环境的动态特性的关键在于服装潮流变化迅速。

第Ⅳ象限代表既复杂又动态的环境。环境中的事件和趋势具有高度不确定性与不可预测性，且客户、供应商、竞争者数目和所需的知识都超过其他象限。计算机软件企业即处于这样的环境。

当环境从简单静态向复杂动态移动时，由于缺乏环境的具体信息，对特定组织的行动将会带来什么后果并不很清楚，因而管理决策中的不确定性扩大。

第二节　国际政治环境

不同国家、不同地区的政治环境各不相同,国际企业母国的政治环境有可能与其他国家和地区的政治环境存在很大的差别。政治环境因素的变化历来被认为是对国际商务活动影响最大、破坏性最强的变化。比如,1971年在伊朗爆发的推翻前巴列维国王的"白色革命"曾使美国的企业遭受巨大的损失;20世纪90年代初出现的东欧前社会主义国家的政治动荡曾给这些国家的经济发展带来巨大的损失。仅以南斯拉夫为例,根据《俄罗斯中亚东欧市场》记录,1991年由于受到经济制裁,南斯拉夫地区的出口下降17.3%、进口下降23.6%。1992年5月,联合国通过全面制裁南斯拉夫的决议,禁止各成员国与南斯拉夫进行任何贸易往来,使其外贸活动几乎完全停止。又如,2001年9月11日在美国出现的恐怖事件不仅造成了美国经济活动的巨大困难,也对全球的经济发展产生了巨大的影响。因此,国际政治环境会对大多数国际企业的活动产生影响和制约作用。例如,中国的企业如果在美国开展业务活动,就必须了解和熟悉美国的政治制度与经济制度,按照美国市场经济的规则和方法开展经营。

一、国际政治环境的内涵

国际政治环境是国际企业在不同国家开展经营活动所面临的社会制度、政治体制、经济政策等方面影响因素的总和。目前,世界上有190多个主权国家,这些国家实行不同的社会制度,由不同的政党领导,在不同的时期执行不同的经济政策。即使社会制度相同的国家,其政治环境也有巨大的差异。在一定程度上可以说,政治环境是国际企业面临的最重要的环境。如果说经济环境是影响国际企业经营过程能否盈利的环境,那么政治环境则是决定是否允许企业开展经营活动的环境。

政治环境的构成因素很多,就一个国家大的政治环境而言,主要有社会制度、执政党性质、政治稳定性和国民政治民族倾向四个因素,对国际企业的经营有较大的政治影响。

(一) 社会制度

实行不同社会制度的国家对国际企业的根本态度是不完全相同的,如对国际企业自由经营的态度,对国外企业的经营范围,对合资企业、合作企业的控股程度等,都有不同的鼓励或限制措施。根据社会意识形态的不同,现代社会制度主要分为社会主义和资本主义两种形式。目前,一些西方学者根据社会主义国家市场经济取向改革的进行和资本主义国家对经济干预的加强,一直在强调这两种社会制度的融合,但应该说社会主义国家经济体制改革和资本主义国家采取更多的措施干预经济过程,并没有从根本上改变两种社会制度的性质。不同社会制度对国际企业的影响仍有很大差别,而且这种影响的不同仍然广泛存在。

(二) 执政党性质

在社会制度不变的情况下,国家对国际企业的态度取决于执政党的性质。在社会制度相同的各个国家,由于其执政党的性质不同,对社会、经济发展过程的认识存在较大差别。因此,对国际企业的政策也会有很大的不同。比如,有些政党实行贸易自由化政策,而有些政党则倾向于实行贸易保护主义。在多党轮流执政的国家,执政党的性质经常发生变化,各种党派政治主张不同、利益追求不同,其在执政期间执行的政策会发生较大的变化,从而对国际企业形成不同的政治环境,并产生不同的影响。从同是实行资本主义制度的发达国家英国、美国和法国来看,政治环境同执政党性质的关系非常明显。在英国,工党和保守党轮流执政,工党倾向于限制外资企业在英国的发展,对进口实行关税限制措施;而保守党则在一定程度上鼓励外国资本进入英国。在美国,民主党和共和党轮流执政,民主党强调最惠国待遇和"人权"问题不可分离,而共和党则倾向于把政治问题和经济问题分开考虑。法国的社会党和保卫共和联盟在对国有化与民营化方面的经济政策也存在很大分歧。可见,执政党的性质对国际企业的经营环境有着重大影响。

(三) 政治稳定性

政治稳定性直接影响企业经营战略的长期性。在考察一国的政治稳定性时,应特别注意政权的更迭、政府政策的稳定性和政治冲突三个方面。

1. 政权的更迭

执政党的变换通常引起商业政治环境的变化,如果这种变化并不过激,那么国际企业只需调整其经营方针即可。但是,如果变化剧烈,那就无法进行有效调整。例如,缅甸政府对外来投资的限制十分严格,但是其法规含义明确且相对稳定,因此,许多公司都来申请投资;相反,秘鲁政府对外来投资持欢迎态度,但是有关政策却变化无常,所以,许多外国公司不愿去该国投资。

2. 政府政策的稳定性

东道国政府政策的稳定性和连续性,也是决定跨国经营状况的重要因素。如果所在国政府的政策变化是渐进且可以预见的,企业就有足够的时间进行调整和适应;如果政策经常发生剧烈的变化,就会导致跨国经营的困难。

3. 政治冲突

政权更迭、政党对立、民族对立、宗教对立、文化分裂等,使东道国发生战争、政变、动乱、恐怖活动和罢工等政治冲突。各种政治冲突都会给国际企业经营带来不利影响,这需要引起国际企业的足够重视。

(四) 国民政治民族倾向

国民政治民族倾向作为国家存在的基础,必然影响国家的各种政策的制定,从而对国际企业产生影响。这一点在发达国家和发展中国家以及存在历史隔阂的国家之间表现得尤为突出。发展中国家的国民出于对自身利益的考虑和保护民族工业的愿望,往往倾向于对发达国家的国际企业采取各种限制措施,甚至采取国有化的极端措施;而存在历史隔阂的国家的国民则倾向于限制对方的资本流入本国,或对已在本国建立的对方企业采取冷淡的态度。这种国民情绪是国际企业必须考虑的一个环境因素。

二、跨国公司与政府的关系

一般而言,政治环境的各种因素是通过影响政府政策而对国际企业经营过程产生影响作用的。因此,国际企业在各种政治环境下有效开展经营的一个重要方面就是处理好企业与东道国政府之间的关系,其中,最重要的是处理好企业与东道国政府的目标冲突问题。

各国政府在一定时期有其各自的社会经济发展目标,国际企业也有自身的经营目标。在一般情况下,国际企业的经营目标会影响政府的社会经济发展目标。各国政府与国际企业的目标,在一般情况下是相互适应的,但在有些情况下,二者会发生冲突,有时甚至是严重冲突。这种目标冲突在某些情况下,可以通过协商加以解决或缓和,在有些情况下则是不可调和的。当目标冲突达到一定程度时,东道国政府就会采取各种措施对国际企业的经营过程进行干预。

作为政府,其促进社会经济发展的目标主要有促进经济增长、实现充分就业、保持物价稳定、实现国际收支平衡、合理分配国民收入、引进先进技术等;此外,还有发展民族经济、保障国家安全等。国际企业在东道国开展投资和经营活动的目标主要有获得满意的投资回报、利用东道国的资源、开发东道国市场等。东道国政府与国际企业产生目标冲突的根本原因在于二者制订目标的依据存在差异。各国政府是根据其社会经济发展的需要制订经济发展目标的,而国际企业的这些目标是根据其全球化经营战略制订的,因此,国际企业的目标和它为实现目标所采取的一些经营措施就可能与东道国政府的目标相冲突。比如,国际企业为了实现其全球经营目标,会在全球范围内对其投资进行重新配置,减少或撤出在一些国家的投资;或者为了保持竞争优势而采取一些不利于增加就业的技术措施。这些都会影响东道国政府的目标。当目标矛盾无法调和时,冲突就不可避免。

国际企业与各国政府之间的冲突由来已久,但 20 世纪 70 年代以来,这种冲突有加剧的趋势。据分析,美国国际企业与各国政府的冲突事件几乎有一半是在 20 世纪 70 年代后期发生的。冲突主要集中在与石油相关的工业、采矿和加工业、制造业和银行保险业。冲突主要发生在美国国际企业与拉丁美洲国家之间。这与美国国际企业在拉丁美洲投资的规模比较大有关。

国际企业与政府关系的一个新的特点是,越来越多的发达国家对国际企业在本国的经营活动加以控制。比如,加拿大设立外国投资审查机构,要求外国投资必须符合加拿大的工业和经济政策,必须能提高生产率和工业效率,必须能增加就业;加拿大人必须参与董事会并担任重要职务,必须能够增加出口等。

三、政治风险与政府干预

政治环境直接作用于国际企业的有两个方面:一是政治风险,二是政府干预。政治风险是指由于东道国政治形势发生变化而对国际企业生产经营活动产生消极影响的可能性,政府干预则是东道国政府采取直接措施干预国际企业的经营活动。政治风险和政府干预对国际企业有着重要影响。国际企业在进入国际市场前,必须对东道国的政治情况和政策进行深入的了解,并据此采取有效措施,尽量减少政治风险,适应政府的干预措施。

(一) 政治风险

对国际企业而言,构成政治风险的因素包括东道国发生政治独立事件、政治体制改变、社会稳定状况改变、战争或武装冲突、形成新的国际政治经济同盟等。这些因素中的任何一个一旦发生,就会对国际企业产生直接的重大影响。而且,对国际企业来说,政治风险具有突发性和不可抗拒性的特点。国际企业不能影响这种风险发生的可能性,只能采取措施减小这种风险对企业的影响程度。企业对政治风险的防范,大致可以采取以下几项措施。

1. 对政治风险进行管理

对政治风险进行管理可以分为三个时期:①投资前期,偏重投资的可行性研究,即根据调查材料,分析各种影响因素,评估投资前的政治风险,作出投资决策。②投资中期,根据经营过程中产生的种种影响投资安全和收益的事件及因素,随时进行调整,以实现预期目标。这种调整包括投资分散化、共同投资、投资方式调整、当地化、经营政策调整等。③投资后期,根据生产经营中威胁自身安全的风险因素,主动撤回投资,尽可能多地收回资本和利润。

2. 保险

国有化风险、战争风险、转移风险等政治风险往往可以保险。国际企业按规定投保后,万一发生风险并对投资人造成损失,保险机构就按合同支付保险金。这样的保险机构有美国的海外私人投资公司(OPIC)、英国的出口信贷担保局(ECGD)、日本通商产业省的海外投资保险班、中国人民保险集团股份有限公司(PICC)等。一些私人保险机构,如英国的劳埃德保险集团(Lioyd's)、美国的北美保险公司(ICNA)和纽约保险交易所(NYIE)也涉足这方面的业务。

3. 国际金融机构和外国政府参与

利用某些国际金融机构支持企业的外国政府参与经营,以求得企业自身的安全。比如,来自国际金融公司的贷款和政权提供了一定程度的保险,有利于防范连续性的政治风险。

4. 技术垄断

国际企业垄断技术,当产品处于衰退期时,企业可将技术和产品转让给当地生产者,从而放弃它们在当地市场的统治地位;但同时,企业又引进新技术、新产品,继续保持或增强其地位。

5. 投资协定

有些国际企业在一开始即与合伙人在投资协定中规定双方地位有秩序变化的程序。比如,安第斯条约国家的投资规定用粗略的方式考虑了投资者和东道国之间可能变化的关系,要求在规定年限内有计划地减少外国人的所有权。这种投资协定有利于企业事先对政治风险进行评估,并采取相应的防范措施。

(二)政府干预

东道国政府采取一些政策措施对国际企业进行干预,是国际企业经常面临的一种客观情况。按照对国际企业影响的范围和程度,政府干预一般可以分为以下几种类型。

1. 价格控制

当东道国面临发生或已经发生严重的通货膨胀时,政府往往会对一些重要的产品和物资实行价格控制,如采取最高限价措施。这种措施会直接影响国际企业的产品销售和盈利状况。

2. 关税壁垒

东道国政府为了减少商品进口或调整商品进口结构,会对进口商品采取关税控制,如对某些限制进口的商品征收较高的关税。关税提高,会增加国际企业商品的成本,从而影响企业的经营。

3. 进口限制

进口限制又称"贸易壁垒"或"非关税壁垒",是东道国政府在法律或行政上对进口商品的种类和数量进行的限制。进口限制不仅会影响国际企业通过商品出口进入国际市场,而且会迫使已在东道国进行直接投资的国际企业采用当地的配套产品。目前,资本主义国家实行的非关税壁垒有900多种,国际企业必须对这些进口限制政策有详细的了解,以便有效地作出投资决策,顺利开展营销活动。

4. 外汇管制

外汇管制就是东道国政府对所有贸易和非贸易外汇收入与支出进行控制,这种情况经常发生在东道国出现国际收支赤字或外汇短缺的时候。外汇管制的措施主要包括两个方面:一是所有贸易和非贸易外汇收入必须以官方价格出售给东道国中央银行,二是所有贸易和非贸易外汇支出必须经过东道国外汇管制机构的批准。外汇管制不仅影响国际企业投资利润的汇出,而且直接影响国际企业的经营活动。

5. 国有化政策

国有化政策是国际企业在国际经营中可能遇到的最大的政治风险。国有化政策可以分为没收和征用两种情况。没收就是东道国将外国投资企业的资产或外国企业在合资企业中的股份收归国有,征用就是东道国在接管外国企业时给予一定程度的补偿。无论哪一种形式,国有化政策都会对国际企业产生重大影响。作为一种最激烈的管制措施,东道国政府一般不会轻易采取国有化政策。只有当东道国政府感到国际企业的经营范围和规模严重控制本国经济或对本国经济主权构成威胁,或者东道国与母国发生严重的政治分歧或武装冲突时,才会采取国有化政策。历史上比较典型的国有化事件有:1952年印度政府将英国石油公司收归国有,1962年巴西政府接收美国国际电信公司在本国的投资事业,1969年秘鲁政府没收美国标准石油公司等。为了避免国有化的不利影响,国际企业通常会采取一些防范措施,如:对涉外投资进行保险;在投资前就经营过程的有关方面与东道国政府达成协议,有时包括允诺在若干年后将企业有偿或无偿交给东道国,增加产品技术构成和提高生产过程的工艺水平,充分考虑当地就业的需要,充分利用当地的资本。当国有化已经发生时,国际企业还可以通过母国政府寻求保护。

第三节 国际经济环境

国际经济环境对跨国公司具有重要意义。一方面,跨国公司经营活动的各种条件要在国际经济环境中得到满足;另一方面,跨国公司生产的产品的价值要在国际经济环境中得到实现。可以说,没有国际经济环境,就不可能有跨国公司。

一、国际经济整体环境

国际经济环境是指在世界范围内发生影响作用的经济因素,如世界货币制度、外汇市场、国际金融市场等。这是国际企业在任何国家开展对外直接投资活动时都必须考虑的经济因素。

(一) 世界货币制度

1. 金本位制

世界货币制度是从金本位制(gold standard)开始的,金本位制形成于 19 世纪 70 年代末期,当时资本主义国家普遍采用金本位制。金本位制是以黄金为本位货币的一种制度。金本位制规定,各国应以黄金表示其货币价值,并以此确定各国货币的交换比率;各国不能限制黄金的自由流入和流出;各国发行的纸币应受黄金准备数量的限制。第一次世界大战后,除美国继续实行金本位制以外,英国和法国都改变了纸币与黄金之间可以自由兑换的原则,规定纸币不能随意兑换黄金。如果用纸币兑换黄金,每次最少要兑换净重 400 盎司的金块,于是,形成了金块本位制(gold bullion standard)。而西方许多国家则严格限制黄金兑换,以外汇作为主要兑换工具,形成金汇兑本位制(gold exchange standard),又称虚金本位制。随着 20 世纪 30 年代因经济危机而引发的金融危机波及全世界,一些国家先后放弃了金本位制。到 1936 年,金本位制彻底崩溃。

2. 布雷顿森林体系

为了恢复由于金本位制崩溃而遭到破坏的国际货币秩序以及调整战后国际金融和贸易关系,维护世界经济的稳定和发展,1944 年 7 月,在美国新罕布什尔州的布雷顿森林召开了由 44 个国家参加的"联合和联盟国家国际货币金融会议"(简称"布雷顿森林会议"),签订了《布雷顿森林协定》。根据协定建立了一个永久性的国际货币机构——国际货币基金组织(IMF),在该组织内部确立了一个以美元为中心的国际货币体系,即布雷顿森林体系。

依据《布雷顿森林协定》,稳定汇率是国际货币基金组织的主要宗旨。通过这种制度安排,形成了一个以美元为中心的国际货币平价体系,这样就可以相应地决定任何两种货币的交换比率。这种货币体系克服了金本位缺乏弹性的汇率制度的缺陷,而把固定汇率和弹性汇率相结合。然而,正是这种弹性汇率在实际执行中发生了许多问题。一些国家出于对本国利益的考虑,当出现国际收支严重逆差时不肯作出改定汇率的安排,从而引起国际货币危机。同时,一些国家内部出现了外汇黑市买卖,扰乱了国内金融市场。这些情况使国际货币平价体系受到严重干扰。1971年8月,由于出现了严重的国际收支逆差,美国政府用美元兑换黄金,并对进口商品征收10%的附加税,这实际上是允许美元对其他货币的比价向下浮动。美国的这一举动,使国际货币市场陷入一片混乱之中。其他国家纷纷效仿,实行本国货币对美元的大幅浮动。于是,国际货币平价体系瓦解了。

3. 浮动汇率制

鉴于各主要资本主义国家都实行了货币对美元的浮动,1978年4月1日,国际货币基金组织通过了《国际货币基金协定第二次修正案》,把浮动汇率合法化,形成了浮动汇率制。

浮动汇率制在一定程度上可以说是一种没有货币制度的货币制度,因为所有国家都可以自由调整货币汇率,也就失去了统一的货币体系。浮动汇率分为自由浮动和管理浮动。自由浮动也叫清洁浮动,是指在没有政府干预情况下的浮动。管理浮动也叫肮脏浮动,是指政府公开或隐蔽地干预金融市场,使汇率向有利于本国的方向发生浮动。实际上,自由浮动是不存在的,各国政府都会直接或间接地对金融市场实行一定的干预政策,以减小汇率波动对本国贸易和国际收支的影响。

从世界货币制度发展的过程可以看出,不论是实行固定汇率制度,还是实行浮动汇率制度,都会给国际企业的经营带来一定的影响。浮动汇率制度使国际企业面临一个动荡的外汇市场环境。

(二) 外汇市场

如果说世界货币制度是国际货币关系的宏观方面,那么,外汇市场就是国际货币关系的微观方面。外汇是指几种外币之间的交换。外汇市场是指外币交换的金融体系。外汇市场的核心是外汇牌价。

外汇牌价是一种货币用另一种货币表示的价格,也叫外汇行市或汇率。外汇牌价有多种表示方法:第一,一种货币可以用多种货币表示其价格,如人民币可以用美元、英镑或法郎等不同货币表示其价格。第二,外汇牌价有直接和间接两种标价法。直接标价法是以单位外币为标准折算一定数额的本国货币,间接标价法是以单位本国货币为标准折算一定数额的外币。汇率变化方向的判断,首先要明确外汇标价方法。采用直接标价法,折合本国货币数额增加,就叫作本国货币外汇汇率降低,说明外币上涨,本币跌落;反之,则是本国货币外汇汇率上涨。间接标价法的含义则相反。第三,外汇牌价有外汇买入价和外汇卖出价两种。外汇买入价是银行买进外汇的价格,外汇卖出价是银行卖出外汇的价格。此外,外汇牌价还有即期外汇牌价和远期外汇牌价之分。

从另一个角度看,外汇市场也是一个由公司、银行和外汇经纪人构成的系统。银行是外汇买卖的中心。外汇经纪人则是接洽外汇买卖、在银行和客户之间充当中间人的汇兑商人。公司参与外汇市场有两个目的:一是利用外汇市场的货币交易避免或减少由于汇率变动造成的债权、债务的损失。二是利用汇率变动进行投机。由于国际企业的生产经营活动至少涉及两个国家的货币,外汇市场汇率的变化会直接影响国际企业的生产经营活动和经济利益,因此,外汇市场是国际企业不能回避的一个经济环境。

(三) 国际金融市场

国际金融市场是企业和银行之间开展资金融通的场所和资金融通关系的总和。金融市场有狭义和广义之分。狭义的金融市场是指短期的货币市场,主要包括短期信贷市场、短期证券市场、贴现市场,又称货币市场或短期资金市场;广义的金融市场是指长期资金的供给和需求所形成的市场,如证券市场,又称资本市场或长期资金市场。

金融市场按银行业务主客体的不同,可以分为国内金融市场、在岸金融市场和离岸(或境外)金融市场。国内金融市场主要办理本国贷款者、投资者和本国筹资者之间的国内业务。在岸金融市场主要办理本国贷款者、投资者和外国筹资者之间的业务以及外国贷款者、投资者和本国筹资者的业务。离岸金融市场主要办理外国贷款者、投资者和外国筹资者之间的业务。离岸金融市场是一种由市场所在国的非居民使用外国货币从事境外交易,并且其交易活动既不受所使用货币的发行国的管制,也不受市场所在国国内金融体系的有关规章法律管辖的金融市场,是一种真正意义上的国际金融市场。

国际金融市场对国际企业的对外直接投资活动具有重要意义。能否充分、有效地利用国际金融市场筹措企业发展所需要的资金,对国际企业是十分重要的,也是国际企业适应性的一种表现。目前,一些世界大型国际企业都在国际金融市场上积极开展融资业务,扩大资金来源,增强经济实力。所以,国际金融市场是国际企业谋求自身发展的一个极好的国际经济环境。

二、国际经济地区环境

(一) 欧洲国家经济环境

德国是高度发达的工业国,2024 年经济总量居欧洲首位,世界第三;英国则位居世界第六,同时也是欧洲第二大经济体。私有企业是英国经济的主体;法国工业方面发展,如核电、航空、航天和铁路发展全球领先。德国的外国投资主要来自美国、荷兰、法国、英国、瑞士和日本;英国政府鼓励外国向英国投资,近年来,英国成为外商在欧洲投资的首选地,居世界第二位,美国是英国最大的投资国,其次是德国、加拿大和日本;法国是世界经济强国,对外国在法的直接投资基本实行国民待遇,每年吸引大量外国直接投资。

俄罗斯政局近年来进一步稳定,发展经济成为当局的中心任务和朝野共识,在这一有利环境下,政府通过经济立法使经济活动规范化,在一定程度上改善了投资环境和经营环境。最为明显的是,税制改革不仅提升了企业的投资积极性,还缓解了国家的财政压力。同时借国际油价上涨之机,获取大量石油美元。俄罗斯市场容量大,市场竞争水平较低;自然资源和劳动力资源丰富,具体表现在原料价格低廉、整体文化素质高、人力成本较低;工业基础优势明显,尤其在军工高科技领域,投资市场潜力大。罗马尼亚进入 20 世纪 90 年代后,由于政权更迭、体制转轨过速,生产大幅度滑坡。根据罗马尼亚目前的法律,在不损害环境、不威胁国家安全和公共秩序的前提下,外国投资者可以在任何部门成立独资或合资公司。

(二) 北美洲国家经济环境

2024 年,北美洲经济总量在全球排第二位,各国经济发展差异显著,加拿大与美国经济高度发达,发展中国家除墨西哥有一些工业基础外,其余各国多为单一经济国家,主要发展种植业,经济总量较小。加拿大和美国具有高度发达的现代市场经济与完善的国民经济宏观调控体系,劳动生产率、国内生产总值、对外贸易额居于世界前列。美国是目前世界上最发达的工业国家,工业体系基础雄厚,门类齐全,生产能力巨大,科学技术先进,行业产值占国内生产总值的1/3以上,集中和垄断程度很高。汽车、钢铁和建筑业是美国经济的三大支柱。由于外资可以为东道国创造就业机会,促进各地区平衡发展,加强与世界市场的沟通,提高生产能力,改进技术,因此北美洲国家对外资进入的政策大都比较开放,各国都积极地采取各种优惠措施来鼓励、吸引外资,为投资者提供公平的、非歧视的良好投资环境。

(三) 南美洲国家经济环境

第二次世界大战之后,南美洲的经济有了快速的发展,经济结构发生显著变化,但各国经济发展水平很不均衡,巴西与阿根廷是南美洲最发达的国家,两国已经建立了完整的工业体系,门类齐全,技术水平高。两国的核电、信息、军工、飞机制造等都已跨入世界先进国家行列。其中,巴西的经济实力和工艺均居南美洲首位,经济总量远超过整个南美洲地区的1/3。

从20世纪中后期开始,南美洲各国政府相继推行了经济稳定及自由化政策,减少了贸易壁垒,取消了资本流动限制,实行对外国投资者经济开放的政策,给予外资国民待遇,尽量扩大外资投入领域的范围,外国投资得到迅速增长。

(四) 东南亚国家经济环境

东南亚地区各国都属于发展中国家,但各国经济发展水平也不平衡。新加坡属于富裕国家,2024年人均GDP达9万美元;最不发达国家如越南、缅甸、老挝等,人均GDP仅为1 000~5 000美元。东南亚各国目前都在积极吸引外资,通过政府扶持、税收优惠等措施引进先进技术,扩大出口,促进自然资源的开发,创造更多的就业机会,开发节能产品,促进区域经济的发展,并承诺不将外国投资国有化。但各国对外资投资的行业、投资控股比例都有不同程度的限制性规定。泰国的外国经营法规定外资在农业、某些制造与食品加工行业(特别是以泰国本地农业资源为基础的行业)和大部分专业性服务部门的企业中,包括上市公司,拥有的所有权股份最大比率为49%;马来西亚政府规定只有投资于制造业且出口其产值80%或以上的外资企业没有股权条件的限制;印度尼西亚政府要求外资企业在经营15年内,应该采取直接或非直接的方式,如直接销售或通过证券交易把股份转移给印度尼西亚的个人或法人。

(五) 非洲国家经济环境

非洲国家的经济曾经被西方殖民主义者控制。取得独立后的非洲各国为了国家主权完整和保护民族利益,采取了一些促进本国经济发展的措施,并且获得了一定的成效。由于殖民者的管制,非洲各国形成了单一经济,这些国家正在逐渐改变民族经济的状态。南非在1994年之前为资本净流出国,经过1994年的改革后,逐渐改变这一状态。外国直接投资主要来自包括英、法、德在内的西欧国家,美国和马来西亚等国在南非的投资额也大幅增加。在南非的外资企业主要集中在采矿、金融和石油加工等领域。为吸引更多的中长期外资,南非政府正在进行国企重组。尼日利亚允许外国投资者在支付技术费、进口技术服务费与科技权利金后汇出资本、利润、股息和处置资产所得收益。总体来讲,尼日利亚的外资主要集中在石油、汽车装配、纺织部门,一般消费品加工发展仍较慢。

(六)大洋洲国家经济环境

澳大利亚实行务实的外交政策,注重与日本、印度尼西亚和中国的政治与经济合作,与美国的合作主要在安全和军事领域。自由党—国家党联盟于1996年在大选中获胜后,大力推进金融体制、财政政策、劳资关系等改革。这些改革的实施,有效地改善了经济的可持续增长状况和人民生活。

第四节 国际法律环境

跨国公司的生产经营活动超越一国范围就不可能仅受一国法律的制约,而是受到国际法律法规的制约。根据法律法规制定的主体不同,管理企业跨国经营行为的法律法规可简单地分为双边性投资条约、区域性国际投资法制和全球性跨国投资法规。

一、双边性投资条约

双边性投资条约是指两个国家的政府之间签订的,以保护、促进和规范两国企业相互的外国投资行为与企业跨国经营行为为目的的国际协议,是加强国家间经济合作的简单、有效的手段。双边性投资条约主要包含三种方式:友好通商航海条约(Friendship,Commerce and Navigation Treaties)、投资保证协定(Investment Guarantee Agreement)及促进和保护投资协定(Agreement for Promotion and Protection of Investment)。

(一)友好通商航海条约

友好通商航海条约简称通商条约,是指全面规定缔约国之间经济、贸易、航海等各个方面的问题,主要包括:关税的征收和海关手续的规定,船舶航行与使用港口的规定,缔约双方的公民和企业在对方国家所享受待遇的规定,有关知识产权保护的规定,进口商品征收国内捐税的规定,铁路运输和过境的规定,仲裁裁决的规定等。但需要说明的是,通商条约是较早的双边投资性条约版本,其内容重心是在经济、贸易等方面,对投资的规定比较抽象和原则化。随着经济全球化的趋势越来越明显,跨国公司进行的海外投资和经营活动规模大幅度增长,同时,跨国公司的通商条约内容有所增加,但复杂的国际投资和跨国经营活动的规定不充分、不完全的缺点也逐渐暴露。

(二)投资保证协定

投资保证协定是指投资者母国与东道国所签的双边协议,目的在于保障投资者母国的海外投资保险公司对于东道国的投资争议的赔偿额的代位求偿权和其他相关权利与地位。简单而言,任何一国的保险机构在对相关风险造成的损失理赔之后,若该损失是由另一缔约国的政治风险事故造成的,此缔约国应该承认保险机构拥有代位索赔的权利和地位。

(三)促进和保护投资协定

这种形式起源于联邦德国,改善了通商条约中对投资覆盖较少且规范不充分、不完全的不足,将对投资的保护单独提出来加以细化。同时,还融合了投资保证协定的优点,对投资保险、代位赔偿和争端解决的规定更为细化与完整,是一种较好地保护国际投资的条约类型。

二、区域性国际投资法则

区域性国际投资法则是国际投资规则体系的重要组成部分,通常由区域经济一体化组织或国家集团制定,旨在协调区域内国家的投资政策、促进资本流动并保护投资者权益。区域性国际投资法则主要包括以下类型。

(一)调整成员国与非成员国间投资关系的条约

典型代表为欧盟的《马斯特里赫特条约》,其不仅规范欧盟成员国内部的投资活动,还统一对外国投资者的待遇标准,同时协调成员国与非欧盟国家的投资政策。

(二)规范成员国与非成员国间投资规则的条约

1970年安第斯条约组织(现为安第斯共同体)制定的《安第斯共同市场外国投资规则》,明确限制外资在特定行业的持股比例,并规定技术转让、利润汇出等规则,旨在保护区域内经济主权。

(三)促进成员国间相互投资的协定

这类协定以1987年《东南亚国家联盟促进和保护投资协定》为代表,强调成员国间投资自由化,保障公平待遇,并提供争端解决机制,为东盟国家间的资本流动创造稳定环境。

三、全球性跨国投资法规

全球性跨国投资法规是协调国际投资活动、保护投资者权益并规范东道国监管行为的核心框架,其内容涵盖多边条约、国际组织规则及软法性指导原则。主要包括以下几种类型。

(一)多边投资条约与公约

1.《解决国家与他国国民间投资争端公约》

该公约由世界银行于1965年制定,建立了国际投资争端解决中心(ICSID),为投资者与东道国之间的争议提供仲裁和调解机制。

2.《多边投资担保机构公约》

该公约旨在为跨国投资提供政治风险担保,通过成员国共同出资设立保险机制,增强投资者信心。发展中国家基础设施项目常依赖此类担保吸引外资。

3.《与贸易有关的投资措施协议》

该协议作为WTO框架下的协定,禁止成员国实施当地成分要求、外汇平衡等扭曲贸易的投资限制措施,例如强制外资企业采购本地原材料的政策需调整以符合该协议。

(二)国际组织决议与指导原则

1.《全球投资指导原则》

该原则在2016年通过,是世界范围内首个多边投资政策纲领,是二十国集团(G20)

领导人杭州峰会重要成果之一,强调投资政策应服务于可持续发展,平衡投资者权利与东道国监管权,倡导非歧视性待遇和争端预防机制。中国在自贸试验区实践中积极落实其原则。

2.《各国经济权利和义务宪章》

该宪章是指联合国通过的旨在建立新的国际经济关系的重要文件,它确立国家对自然资源的永久主权,允许东道国基于公共利益征收外资,但需给予适当补偿,体现了发展中国家对经济主权的诉求。

(三)行业性多边协议

1.《能源宪章条约》(ECT)

该条约聚焦能源领域投资保护,要求成员国保障外资公平待遇,并允许投资者通过国际仲裁索赔。2022年德国因能源政策调整面临多起ECT仲裁案件。

2.《服务贸易总协定》

该协定通过市场准入和国民待遇条款规范服务业投资,例如要求成员国逐步开放金融、电信等领域的外资持股限制。

第五节 国际文化环境

文化是人们所共同持有的思想、情感与行为习惯的总和,文化环境包括语言环境、教育环境、社会心理环境、宗教信仰状况等要素。不同的文化传统会产生不同的价值观念、消费习惯、生活准则、思维方式等,会对跨国经营活动产生程度不同的影响。一般来说,文化传统方面的差异越小,投资者与东道国越容易沟通,也就越有利于跨国经营活动的开展;反之,则会阻碍国外投资者进入该国家进行投资。

一、语言环境

投资母国和东道国能够使用相同语言的人才数量是跨国经营考虑的重要因素,会使用东道国语言,有利于公司本地化战略的实施。英语是目前应用地区最为广泛的语言,许多跨国公司把英语作为公司内部的官方语言。随着中国软实力的提高,许多国家使用汉语的人数在增加。

二、教育环境

一般而言,教育水平高,劳动力素质高,生产的效率和经济效益随之就高。应主要考察东道国教育水平的高低、教育结构状况、教育的普及程度、教育与社会需要的结合程度、国民对教育的基本态度等。

三、社会心理环境

其主要考察民众的一般价值观念、民族意识、对物质分配的态度、对工商业的一般看法、对经营和风险的态度，尤其是对国外投资者经营活动的态度以及现存的上下级关系和部门间的关系等。社会心理往往会影响东道国对外资的接纳程度、外资与当地资本合作以及与当地官方和非官方机构合作的状况、外资投资效益和经营成果的分配等。

四、宗教信仰状况

不同的国家会存在不同的宗教，不同的宗教信仰对人们的价值观念、生活态度和消费方式等都会产生重要影响。对于跨国经营者而言，越能尊重东道国的宗教信仰和风俗习惯并适度地加以利用，则越能在该国开展投资活动并获得成功。

第六节 国际技术环境

人类自进入蒸汽机时代以来，就无时无刻不感受到技术革命带来的冲击，尤其是当代技术革命给人们的思想观念、人类的生存条件、人们的工作方式等带来了难以预料的变化。在当代纷繁复杂的技术革命中，技术发展呈现出如下几个特点。

一、技术思想科学化

首先，技术思想是以科学为先导的，现代科学构成了现代技术的知识基础，现代技术的发展过程是以基础科学发展的自然规律为指导，经过技术科学探索得到某种类别的技术规律和技术理论，进而在工程科学指导下创造出的全新的、特定的技术实体。可见现代技术是知识密集型技术，它不再是由经验寻找途径。其次，技术与科学相互渗透、同化，现代技术的发展在很大程度上以科学发展为前提，科学走在技术的前面，成为起先导作用的力量。最后，科学方法向技术化发展，科学研究形成了一套系统方法、控制论方法及信息论等科学方法，它们指导、规范着技术革命及其发展。

二、技术构成复合化

现代技术是对多种科学知识的综合利用，是多种技术渗透、交叉、综合的多元复合体。科技的发展决定了社会需求的多元化，反过来社会需求的多元化、复杂化，又推动着技术的多元发展。当今任何一门独立的科学和技术都难以满足社会需求的多元化，从而需由多种科学知识和技术相互依存、交叉联系而组合成一个技术体系，才能满足社会需求。20世纪40年代以来出现的高度综合性的技术，如计算机、加速器、原子能、空间、遗传工程等技术都是横跨多种学科和综合多种不同类型技术的高技术。比如，复印机上的静电复印技术，就应用了半导体光电、电磁感应、光学、传感器、微电子、自动控制、塑料加工、机械加工、计算机等多种技术的知识。

三、技术革命加速化

技术革命加速化是现代技术发展的量的特征。它表现为重大技术变革的频率大大提升，技术从发明到应用的周期大大缩短，同类技术更新换代的速度大大加快，技术的生命周期不断缩短。比如，1946年研制的第一台计算机，到现在已经更新到第4代，速度加快了上万倍,同时价格却下降至千分之一,特别是微机中核心芯片 CPU 的晶体管数量基本每隔 18～24 个月就会翻一番,使得同类微机产品从 20 世纪 80 年代初的 8088 发展到现在的酷睿系列中间更新换代多达 23 次。

技术日新月异的变化是当代国际环境发展的重要特征之一。技术的变化不仅影响着企业的决策与经营,也改变着企业的管理观念与方法。新技术的出现能使一个行业或一个企业的传统优势地位发生变化;技术的变化能够改变企业的生产方式、企业的组织形式以及沟通方式,从而使企业必须更新管理观念,采用新的管理方法。在国际竞争中,许多国家与企业把技术作为获得和保持竞争优势的最重要的途径。它们凭借技术优势,一方面加快对国内市场的开拓,另一方面努力将这种技术优势国际化,以保持自己在国际竞争中的优势地位。为了尽可能地保持和延长这种优势竞争地位,它们往往会采取技术垄断或其他各种技术保护性措施。

四、技术革新的竞争日趋激烈

美国在科技方面居于世界领先地位,近 20 年来,美国最早发展 PC(个人计算机)网络系统及互联网技术,从而促进了美国新经济的发展。欧洲、日本不甘落后,如日本将力量集中于发展数字化家用电器及多媒体 PC 以提供家庭市场,欧洲国家也投入巨额资金发展信息产业及新技术,从而使技术革新形成激烈竞争的格局。

国际技术环境是企业所面临的对国际化经营产生影响和制约作用的各种技术因素的总和。技术与企业的产品设计、生产制造、销售密切相关,技术的发展对国际企业来说,既是机遇又是挑战。技术环境包括一个国家或地区的基础技术环境和应用技术环境。前者涉及技术的开发和研究环境,后者为技术的应用环境。国际企业在重视新技术的研究与开发的同时,在国际化经营中特别强调应用技术的开发或获取,重视技术的商业化问题。

国际企业获取应用技术的主要方式,一是本土开发。国际企业充分利用本国现有的人力资源、实验设备和资金,以及成熟的市场等方面的优势开发应用技术;在掌握新的应用技术后,把其推广到国外的分支机构,实现技术优势的国际化。二是在国外建立研究所和实验室,以便利用当地的资源优势,降低开发成本,更好地把技术开发与满足国际化需求相结合。三是引进技术和实行技术转让,以便较快地提高产品性能、提高劳动生产率、提高产品的竞争力,在更大程度上发挥所拥有的技术的作用,回收技术开发费用。

国际企业在评估国际技术环境时,一是要评估自己的技术,二是要评估竞争对手的技术,三是要预测技术发展的趋势。对国际技术环境的预测通常可以采用定性预测法(如专家预测法、德尔菲法)和定量预测法(如时序预测法和因果预测法等)。

即测即练

第四章 跨国公司战略

第一节 跨国公司战略管理

一、战略管理定义

1965年,伊戈尔·H.安索夫(Igor H. Ansoff)所著的《公司战略》的问世,是现代企业管理战略理论的开始。20世纪70年代,安索夫的著作《从战略到战略管理》正式提出战略管理(strategic management)的概念,标志着现代管理理论体系的形成。

国际企业战略管理可以定义为:国际企业面对错综复杂、竞争激烈的国际经营环境,同时,以企业自身经营条件为出发点所制定的具有全局性、长远性、导向性和灵活性的关于生产、营销、采购、财务及人才培训等活动的跨越国界的总体性谋划,包括跨国经营总体目标的制订及其实现途径的选择。换句话说,国际企业战略管理就是在全球竞争分析(包括外部环境与内部条件分析)的基础上,确立国际企业的战略模式、战略目标与经营方向,进行战略规划,并组织实施与控制的全过程。

国际企业跨国经营战略是企业经营战略的一个分支,其制定和实施的步骤与方法服从于企业经营战略的总原则。

二、国际企业战略管理的特征

(一)集权与分权的均衡点运动更加灵活与频繁

跨国公司规模巨大,跨越国界程度宽广,分支机构地域分散,公司内部层次、部门众多,控制幅度大,组织结构相当复杂。如何既能保证公司战略成为公司各项工作贯穿如一的中心线索,又能使公司在全球日趋激烈的竞争中保持足够的灵活性,成为近年来跨国公司战略管理的重点课题。过度集权管理,可能导致跨国公司的本土化战略受到削弱,使公司对各地区的具体情况与问题的反应能力下降,丧失灵活性,患上"大企业病";但过度分权管理,又会导致公司战略无法有效实施。近年来跨国公司广泛流行"在思想上集权,在行动上分权"的做法,即总公司强化用战略思想与战略目标"教育"公司各机构、各部门的人员,同时又赋予这些机构和人员相当大的自主权以决定如何在公司战略框架内解决自己所面临的问题。这种做法较好地将集权与分权在战略框架内结合起来,也使得集权与分权均衡点的上下浮动更频繁。

（二）战略控制手段由资本、人事过渡到信息

在传统的跨国公司中,对一个组织的控制是通过人事或资本控制来完成的,在有些企业中还可能是关键性的技术。在信息技术时代,这一情况发生了变化,在相当多的跨国公司中,首席执行官(CEO)是通过手中握有的信息来实施战略控制的。

战略控制手段的变迁同时也反映出信息技术在现代社会的扩散。最显著的例子是互联网技术的运用使地理上的距离被无限小地压缩,代之以虚拟的或称为数字的距离。互联网的发展为地域宽广的跨国公司带来了前所未有的机遇。各大跨国公司纷纷"触电上网",制定并实施网络战略。有人预言,在未来5年左右的时间,公司网络建设将决定公司的竞争优势。

（三）战略绩效的评价标准的范围大大拓宽

跨国公司各业务单位分散在不同的国家和地区,经营业务千差万别,各分支机构的功能、水平可能相差甚远。这就要求跨国公司战略控制的重要手段——战略绩效的评价标准的范围大大拓宽。传统的绩效评价指标大多局限于财务性数字,其绩效评价也主要由财务会计人员完成。现在跨国公司认识到,过分强调销售额和利润等财务指标的重要性只会增强企业的短视行为,因此,更多的非财务指标如企业成长、商业信誉、战略优势的建立与维持等被开发出来并付诸应用。跨国公司对评价指标的选择也有时间性,其绩效评价标准是与各时期的战略目标相联系的。跨国公司设置多层次、多时期的战略目标,这既是灵活性的体现,又起到了很好的激励作用。

（四）冲突管理、利益协调、跨文化管理是战略实施中的重要保障

跨国公司在多种经济、社会、政治、文化环境下运行,各国相异的社会形态、发展模式、价值观等都使跨国公司所面临的外部约束明显不同于国内企业。跨国公司往往被视为东道国本体之外的一种异质,从而可能遭遇的冲突的数量和程度也远非国内企业所能比拟的。再者,与国内企业相比,跨国公司内外部的利益相关者也复杂得多,多方的股东、经理、员工在同一企业中共事,加上形形色色的外部利益相关者,如果不能很好地协调各方利益相关者的利益关系,公司战略也难以付诸实施。此外,文化的多元性不仅影响跨国公司的内部管理,也同样制约着公司在东道国的经营。对文化的敏感性可以穿越文化边界将产品营销到特定的市场。冲突管理、利益协调、跨文化管理等职能在跨国公司战略实施中发挥着重要的作用。

（五）灵活的组织设计和运作

全球经济日趋复杂,对跨国公司的组织设计与运作提出了相应的要求。任何单一的组织形式都无法适应战略实施的要求。跨国公司的组织设计应大大提高公司整体的创造力,使大多数人都能够在计划的公开交流、战略任务的分散化、机遇的优先发展,以及多方面衡量工作绩效的控制系统的帮助下展示自己的战略思想与行动能力。

三、战略管理作用

制定国际企业经营战略意味着企业放眼世界市场和世界资源分布。跨国经营战略是为了以多国为基础来优化运作,而不是将跨国运作只看作多个相互独立的国家经营活动的简单组合。一个科学合理的战略计划对国际企业的生存和发展有着积极的推动作用。它的意义大致有以下几种。

(1) 为将各子公司在全球范围内联系在一起提供手段,把各分支机构和子公司联结起来,加强公司的统一性、合作性和协调性,强化公司在世界市场上的整体功能,使各子公司围绕总体目标相互配合,步调一致地在全球范围内开展生产经营活动,实现既定的经济目标。

(2) 为预计和应对环境变化提供途径,使企业接受变化、适应变化。具有长期性、预期性的经营战略使企业在不断变化的企业环境格局中看到机会,并通过使用各种创新手段适应和利用这些变化。

(3) 为企业协调和整合各种各样而又分散在各国的业务提供工具。通过对资源利用和产品销售的全球统一调配,提高资金、技术、人力和物力的使用效率,使资源得到合理配置,获得来自全球的最大效益。

(4) 经营战略为企业提供新的中枢管理,它提出未来结果的限定模型,使企业朝既定目标前进。

总之,国际企业的经营战略是国际企业在生产经营活动中必不可少的一个环节,它的积极指导作用是十分明显的。一家成功的国际企业,必须有一套科学、合理,同时又能适合自己客观环境和经营特色的公司战略。

第二节 跨国公司战略的模式选择与经营策略

一、跨国公司战略模式

企业国际化战略方案的制订在很大程度上受国际企业战略取向的影响。企业的战略取向涉及企业的高层管理人员对待国际化的基本态度,它通常反映在企业的战略方案中。H. V. 帕尔马特(H. V. Perlmutter)把企业的国际战略取向分为母国中心(ethnocentric)、东道国中心(polycentric)和全球中心(geocentric)三类,被称为 EPG 模型。之后,他和 D. A. 希南(D. A. Heenan)合作又提出了第四种战略取向,即区域中心(regioncentric)取向。四种战略取向一起又被称为 EPGR 模型(图 4-1)。

(一) 母国中心模式

这种模式的企业战略,以母国和母公司的利益与文化价值标准作为决策的根本指导思想。决策方式以集中式为特点,总部下达大量的命令与指示,组织结构以产品分部为主,其他如产品开发、利润调配、人事政策,无不反映这种"母国中心"的特色。但母国中心模式企业的价值链结构与全球中心模式相比,其优势环节并不典型和突出。

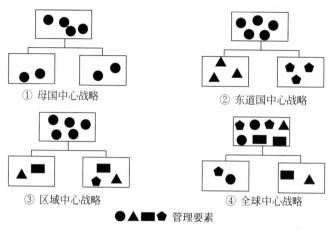

图 4-1　EPGR 战略取向

2024 年《财富》世界 500 强排行榜显示中国有 133 家公司上榜,其中中国大陆(含香港)有 128 家企业上榜,中国台湾地区有 5 家企业上榜。我们在此把中国石油天然气集团公司(CNPC)作为母国中心模式的实例,原因在于:第一,中国石油天然气集团公司在全球范围内进行资源开发和石油化工产品的生产与销售,形成了油气并举、海陆兼顾、常规非常规多样化的总体境外油气布局。第二,中国石油天然气集团公司的主要业务和决策中心都仍然位于中国。

(二)东道国中心模式

这种模式可以说是对应于母国中心模式的另一个极端。采用这种模式的跨国公司,主要的战略重心在于更好地适应东道国的环境,更为注重东道国的反应。其决策方式是分散的,组织较松散,子公司的东道国文化色彩浓厚,以雇用、训练东道国人员为主,甚至由东道国人士担任子公司的高级职务。其价值链优势部分,以下游环节居多。这一战略模式的国际企业我们选用两个实例。其一是联合利华公司在印度的子公司。由于印度在很长一段时间对跨国公司采取比较严厉的政策,在 20 世纪 70 年代甚至迫使美国可口可乐公司撤出投资,只有少数西方公司如联合利华印度子公司当时被迫采取了强烈东道国色彩的东道国中心模式,才得以在印度存活下来。其二是克莱斯勒在英国的子公司。如果说联合利华印度子公司采用东道国中心模式是"不得已而为之"的话,那么,克莱斯勒英国子公司则是积极主动地以英国东道国文化及"英国国民反应"为战略定位,利用英国宽松良好的投资环境、训练有素的技术人力、相当规模的国内市场,进而将业务拓展到整个西欧大陆。

(三)区域中心模式

区域中心的战略模式是母国中心与东道国中心这两种极端形式的折中。它所考虑的战略重心是兼顾区域内子公司形成的一体化以及各个东道国的反应,尽可能在区域内各子公司的利益与各东道国的利益之间取得妥协及平衡,在各个管理层次上也反映了这种区域中心及区域文化的特征。在此,我们选择海尔集团为实例。海尔集团在其跨国经营中采用了区域中心模式,在不同的发展阶段,海尔与三洋电机的合作经历了竞合、合资、兼并(merger)和自主发展等阶段。竞合阶段使海尔获得了日本市场和渠道,合资阶段在市场渠道的基础上,提升了海尔在研发、技术、人才、生产、质量管理体系等方面的实力直到兼并三洋白色家电,使经营范围从日本扩大到整个东南亚,形成了两个研发中心、四个制造基地、六个国家的市场构架。

(四)全球中心模式

这种战略模式的本质是全球性的系统决策模式,其组织也呈网络系统结构,可以看作前面三种模式的综合与提升,在各个管理层次上体现了全球文化的深刻内涵。我们在此选择美国IBM(国际商业机器公司)和我国台湾地区的宏碁电脑公司作为全球中心模式的样板。IBM被公认为世界电脑硬件之王和"蓝色巨人",它之所以在价值链上拥有战略优势环节,确切地说,并不完全是因为"大"。如果把IBM和日本巨型商社的财务数据作为"体格检查"的指标,就不难发现,前者是"高大矫健的巨人",后者则是个深陷泡沫经济泥沼的虚胖"恐龙"。IBM的竞争优势在于它实施全球中心模式所建构的遍布全球的销售、维修、售后服务系统,它正是在这个价值链环节上占有巨大的垄断优势。由我国台湾地区的著名企业家施振荣领导的宏碁电脑,尽管在组织、资金、技术及声誉上难以与IBM相提并论,但其经营理念和战略定位与IBM何其相似,如果把宏碁电脑形容为发展中地区高科技产业的"蓝色小巨人",实在一点也不为过。

二、跨国公司经营策略

经营策略是实现全球战略目标的重要部分,也是实现战略目标的重要手段。跨国公司与一般垄断公司不同,那就是不仅产品的销售活动,而且生产过程的各个环节都有很大一部分在国际范围内进行,形成了一套全球性的经营体系,相应采取了一套全球性经营策略,并根据外部情况变化及时调整,在不同时期采取不同的经营策略。

跨国公司在国外发展一种产品,主要考虑三个方面因素:一是市场条件;二是生产条件;三是技术的使用状况。不同阶段可以采用以下几种产品策略。

(一)出口带动投资策略

早期跨国公司一般先在本国发展一种产品,随着产品出口增加和业务扩大,便由委托国外商户经销或者出口中间商出口转向自行在国外设立销售服务机构。随着国外市场不断扩大,市场竞争加剧、各国贸易壁垒增加,为了保持原有市场,不断降低成本,增强竞争能力,公司开始将零部件运到国外装配产品,就近就地销售,以取得更大利润,这样就由产品出口转为国外直接投资生产。

(二)产品多样化策略

早期跨国公司以生产一两种产品为主,现在更多的跨国公司都转向采取产品多样化的策略。产品多样化策略是伴随着跨国公司规模不断扩大、兼并的企业数量增加而不断发展起来的。其中许多与原公司生产无关联的企业被兼并进来,形成跨行业多种经营的混合企业,产品种类越来越多样化,如日本的新日铁公司除钢铁生产以外,还经营热带经济作物、肉用牛、民房和新型交通系统等。

产品的多样化使得企业容易适应市场的变化和同行的激烈竞争,有利于分散风险,减少损失,保持公司稳定,可以充分利用过剩的设备和人员,充分动用和调剂资产,提高整个公司的经济效益。

(三) 按产品生命周期扩展策略

产品生命周期理论是美国哈佛大学的弗农教授提出的。第二次世界大战后,跨国公司的产品在国际市场上的发展同样存在周期现象,即生成期、发展期、成熟期和衰老期,在产品生命周期不同阶段,跨国公司在国外投资生产该产品的重点不一样。在产品生命生成期只做试探性的小额投资,如有成功可能,就决定进行第二阶段,即选择关键部门、关键市场做有限的活动,只有在产品成熟期才在国外集中投资做大规模的发展,到衰老期,就不再进行投资,甚至把资金抽到新的部门做投资。

另一种与产品生命周期相适应的跨国公司扩展战略是通过选择不同的东道国实现的。如果一家跨国公司实力雄厚,率先掌握了某种产品生产的技术,则它可以通过如下的选择实现扩展。在产品的初期,垄断技术,在母国生产再出口;当技术发展得较为成熟时,则对一些发达国家进行直接投资,接近消费市场生产;之后随着技术的完全成熟进入劳动力密集阶段,则向发展中国家投资,利用发展中国家的较低价劳动力实现生产成本的节约。

(四) 国际专业化生产策略

随着国际分工的深化,跨国公司内部分工扩展到国际范围,一种产品不是在本国发展起来后再转移到国外生产,而是一开始就根据世界先进的科技水平和专业化分工来安排对国外的直接投资,在全球范围建立和配置专业化工厂网,定点生产,分工制造零部件,定点装配,然后集中运到有利的地点,定向销售。

这种策略是20世纪70年代以来跨国公司采用的经营策略。它适应了生产和资本国际新发展的客观要求。它是从加强在世界市场的竞争力出发,充分考虑全球范围内子公司所在国市场和各种资源条件作出的最佳配置,合理安排全公司在全球范围生产、销售、技术和投资等经营活动,从而取得整个公司长远的最大限度的利润。

第三节 跨国兼并与收购

一、跨国并购概述

在经济全球化的进程中,跨国公司一直扮演着重要角色。从公司角度来说,跨国公司通过并购扩张,能快速提高生产能力,降低生产成本,抢占市场,实现对全球市场的控制。同时,跨国公司通过其国际化的生产、销售、研究与开发等经营活动,促进了资本、生产要素在全球范围内的流转,有力地推动了经济全球化。

（一）跨国并购的概念

跨国并购是指一国企业（又称并购企业）为了达到某种目标，通过一定的渠道和支付手段，将另一国企业（又称被并购企业）的所有资产或足以行使运营活动的股份收买下来，从而对另一国企业的经营管理实施实际的或完全的控制行为，包括跨国兼并与跨国收购（cross-border acquisition）。

兼并指公司的吸收合并，即一家公司将其他一家或数家公司并入本公司，使其失去法人资格的行为。兼并是企业变更、终止的方式之一，也是企业竞争优胜劣汰的正常现象。在西方公司中，企业兼并可分为两类，即吸收兼并和创立兼并。

收购（acquisition）意为获取，即一家企业通过购买其他企业的资产或股权，从而实现对该企业的实际控制的行为，有接管（或接收）企业管理权或所有权之意。按照其内容的不同，收购可分为资产收购和股份收购两类。从经济学角度而言，企业兼并和收购的意义是一致的。

跨国兼并与跨国收购的区别在于并购企业法人资格是否存续。在兼并中，被兼并企业作为法人实体不复存在；而在收购中，被收购企业仍然以法人实体存在，只是其股权或资产发生了转让。这里所说的渠道，包括并购的跨国性企业直接向目标企业投资，或通过目标国所在地的子公司进行并购两种形式，支付手段包括支付现金、从金融机构贷款、以股换股和发行债券等形式。

（二）跨国并购的类型

按照不同的分类标准，跨国并购可以分为不同的类型，主要有以下几种。

1. 按照跨国并购的功能可分为横向跨国并购、纵向跨国并购和混合跨国并购

横向跨国并购是指两个以上国家生产或销售相同或相似产品的企业之间的并购。企业通过横向并购，一方面可以快速扩大生产规模，降低单位生产成本，形成规模经济；另一方面，在一定程度上可以消除竞争，强化垄断，增强企业的国际竞争力。在横向跨国并购中，由于并购双方有相同的行业背景和经历，所以比较容易实现并购整合。横向跨国并购是早期跨国并购中经常采用的形式。

纵向跨国并购是指两个以上国家生产同一或相似产品但又处于不同生产阶段的企业之间的并购。通过纵向并购，一方面，企业可以稳定和扩大原材料的供应来源或产品的销售渠道，从而减少竞争对手的原材料供应或产品的销售；另一方面，企业通过对产业链上下游的整合可以实现资源、技术和知识的共享，从而获得范围经济。并购双方一般是原材料供应者或产品购买者，所以对彼此的生产状况比较熟悉，并购后容易整合。纵向跨国并购是20世纪20年代第二次世界并购浪潮的主要形式。

混合跨国并购是指两个及两个以上国家处于不同行业的企业之间的并购。其目的是实现全球发展战略和多元化经营战略，减少单一行业经营的风险，增强企业在世界市场上的整体竞争实力。混合跨国并购是20世纪60年代全球第三次并购浪潮的重要并购方式。

2. 按照是否有中介参与可分为直接并购和间接并购

直接并购指并购企业根据自己的战略规划直接向目标企业提出所有权要求，或者目标企业因经营不善以及遇到难以克服的困难而向并购企业主动提出转让所有权,并经双方磋商达成协议,完成所有权的转移。

间接并购通常是通过投资银行或其他中介机构进行的并购交易,可分为三角前向并购和三角反向并购,两者的区别是:三角前向并购是并购企业投资目标企业的控股企业,存续的是控股企业;三角反向并购是并购企业投资目标企业的控股企业,存续的是卖方,即目标企业。间接并购一般情况下是通过在证券市场收购目标企业的股票取得对目标企业的控制权。与直接并购相比,间接并购受法律规定的制约较大,成功的概率也相对小一些。

3. 按支付方式可分为现金并购、股票互换并购、债券互换并购

现金并购是指以现金、票据等作为支付方式的并购。

股票互换并购是指并购方增发新股,以换取被并购企业股权的并购。

债券互换并购是指发行并购公司的债券,用以替代被并购公司的债券,使被并购公司的债务转移到并购公司。在现实的跨国并购中,往往涉及金额巨大,通常采用几种支付方式的结合。

4. 按是否取得目标公司同意可分为善意收购和敌意收购

善意收购是指目标企业的经营者同意此项收购,双方可以共同磋商购买条件、购买价格、支付方式和收购后企业的地位及被收购企业人员的安排等,并就上述内容签订收购要约。善意收购是在双方自愿、合作、公开的前提下进行的,一般都能获得成功。

敌意收购是指在收购目标公司时,虽然遭到目标公司的抗拒,仍然强行收购,或者并购公司事先不与目标公司协商,突然直接向目标公司股东开出收购价格或发出收购要约。

5. 按并购策略模式可分为杠杆收购和管理层收购

杠杆收购是指收购企业通过在银行贷款或在金融市场融资所进行的收购。杠杆收购的突出特点是,收购方为了进行收购,大规模融资,通常融资额度超过被收购对象总购价的70%。

管理层收购是指公司的经理层利用借贷所融资本或股权交易收购本公司的一种行为,从而使自己不仅是企业的经营者,而且变成企业的所有者。管理层只有在其认为目标公司有发展潜力时,才会采取收购行动。管理层收购在 20 世纪 60—70 年代开始出现,在 80 年代发展迅猛。

二、跨国并购理论分析

对跨国并购进行理论分析是为了了解跨国公司实施并购行为的动机和目的。由于跨国并购面临不同的目标公司和不同的并购环境,因此其具体动因也存在较大的差别,从支持并购角度来看,主要有效率理论、信息理论和代理成本理论三种;从怀疑并购价值角度来看,主要有经理主义、自负假说、闲置现金流量理论、市场势力理论和再分配理论。

(一)并购活动支持论

1. 效率理论

效率理论认为,公司并购活动能够带来潜在的社会收益,而且对交易的各参与者来说

能提高效率。效率理论的基本逻辑顺序是：效率差异→并购行为→提高个体效率→提高整个社会经济的效率。这一理论包含两个基本要点：第一是公司并购活动的发生有利于改进管理层的经营业绩；第二是公司并购将导致某种形式的协同（synergy）效应。

（1）管理协同效应。管理协同效应又称差别效率理论。管理协同效应主要指的是并购给企业管理活动在效率方面带来的变化及效率的提高所产生的效益。一般来说，如果两家公司的管理效率不同，在管理效率高的公司兼并另一家公司之后，低效率公司的管理效率将得以提高，这就是管理协同效应。管理协同效应来源于行业和企业专属管理资源的不可分性。

这种理论难以解释的一个问题是，在经历一系列并购之后，理论上整个国家的经济最终会为一家具有最高管理效率的公司并购，但是，实际上任何高效率的管理队伍的管理能力、精力都是有限的，所以发展到一定程度，公司内部的管理、协调问题将会变得越来越突出，从而阻止并购规模的进一步扩大。

（2）经营协同效应。经营协同效应又称营运协同效应，是指由于经济的互补性及规模经济，两家或两家以上的公司合并后可提高其生产经营活动的效率，是并购给企业生产经营活动在效率方面带来的变化及效率的提高所产生的双赢。并购影响了公司的经营，从而提高了公司效益，包括产生规模经济、优势互补、成本降低、市场份额扩大、更全面的服务等。通过并购，企业的有形、无形资产可以在更大范围内使用，企业的产品研发费用、管理费用、营销费用等可分摊到更多的产出上，从而降低单位投入成本，进而提高企业整体经济效益。

（3）财务协同效应。所谓财务协同效应，就是指在企业兼并发生后，将收购企业的低资本成本的内部资金投资于被收购企业的高效益项目上，从而使兼并后的企业资金使用效益更为提高。如通过对亏损企业的并购，在合并财务报表时，可使母公司的盈利和被并购企业的亏损相抵扣，从而减少税收。

（4）目标企业价值被低估。东道国股票市场低迷、汇率下降，可能导致目标公司的市场价格不能反映其真实价值或潜在价值，这是推动跨国并购的一个重要动因。冈萨雷斯、瓦斯康塞洛斯和克什（Gonzalez, Vasconcellos & Kish）发表《跨国并购：价值低估假说》，分析证明了目标公司价值低估是跨国并购的动因之一。由于目标公司价值低估推动的跨国并购在一定时期、一定国家大量存在。例如，20世纪80年代美国经济疲软、股市低迷，吸引了大量的外国投资者；亚洲金融危机后的1998年，发生在韩国、马来西亚、印度尼西亚等国的跨国并购大量增加。但在现实中，并非所有价值被低估的公司都会被并购，也并非只有被低估的公司才会成为并购的目标，因此这一理论也面临较大的挑战。

（5）经营多样化理论。经营多样化理论认为，通过并购实现企业经营业务的多样化，可以降低企业经营的不确定性和避免破产风险，从而为企业管理者和雇员分散风险，也能保护企业的组织资本和声誉资本。多样化经营可以通过公司内部发展和并购两种途径来实现。但是在公司面临变化的环境、需要进行战略调整时，并购的方式可能对公司更为有利，因为并购可以使公司快速进入被并购的企业所在行业，并能够在很大程度上保持被并购公司的市场份额和其他现有的资源。

2. 信息理论

从信息的角度研究跨国公司的并购动机主要有以下三种。

（1）并购与市场信息的传递。在通过股权收购来实施并购的过程中，无论成功与否，并购的目标公司的股价一般都会上涨，因为股权收购的并购行为向市场传递了这样的一个信息，即目标公司的价值被低估了，或者是并购方公司的收购行为会迫使并购的目标公司采取更加有效的经营策略。

（2）并购与效率相关。在不成功的并购行为中，如果首次收购发盘之后5年内没有后续的收购要约，那么目标公司的股价会回落到发盘前的水平；如果有后续的收购要约，那么目标公司的股价会继续上涨。只有在目标公司与并购公司之间进行了资源整合或者目标公司的资源转移到并购公司的控制之下时，目标公司的股价才会不断被重估，呈上涨态势。经验数据与上述协同效应的解释是一致的，收购活动并不意味着目标企业的股票在市场上被低估或目标企业可以依靠自身的力量来改善经营效率。

（3）并购与公司资本结构选择。由于信息不对称，作为内部人的企业经理拥有更多关于公司经营以及发展状况的相关信息。在这种情况下，资本结构并不像默顿·米勒（Merton Miller）和弗朗哥·莫迪利亚尼（Franco Modigliani）所说的与市场价值无关，而是在下列条件下存在最佳的资本结构：第一，企业投资政策是通过资本结构的选择行为向市场传输的。第二，经理的报酬与资本结构信号的真实性相关。这样，如果公司被标购，市场将认为该公司的某种价值还没有被局外人掌控，或者认为该公司未来的现金收入将增加，股价在未来会上涨；当并购方用本公司的股票来收购一家公司时，将会使被并购的公司或其他人认识到这是并购公司股票被高估的信号；当某一公司回购其股票时，市场则视其为该公司的管理层认为该公司的股价被低估，或者公司将有新的增长机会。

3. 代理成本理论

代理问题广泛存在于各家公司，在一家公司中，经理是公司决策的控制人或代理人，而公司的股东或所有者则是委托人或风险承担者。因此对于公司来说，代理是有成本的，代理成本既包括构建合约的成本、委托人对代理人进行监督与控制的成本，也包括代理人的决策成本和剩余成本（即由于代理人的决策与使委托人福利最大化的决策之间的差异而使委托人遭受的福利损失，也有可能是由于执行合约的成本超过收益而引起的亏损）。

降低代理成本，既可以从组织内部的制度安排来进行，也可以通过市场角度的制度来进行。但是当这些机制都不适用于解决代理问题时，外部接管可能就会出现。通过公开收购或代理权的争夺而造成的接管，会改选现任的经理和董事会。如果低效率或委托代理问题使企业经营业绩不佳，那么并购机制则使接管的问题始终存在。

（二）并购价值怀疑论

1. 经理主义

经理主义把公司看成一个由管理者、一般员工、股东、供应商、征税人和债权人组成的联合体。在这个联合体中，各成员的目标是冲突的，企业要生存下去，这些冲突就必须得到协调。企业的高层管理者居于联合体中最重要的位置，他们不仅拥有企业经营活动的决策权,如企业生产、投资方向、人事安排等权力,还拥有企业的各种内部信息。

经理主义者认为,并购不是委托代理问题的解决方式,相反,并购本身就是代理问题的表现。他们认为经理的报酬高低取决于公司的规模,因此经理具有很强的扩大公司规模的欲望,能够忍受资本回报率较低的项目。但这一观点与其他的研究相冲突,通过实证发现,公司经理的报酬更多与公司的盈利水平相关,而不是依靠规模而产生扩大的销售额。

2. 自负假说

罗尔的自负假说认为,由于经理过分自信,所以在评估并购机会时会犯过于乐观的错误。罗尔提出,某一个特定的标购方或许不会从他过去的错误中吸取教训,而自信其估值是正确的,这样,并购就有可能是标购方的自负引起的。如果并购确实没有收益,那么,自负假说可以解释为什么经理即使在过去的经验表明标购存在一个正的估值误差的情况下仍然会作出标购决策。

自负假说在一定程度上是与经理主义相类似的。这种假说的前提是市场具有很强的效率。依据这个前提,股价会反映所有公开或未公开的信息,生产性资源的再配置会带来收益,而公司的改组不会提高管理效率。并购有效理论是建立在市场低效率基础上的,这样一来自负假说与现实就存在较大的差别,对并购现象的解释力较弱。

现代企业理论表明,企业存在的原因,正在于市场运行并不是无摩擦的。这就是说,第一,规模经济是由于某种不可分性而产生的;第二,在团队生产中产生的管理,是建立在反映个人特征的企业特有信息基础上的,企业信息是有价值的,这恰恰因为信息是有成本的;第三,某些交易成本会导致生产一体化。所以,不可分性、信息成本和交易成本等"不完善因素",使得单个的生产投入在企业内仍保持单个和分立的形式是低效的。

3. 闲置现金流量理论

闲置现金流量又称自有现金流量,是指在公司的已有现金流量中扣除再投资于该公司的可营利项目的开支之后剩下的现金流量。该理论由迈克尔·詹森(Michael Jensen)提出,他认为闲置现金流量假说源于代理问题。在公司并购活动中,闲置现金流量的减少可以缓解公司所有者与经营者之间的冲突。如果闲置现金流量完全交付股东,削弱代理人的权力,同时再度进行投资计划所需的资金在资本市场上的更新筹集将受到控制,由此可以降低代理成本,避免代理问题的产生。但是经理通常并不将闲置的现金派发给股东,而是将之用于投资回报率较低的项目或大举并购别的企业以扩大企业规模,由此造成更高的代理成本。

闲置现金流量理论利用闲置现金流量来解释代理人经理和委托人股东之间的矛盾,并进一步以此来解释并购产生的原因,但这种理论对于成长型企业来说并不适用,因为这种公司本身就需要大量的投入。

4. 市场势力理论

企业通过并购可以减少竞争对手、快速扩大产能、提高市场占有率、增强对市场的控制。日益国际化的市场和竞争环境,要求跨国公司在世界范围内获取更大的市场势力范围,而跨国并购是企业快速获取市场势力最有效的途径。并购其他公司不仅可以获得该公司技术,更可以立即利用现成的品牌、生产设施、供应和销售网络等资源。

通常以下三种情况会导致以增强市场势力为目的的并购活动：一是在需求下降、生产能力过剩的削价竞争状况下，几家企业合并，可以取得对自身产业比较有利的地位；二是在国际竞争使国内市场遭受外商势力的强烈渗透和冲击的情况下，企业间通过联合组成大规模企业集团，可以对抗外来竞争；三是由于法律变得严格，企业间的多种联系成为非法，而并购使一些"非法"得以"内部化"，从而达到继续控制市场的目的。

5．再分配理论

有些并购重组本身不应该发生，或发生后并不一定会创造价值，但是会由于体制因素，导致以转移其他利益相关方的利益为代价提高并购公司的价值，这实际上是利益、价值在并购公司股东和其他利益相关者之间的一种再分配或者转移。

第四节　跨国公司战略管理分析工具

国际企业战略管理过程中要使用各种定性和定量的分析方法，本节按战略管理过程的顺序简要介绍几种战略分析工具。

一、环境分析工具

（一）PEST 分析模型

PEST 分析模型用于分析企业外部宏观环境。分析的内容包括政治、法律环境，经济环境，文化环境和技术环境等四个方面的外部环境，其详细内容在第二章已经论述。PEST 分析是为了制定出适当的战略，达到利用机会、回避威胁或减轻威胁影响的目的。

（二）波特的五力模型

波特的五力模型用于分析企业外部微观环境或行业环境。波特五力模型由迈克尔·波特（Michael Porter）于 20 世纪 80 年代初提出。他认为行业中存在着决定竞争规模和程度的五种力量，这五种力量综合起来影响着产业的吸引力以及现有企业的竞争战略决策。五种力量分别为供应商的议价能力、购买者的议价能力、新进入者的威胁、替代品威胁、同业竞争者的竞争程度，如图 4-2 所示。

1．供应商的议价能力

供应商的议价能力是指投入要素的供应者通过谈判从客户手中榨取利润的能力。供应商议价的能力越强，对生产企业的威胁就越大。供应商议价能力的强弱取决于供应商所在行业的市场条件和所提供产品的重要性。当供应商提供的投入要素的价值占总成本较大比例，对买者产品生产过程非常重要，或者严重影响买者产品的质量时，供应商的议价能力就强。

2．购买者的议价能力

购买者主要通过压价和要求提供较高的产品或服务质量的方式，来影响行业现有企业的盈利能力。当购买者总数较少，且购买量较大或购买的基本上是一种标准化产品，并

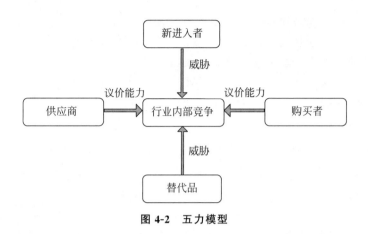

图 4-2 五力模型

且市场供应充足时,购买者的议价能力就高。

3. 新进入者的威胁

一般来说,新进入者进入某一行业的诱因是该行业或该行业中某些企业正在赚取高于正常水平的利润。新进入者会一直想要加入该行业,直到该行业的利润趋于正常水平。因此,新进入者会对行业内现有企业产生威胁。但新进入者对现有企业的威胁取决于进入障碍和原有企业的反击程度。如果进入障碍高,原有企业激烈反击,潜在的进入者就难以进入该行业,进入者的威胁就小。

4. 替代品威胁

替代品通常是新技术与社会新需求的产物。如果一种新产品在许多方面明显优于现有产品,现有产品就会被替代。替代品的价格越低,质量越好,用户转换成本越低,其所能产生的竞争压力就越强,产生的威胁就越大。值得注意的是,几种替代品可以长期共存。例如,在城市交通中,公共汽车、地铁与出租汽车的长期共存等。但是,替代品之间的竞争规律是不变的,即价值高的产品可以获得竞争优势。

5. 同业竞争者的竞争程度

行业中现有企业之间的竞争是对企业最直接、最直观、最重要的威胁因素。企业间的竞争一般采取两种方式:价格竞争和非价格竞争。价格竞争中降低价格、减小毛利率等行为会侵蚀利润,使大多数企业盈利能力降低,甚至亏损,是最惨烈的竞争形式。非价格竞争主要包括广告战、引进新产品以及增加对消费者的服务等,主要是通过提高成本而减少利润。一般来说,出现下述情况将意味着行业中现有企业之间竞争的加剧:行业进入障碍较低,势均力敌竞争对手较多,竞争参与者广泛;市场趋于成熟,产品需求增长缓慢;竞争者企图采用降价等手段促销;竞争者提供几乎相同的产品或服务,用户转换成本很低;一个战略行动如果取得成功,其收入相当可观;行业外部实力强大的公司在接收了行业中实力薄弱企业后,发起进攻性行动,结果使刚被接收的企业成为市场的主要竞争者;退出障碍较高,即退出竞争要比继续参与竞争代价更高。

根据波特的观点,以上五种基本竞争力量的状况及综合强度,决定着行业的竞争激烈程度,从而决定着行业中最终的获利潜力以及资本向本行业的流动程度,这一切最终决定着企业能否保持高收益的能力。如果五种基本竞争力量中有三种以上都强的话,一般认为该行业竞争激烈、获利潜力不大。一种可行战略的提出,首先应该确认和评价这五种力量,不同力量的特性和重要性因行业和公司的不同而变化。波特的竞争力模型的意义在于,五种竞争力量的抗争中蕴含着三类成功的战略思想,即低成本战略、差异化战略、集中化战略。

(三)价值链分析模型

价值链分析模型为企业内部优势和劣势分析提供了重要的科学手段。它是由波特1985年在《竞争战略》一书中提出的,运用价值链分析法揭示出企业之间竞争力的差异在于各自的价值链不同。价值链是企业所从事的基本活动,如设计、生产、营销、储运及支持性活动的集合体。一个价值链显示了对于消费者来说的产品生产的整体价值,它由价值活动和利润两部分组成。

图 4-3 显示,企业价值链上全部价值活动可以分为基本活动和支持性活动两大类。

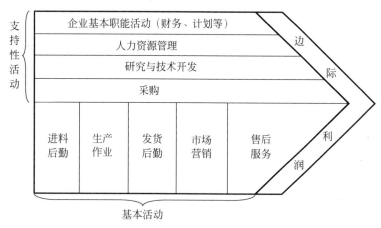

图 4-3 波特价值链模型

1. 基本活动

企业的基本活动主要涉及如何将企业的输入有效地转化为输出,这部分活动直接与顾客发生各种联系。其包括以下五种内容。

(1)进料后勤。与资源接收、储存和分配相关联的各种活动,如原材料搬运、仓储、库存控制和车辆调度和向供应商退货等。进料后勤的管理效率决定了投入生产过程的原材料的数量、品种、规格、质量、时间和地点,关系到企业的正常运转。

(2)生产作业。与将投入转化为最终产品形式相关的各种活动,如机械加工、包装、组装、设备维护、检测等。生产活动对企业产品的性能、规格、标准、质量和生产成本起很大的决定作用。

(3)发货后勤。与集中、存储和将产品发送给买方有关的各种活动,如产成品库存管理、原材料搬运、送货车辆调度等,包括产品接收、储存和分销活动。

(4)市场营销。与提供买方购买产品的方式和引导它们进行购买相关的各种活动,如消费行为研究、广告、促销、渠道建设等。

(5) 售后服务。与提供服务以增加或保持产品价值有关的各种活动,如安装、维修、培训、提供零部件等。

2. 支持性活动

基本活动以外的企业活动都属于支持性活动,支持性活动主要体现为一些内部管理活动。支持性活动可以分为以下几个方面。

(1) 采购。采购指购买用于价值链中的生产要素投入的各种职能活动。采购既包括企业生产原料的采购,也包括支持性活动相关的购买行为,如研发设备的购买等。

(2) 研究与技术开发。技术开发活动贯穿于企业的产品开发、设计以至企业价值链的全过程。企业技术研发部门一般起主导作用,但由于企业的任何活动都包括一定的技术成分,因此,有些技术开发活动也发生在其他部门。

(3) 人力资源管理。人力资源管理是指与所有类型人员的招聘(recruitment)、选拔、培训、激励和报酬等相关的各种活动。人力资源管理不仅对基本和支持性活动起到辅助作用,而且支撑着整个价值链。

(4) 企业基本职能活动。它支持了企业的价值链条,包括企业的全面管理、质量管理、财务活动、战略规划活动、质量控制、法律与工会活动、公共关系活动等。

通过对企业价值链上每项价值活动的逐项分析,发现企业存在哪些优势、劣势。企业价值链上的活动并不会创造同等程度的价值,企业所创造的价值实际上来自企业价值链上某些特定的价值活动,它们就是企业价值链的"战略环节"。实际上,有的活动环节不但不创造价值,还要增加成本,那些真正创造价值的活动和环节,是企业价值链上的战略环节。战略环节可以是价值链中的基本活动,也可以是支持性活动,只有抓住该关键环节,才能保持竞争优势。例如,耐克公司只是在设计创新、营销网络等关键活动上优势突出。随着世界经济全球化进程的加快,这一特点更为突出。此外,企业通过对价值活动的逐项分析,明确企业运行中可以提高价值或降低生产成本的环节。

二、战略的制定与选择工具

(一) 战略制定的三阶段

企业战略并不是唯一的,一般企业根据需要会制定多个备选战略,从中挑选出最适合企业发展的战略。重要的战略制定技术可以被置于三阶段决策体系之中,帮助战略制定者确定、评价和选择战略。

1. 信息输入阶段

这是战略制定的第一阶段,该阶段收集与分析制定战略所需要输入的基本信息。信息输入方法要求战略制定者在战略制定过程的早期阶段识别重要信息并将其量化。在信息输入阶段就相对重要性对企业外部、内部环境因素进行必要的排序,可以使战略制定者更为有效地建立和备选战略。当然,在确定适当的权重和评分的过程中需要决策者具有丰富的经验和良好的直觉性判断。

2. 匹配阶段

第二阶段将企业内部资源和技能等因素与外部环境因素造成的机会和威胁匹配。战略制定系统中的匹配阶段可用 SWOT 模型和 GE 矩阵（Gencral Electric Matrix）等分析工具。这些方法依赖于输入阶段得到的信息并将外部机会和威胁与内部优势和劣势进行匹配。匹配的基本原理如表 4-1 所示。例如，拥有过剩流动资金（内部优势）的企业可以通过收购信息产业的一个企业而得到年收入增长 20%（外部机会）的机会。当然在绝大多数场合，实际的外部和内部关系要复杂得多，这要求在战略制定中进行多重匹配。

表 4-1 为制定备选战略而将关键外部与内部因素进行匹配

关键内部因素	关键外部因素	所得战略
能力过剩（内部优势）	年收入增长 20%（外部机会）	收购信息产业公司
能力不足（内部劣势）	两个国外竞争者退出本产业（外部机会）	收购竞争者设施
员工士气低下（内部劣势）	劳动力减少（外部威胁）	加强员工福利
较强的研发能力（内部优势）	青少年人口的减少（外部威胁）	未成年人开发新产品

3. 决策阶段

第三阶段为决策阶段，从匹配分析得出的任何战略都可以被讨论，列出备选方案并加以选择。在战略决策的过程中，管理者可以通过一些管理工具对备选方案进行分析，并确定最终的企业战略。战略制定框架中所有的战略工具的使用，都要求将直觉性判断与分析性判断相结合。

（二）SWOT 分析模型

SWOT 分析就是系统地确认企业面临的优势（strength）和劣势（weakness）、机会（opportunity）和威胁（threat），并据此提出企业战略的一种有效方法。具体地讲，就是将与研究对象密切相关的各种主要的内部优势、劣势和外部机会、威胁等，通过调查列举出来，并依照矩阵形式排列，然后用系统分析的思想，把各种因素相互匹配起来加以分析，从中得出一系列相应的结论，而结论通常带有一定的决策性。运用这种方法，可以对研究对象所处的情景进行全面、系统、准确的研究，从而根据研究结果制定相应的发展战略。可以通过分析帮助企业把资源和行动聚焦在自己的强项和有最多机会的地方。进行 SWOT 分析时，主要有三个方面的内容。

1. 分析环境因素

运用各种调查研究方法，分析出公司所处的外部环境因素和内部环境因素。

（1）外部环境分析。外部环境因素分析包括机会因素和威胁因素分析，即它们是外部环境对公司的发展直接有影响的有利和不利因素，属于客观因素。对外部环境的分析也可以有不同的角度。比如，可以利用的简明扼要的方法就是 PEST 分析，另外一种比较常见的方法就是波特的五力分析。其中，机会（O）因素，是公司的外部有利因素，具体包括新产品、新市场、新需求、外国市场壁垒解除、竞争对手失误等。威胁（T），是公司的外部不利因素，具体包括新的竞争对手、替代产品增多、市场紧缩、行业政策变化、经济衰退、客户偏好改变、突发事件等。

（2）内部环境分析。内部环境因素包括优势因素和劣势因素，它们是公司在其发展中自身存在的积极和消极因素，属主观因素，在调查分析这些因素时，不仅要考虑到历史与现状，还要考虑未来发展问题。对公司的优劣势分析可以采用价值链的分析方法，在价值链的每一个环节与竞争对手进行详细对比，如产品是否新颖、制造工艺是否复杂、销售渠道是否畅通，以及价格是否具有竞争性等。具体来讲，优势（S），是公司内部有利因素，具体包括有利的竞争态势、充足的财政来源、良好的企业形象、技术力量、规模经济、产品质量、市场份额、成本优势、广告攻势等。劣势（W），是公司内部不利因素，具体包括设备老化、管理混乱、缺少关键技术、研究开发落后、资金短缺、经营不善、产品积压、竞争力差等。

2. 构造SWOT矩阵

将调查得出的各种因素根据轻重缓急或影响程度等排序方式，构造SWOT矩阵。在此过程中，将那些对公司发展有直接的、重要的、大量的、迫切的、久远的影响因素优先排列出来，而将那些间接的、次要的、少许的、不急的、短暂的影响因素排列在后面。把识别的所有优势分成两组，分的时候要判断它们是与行业中潜在的机会有关，还是与潜在的威胁有关。用同样的办法把所有劣势分成两组，一组与机会有关，另一组与威胁有关。

3. 制订行动计划

在完成环境因素分析和SWOT矩阵的构造后，便可以制订出相应的行动计划。制订计划的基本思路是：发挥优势因素，克服弱点因素，利用机会因素，化解威胁因素；考虑过去，立足当前，着眼未来。运用系统分析的综合分析方法，将排列与考虑的各种环境因素相互匹配起来加以组合，得出一系列公司未来发展的可选择对策。SWOT分析有四种不同类型的组合：优势—机会（SO）组合、劣势—机会（WO）组合、优势—威胁（ST）组合和劣势—威胁（WT）组合，这四种组合匹配出相应的战略，如图4-4所示。

因素	优势 S 列出优势	劣势 W 列出劣势
机会 O 列出机会	SO 战略 利用优势，抓住机会 （发展型战略）	WO 战略 克服劣势，利用机会 （扭转型战略）
威胁 T 列出威胁	ST 战略 利用优势，回避威胁 （多元化战略）	WT 战略 克服劣势，避免威胁 （防御型战略）

图 4-4　SWOT分析模型

SO战略是一种发展企业内部优势与利用外部机会的战略，总体上属于发展型战略，是一种理想的战略模式。当企业具有特定方面的优势，而外部环境又为发挥这种优势提供有利机会时，可以采取该战略。

WO战略是利用外部机会来弥补内部弱点，使企业改劣势而获取优势的战略。存在外部机会，但由于企业存在一些内部弱点而妨碍其利用机会，可采取措施先克服这些弱点。WO战略总体上属于扭转型战略。

ST战略是指企业利用自身优势,回避或减轻外部威胁所造成的影响。ST战略总体上属于多元经营型战略。

WT战略是一种旨在减少内部弱点、回避外部环境威胁的防御性技术,总体上属于防御型战略。

SWOT模型具有时代的局限性。SWOT模型没有考虑到企业改变现状的主动性,企业是可以通过寻找新的资源来创造优势,从而达到过去无法达成的战略目标的。

(三) GE矩阵

GE矩阵或称麦肯锡矩阵(McKinsey Matrix),是美国麦肯锡咨询公司首先采用的战略规划方法,由于其最先用在美国通用电气公司的战略规划上,因此得名。

1. 模型介绍

说到GE矩阵,就一定要结合波士顿(BCG)矩阵比较讨论,因为GE矩阵可以说是为了克服BCG矩阵两个衡量指标过于简单的缺点而开发出来的,最大的改善就在于用了更多的指标来衡量两个维度。

针对波士顿矩阵所存在的问题,美国通用电气公司于20世纪70年代开发了新的投资组合分析方法——GE矩阵。相比BCG矩阵,GE矩阵也提供了产业吸引力和业务实力之间的类似比较,同时在每条轴上用两条线将每条竖轴划分为高、中、低三个等级,这样坐标系就成为网格图。也由于GE矩阵使用多个因素,可以通过增减某些因素或改变它们的重点,适应某产业特殊性的要求。

2. 如何用模型来分析

如图4-5所示,GE矩阵的纵坐标表示行业吸引力,而影响行业吸引力的外部因素主要有市场增长率、市场规模、本行业平均利润率、行业市场竞争结构、行业的季节性与周期性特征、规模经济特征、对技术与资金的需求特征和宏观环境(政治、经济、法律、社会文化等)等。GE矩阵的横坐标表示企业竞争力,而影响此参数的内部因素主要有市场占有率、制造及研发能力、产品质量、价格竞争力、管理和营销技术、融资能力等。按行业吸引力和企业竞争力两个维度评估现有企业产品或业务,每个维度分为高、中、低三级,分成九个格以表示两个维度上不同级别的组合。

绘制GE矩阵,需要找出外部(行业吸引力)因素和内部(企业竞争力)因素,然后对各因素加权,得出衡量企业内部因素和吸引力外部因素的数值。

(1) 确定各因素。选择待评估业务(或产品)竞争力和行业吸引力所需的重要因素。在GE矩阵内部,分别称之为内部因素和外部因素。确定这些因素可以采取头脑风暴法或名义小组法等,关键是不能遗漏重要因素,也不能将微不足道的因素纳入分析中。

(2) 估测内部因素和外部因素的影响,得出衡量吸引力和竞争力的数值。从外部因素开始,根据每一因素的吸引力大小对其评分。若一因素对所有竞争对手的影响相似,则对其影响做总体评估,若一因素对不同竞争者有不同影响,可比较它对自己业务和重要竞争对手的影响。在这里可以采取五级评分标准(1=毫无吸引力,2=几乎没有吸引力,3=中性影响,4=有吸引力,5=极有吸引力)。然后也使用5级标准对内部因素进行类似的

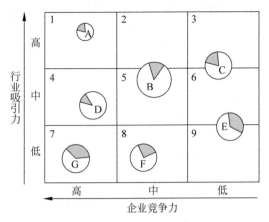

图 4-5　GE 矩阵示意图

评定(1＝极度竞争劣势,2＝竞争劣势,3＝同竞争对手持平,4＝竞争优势,5＝极度竞争优势)。进行内部因素评定时,应该选择一个总体上最强的竞争对手作为对比的对象。对内外部因素进行评分后,需要对各因素加权,使所有因素的加权系数总和为1,根据产业状况和企业状况定出产业吸引力因素和企业竞争力因素的分数或级数(五级),最后,用权重乘以分数,得出每个因素的加权数,并分别相加,得到整个行业吸引力和企业竞争力的数值。

(3) 将每一项产品或业务标在 GE 矩阵上。在图上将每一产品或业务用圆圈来表示,圆圈面积代表该项产品或业务的市场规模,圆圈中的扇形面积代表其市场占有率,而每一圆圈的圆心位置由该产品或业务的行业吸引力及企业竞争力的数值决定。

通过对每一产品或业务在矩阵上的位置进行分析,公司就可以选择相应的战略举措。归结为一句很经典的话,就是"高位优先发展,中位谨慎发展,低位捞它一把"。图 4-5 中,1、2、4 象限中的产品或业务,处于"双高"(即行业吸引力高、企业竞争地位高)的态势,属于"拳头产品",采取增长与发展战略,应优先分配资源,如图 4-5 中 A、B、D 三种产品或业务,应采取此战略,促使其继续发展。3、5、7 象限中的产品或业务,采取维持或有选择发展战略,保持规模,调整发展方向。如图 4-5 中 C、F 产品或业务,F 采取维持战略,C 可采取优先扶持使其进入高位区域。6、8、9 象限中的产品或业务,采取停止、转移、撤退战略,如图 4-5 中 G、E 产品或业务,可采取此战略。E 还有一定收益产品或业务,最多可采取维持战略。具体的各个象限的发展战略如图 4-6 所示。

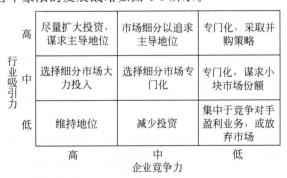

图 4-6　GE 矩阵战略选择

三、战略的实施与控制工具

在未来竞争中,获得持续增长的最有力方法就是认识、培育和开发使企业发展的核心能力,从根本上寻求获得长期竞争优势的正确途径。事实上,公司一旦明确自身的战略,那么毫无疑问,公司所有的资源都必须服务公司的战略远景。对公司资源而言,我们无非要把握住其组织结构、财务、人力资源、制度这四个方面,关注并理解公司战略和文化之间的互动关系。显然,战略实施需要公司所有层次管理者都理解,将那些热情地接受和支持这一新战略的管理者安排到关键的位置上,以各种可能的方式与人们交流变革的必要性,也就是说公司中的每一个人都需要与公司的新战略保持一致,并建立一套有利于反映和强化新战略的绩效衡量体系和报酬体系。

(一)价值链分析法

第二章已经讲过价值链分析模型。运用价值链的分析方法来确定企业优势环节,即战略环节,企业密切关注组织的资源状态,要求企业在战略实施时,在资源配置方面特别关注和培养在价值链的关键环节上获得重要的核心竞争力,以形成和巩固企业在行业内的竞争优势。

(二)麦肯锡 7S 模型

麦肯锡 7S 模型(McKinsey 7S Model),简称 7S 模型,是麦肯锡咨询公司研究中心设计的企业组织七要素,指出了企业在发展过程中必须全面地考虑各方面的情况,包括战略(strategy)、结构(structure)、制度(systems)、风格(style)、共同价值观(shared values)、员工(staff)、技能(skills)。也就是说,企业仅具有明确的战略和深思熟虑的行动计划是远远不够的,企业可能会在战略执行过程中失误,因为战略只是其中的一个要素。在图 4-7 所示模型中,战略、结构和制度被认为是企业成功的"硬件",风格、共同价值观、员工和技能被认为是企业成功经营的"软件"。

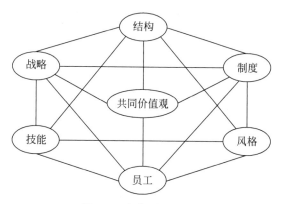

图 4-7 麦肯锡 7S 模型

1. 硬件要素分析

（1）战略。战略是企业根据内外环境及可取得资源的情况,为求得企业生存和长期稳定的发展,对企业发展目标、达到目标的途径和手段的总体谋划,它是企业经营思想的集中体现,是一系列战略决策的结果,同时又是企业制订计划的基础。

（2）结构。战略需要健全的组织结构来保证实施。组织结构是企业的组织意义和组织机制赖以生存的基础,它是企业组织的构成形式,即企业的目标、协同、人员、职位、相互关系、信息等组织要素的有效排列组合方式。组织结构是为战略实施服务的,不同的战略需要不同的组织结构与之对应,组织结构必须与战略相协调。

（3）制度。企业的发展和战略实施需要完善的制度作为保证,而各项制度又是企业精神和战略思想的具体体现。因此,在战略实施过程中,应制定与战略思想相一致的制度体系,要防止制度的不配套、不协调,更要避免背离战略的制度出现。

2. 软件要素分析

（1）风格。风格主要指企业文化。杰出企业都呈现出集权与分权结合的宽严并济的管理风格,它们一方面让生产部门和产品开发部门自主运行,另一方面又固执地遵守着几项流传久远的价值观。

（2）共同价值观。由于战略是企业发展的指导思想,只有企业的所有员工都领会这种思想并用其指导实际行动,战略才能得到成功的实施。因此,这就需要企业在准备实施某一战略时,通过各种手段进行宣传,使企业的所有成员都能够理解它、掌握它,并用它来指导自己的行动。

（3）员工。战略实施还需要充分的人力准备,有时战略实施的成败就在于有无适合的人员去实施,企业在做好组织设计的同时,使企业各层次的管理人员都树立起与企业战略相适应的思想观念和工作作风。应注意配备符合战略思想需要的员工队伍,将他们培训好,给他们分配适当的工作,并加强宣传教育。实践证明,人力准备是战略实施的关键。

（4）技能。在执行公司战略时,需要员工掌握一定的技能,这有赖于严格、系统的培训。

麦肯锡7S模型认为,企业在战略实施过程中软件和硬件同样重要,因此,在企业发展过程中,要全面考虑企业的整体情况,只有在软、硬两方面的七个要素很好地协同和匹配的情况下,企业才能获得经营上的成功。

第五节　跨国企业战略联盟

一、战略联盟概述

企业战略联盟最开始出现在日本企业合资浪潮中。一些日本企业发现可以只购买先进技术来实现合作,这就是战略联盟初始的状态。这一合资形式虽然起源于日本,却在美国盛行。1990年以来,美国国内和跨国战略联盟,每年增长25个百分点。"战略联盟"这一概念由美国DEC公司总裁简·霍普兰德(J. Hopland)和管理学家罗杰·奈格尔(R.

Nigel)最早提出。

但是,当前学术界对跨国公司战略联盟的定义并没有统一。在研究这一形式的合作时,除了"战略联盟",还有诸多表述,如"战略同盟""动态联盟""知识联盟"等。这些定义的含义以及适用范围不尽相同。学者们也根据自己研究的领域,对战略联盟从不同角度给出了不同的解释说明,归纳后主要有以下几个角度。

(一)战略管理角度

部分学者从战略管理的角度描述战略联盟,主要观点如下。波特(1985)认为战略联盟是和其他企业的一种长期合作形式,如合资企业和供给协定等,不属于完全的合并。联盟的企业协调或合用价值链,进而延长企业的价值链。Doz 和 Hamel(1998)认为战略联盟是可以由两个及以上国家的企业结成的广泛的合作伙伴关系。Mowery 和 Teece(1992)认为战略联盟是两个或两个以上的企业为实现资源共享、优势互补等战略目标而进行的合作活动,特征是承诺和信任。这种合作的形式可以是排他性的购买协议或合作生产、技术成果的互换、RED(技术研发)合作协议和共同营销。Oh 和 Contractor(2014)认为近年来涉及经营活动的联盟,如联合研发、生产和采购,都是由规模类似且都从事国际经营的公司结成的。这些联盟的双方公司作出的贡献都是类似的而不是互补的。Dunning(1995)认为企业间结成战略联盟有以下方法,如企业合并和合资新建,这些属于股权共享。当然还有一些非股权的方式可以实现战略联盟,如合作生产和共同营销等。

以上学者研究的共同点是从战略管理的角度界定了战略联盟,但仍存在分歧,其分歧在于股份参与如合资企业形式是否属于战略联盟。Doz 和 Hamel 以及 Porter 等认为战略联盟的形式应该包括合资企业,Dunning 甚至把企业合并也包括在内。而 Mowery 和 Teece 等则认为股权参与形式不属于战略联盟。学术界目前有一个观点,认为 20 世纪 60 年代以来,合资企业是一种应用较为广泛的跨国经营方式,本质上是企业间的合作,80 年代以后战略联盟逐渐代替了合资企业。研究表明,战略联盟与合资企业存在诸多不同,因此认为合资企业不属于战略联盟。

(二)资源角度

Stuart(1998)认为,企业拥有各自的优势资源,资源具有异质性。而战略联盟使企业可以弥补不足,发挥优势资源,做到资源的互补、互惠、互利,达到利益最大化。这种观点就是从资源利用角度定义战略联盟,认为战略联盟属于资源整合的组织形式。这种由资源利用造成的战略联盟,适用于技术更新速度较快的领域。但是,它具有一定的局限性,不能圆满解释存在于其他行业的所有战略联盟现象。

(三)社会学角度

Gulati 和 Singh(1998)认为,战略联盟是企业自发地为了实现共同的经济利益和企业管理目标而形成的一种组织形式,是一种社会网络,战略联盟通过协定关系形成排他性的进入壁垒。这是从社会学角度界定战略联盟,这种观点认为战略联盟形成的前提是企业希望通过协定关系形成一种进入壁垒,实现自身的利益。这种角度的界定虽然可以解释为什么战略联盟广泛存在于企业关系中,但是,这种方法毕竟是从社会学角度提出的,仍需经济学的观点加以补充。

(四) 企业理论角度

Provan 和 Beamish(1997)认为,企业之间进行交易,当契约不完备时,会选择战略联盟的形式来达成合作,所以战略联盟是一种管理企业能力结构的特殊系统。Child(2015)认为,战略联盟的合作,有助于提高双方企业的能力,从而可以更好地实现企业的管理目标。这种观点是从企业能力角度进行经济学界定。市场是动态的,产业状态是不断变化的,对比来说,信息是不及时、不完全的,这就造成企业之间契约的不完备。不完备的契约就要求交易企业对产权重新进行优化配置,战略联盟在这种情形下就可以起到补充市场交易行为的作用。

(五) 合作竞争角度

西尔拉(Sierra,1995)等学者认为,结成战略联盟的双方企业,存在强度很高的竞争关系,属于竞争性联盟。这种观点注重阐述了战略联盟的竞争性,从合作关系的层面揭示出竞争的本质,战略联盟是一种合作竞争组织,看似合作,实为竞争。

综合以上学者对于战略联盟的界定,保留其共同点,可以对跨国公司的战略联盟作出以下定义:战略联盟是实力相近的两家或多家可以实现优势互补的企业,双方结合市场状况和自身发展的目标,以增强竞争力、共享资源为目标而进行联盟,实现优势互补,共同承担风险的竞争合作组织。跨国公司战略联盟是长期的,双方是自发组合的,联盟双方保持原有的经营独立,双方是平等的。

认识事物的角度不同,观点也就有所差异。我们不妨从不同角度、不同阶段的不同定义去认识战略联盟。

1. 组织松散

战略联盟涉及的企业通常有两家及以上,联盟双方企业之间存在一种合作关系,较一般的交易关系更加密切,密切合作中可以保持自己的独立性。战略联盟和企业合并是不同的,联盟的参与企业仍保持自己的独立法人地位,没有形成控制与被控制的隶属关系。双方企业在密切合作的基础上,又保持各自的平等和自由。战略联盟属于市场和企业之间的一种组织形式,不仅仅是单纯的市场交易,通常以协议作为纽带,关联性高于单纯的市场交易行为。战略联盟可以不用支付较高的市场交易费用,也可以不用支付完全组织化所带来的高额组织成本。因此,战略联盟结合了市场和组织的优势,规避了两者的劣势,保证了联盟双方的独立和企业管理的灵活,还可以提高资源利用率,促使企业达到利益最大化。

2. 目标多样

前文从不同的角度对战略联盟进行了界定,这就在一定程度反映了战略联盟目标的多样性,这种多样性进而可以满足企业的不同需求,在多方面为企业提供服务。

3. 合作互惠互利

战略联盟的参与者基本上是通过相互利用来提高自身的竞争力,通过合作获得更大的经济利益。从这一点来说,战略联盟同具有垄断性质的组织形式(如托拉斯、辛迪加)在本质上是不同的。

4. 全方位的竞争与局部合作并存,根本属性是竞争

战略联盟的根本属性是竞争。联盟双方不是在所有业务上进行合作,可能在一些领域合作,在另一些领域却存在竞争关系,合作是在约定好的领域内进行的。国际社会上企业的竞争具体表现为以下几点:第一,联盟组织内的公司与联盟外公司的竞争。例如,欧洲与日本结成国际战略联盟的主要目的,就是与 IBM 在欧洲市场进行竞争。第二,联盟组织内的公司在合作之外的领域进行竞争。如美国通用与瑞典沃尔沃的联盟,两家公司联合建立了一家企业生产重型卡车,与世界其他公司竞争。但是其他产品方面这两家公司仍是竞争关系。第三,联盟组织内的公司先合作、后竞争。许多联盟的企业在预期目标实现后,就会解除合作关系。可见,战略联盟企业彼此是潜在的竞争对手,联盟之间是合作与竞争并存,合作是手段,而竞争才是最终的目的。

5. 战略联盟是长期的

战略联盟的目的是实现双方的利益共同增长,创造长期的竞争优势,从而可以和短期的企业合作相区别。一般情况下,结成联盟的企业不是为了临时应对市场的变化,而是注重结成联盟后所带来的长远经济利益和竞争力的提高。对联盟成果的衡量不能仅仅看短期内企业利润的变化,而应该观察长期内企业竞争力的变化。

经济全球化是任何一个国家都无法逃避的,随着经济全球化的发展、技术更新换代的速度加快,市场范围不断扩大,消费者的消费需求也日益多样。在全球化的刺激下,市场竞争日益激烈,企业想要在这种竞争中占领一席之地,就必须努力提升自身的竞争力。在竞争的大环境下,企业如果想更好地发展,就必须加强与其他企业的合作,弥补自身的不足。战略联盟由于组织松散、目标多样而被广泛应用。结成联盟的企业可以实现优势互补,降低新产品研发的风险,获得更加广阔的市场。

二、战略联盟形式

当今国际社会,存在许多形式的跨国公司战略联盟,学术界对这些组织形式的分类各不相同。常见的分类主要有以下四种。

(一)按联盟双方依赖程度或者参与程度划分

按联盟双方依赖程度或者参与程度可将跨国公司战略联盟形式分为以下三类。第一,非正式战略联盟。这种形式的战略联盟,双方没有任何形式的具有法律约束力的契约,可以是任何一种合作方式。第二,契约式联盟。这种形式的联盟,双方之间存在正式的契约,但是不涉及股权参与。根据双方在价值链上所处位置的不同,又可以细分为水平联盟和垂直联盟。水平联盟包括联合研发和联合生产等。第三,股权式联盟。这种形式的联盟,双方进行股份合作,可以分为合资企业联盟和互相持股联盟。

(二) 按价值链上所处位置划分

按价值链上所处位置可将跨国公司战略联盟形式分为以下三种:第一,资源互补型战略联盟。联盟双方的优势资源不同,但可以互相满足对方的需要。联盟双方处于价值链的上下游。第二,市场营销型战略联盟。联盟双方互相利用各自价值链的下游环节,共同提高市场营销的影响力度和对市场的占有度。第三,联合研制型战略联盟。联盟双方共同进行产品和技术的研发与创新。

(三) 按联盟内容划分

按联盟内容可将跨国公司战略联盟形式分为以下两种。第一,集中式的战略联盟。联盟双方的目标和合作领域都是明确的,主要在某一生产活动或经营活动中实现合作。第二,综合式的战略联盟。联盟双方的合作十分广泛,合作内容可能贯穿价值链始终,而不是局限于某一部分。

(四) 按联盟成员数划分

按联盟成员数可将跨国公司战略联盟形式分为双伙伴型战略联盟和财团型联盟。双伙伴型战略联盟的参与方只有两个企业,而财团型联盟的参与方是目标统一的多个企业。

跨国公司间的合作在全球已经是非常普遍的现象,合作关系大致可以分为开始于20世纪80年代的跨国公司战略联盟和传统的合作关系。这两种合作关系在合作目的、方法和领域等方面有相似之处,但是在实质上,跨国公司战略联盟和传统的合作关系截然不同,并且超出了传统跨国合作的范畴。传统的跨国合作双方主要为发达国家和发展中国家。发达国家向发展中国家传输资金、先进技术和先进的管理方式,目的是利用发展中国家低廉的资源如劳动力和土地资源,来降低成本,并且接近发展中国家的市场,得到更高的经济利益。而发展中国家通过这种合作可以获取先进的技术和管理经验,推动本国经济的发展。传统的跨国合作多发生于资金、技术差距大的国家,是资金、技术的单方向流动,主要目的是降低流出国的成本,而不是互相学习。

传统的跨国合作方式与战略联盟主要有以下六点不同。

1. 合作的内容不同

传统的跨国合作主要是跨国公司为了利用资金转入国廉价的资源,消除贸易壁垒,把产品更好地打入该国市场,获取这个国家广阔的市场而与该国的企业合资创立企业。这种合作方式主要是为了延长产品生命周期,所以合作的内容仅仅是产品的合作。20世纪80年代爆发了全球范围内的信息革命,跨国公司战略联盟应运而生。科学技术发展速度加快,并且技术的更新换代速度也加快。产品的技术化程度越来越高,产品所运用的技术也更为复杂,全球范围内的资源短缺愈加明显。因此此时产生的战略联盟更多的是技术研发和成果贡献的合作。

2. 合作主体不同

传统的跨国合作主要发生在资金实力、技术实力悬殊的两个国家的企业之间,通常是跨国公司为了降低成本或进入另一个国家的市场,而与另一个国家的企业进行合作。例如,发达国家在发展中国家的合资办厂或者许可证经营。而战略联盟的合作双方多为竞争实力与资源实力相差不大的发达国家的企业。这种合作主要是为了服务全球和地区市场。

3. 合作方的关系不同

在传统的跨国合作中,合作双方实力相差较大,所以合作双方几乎不存在竞争关系。而战略联盟的合作方通常是在某些方面具有相似实力或互补优势的企业。这种合作关系建立在共同的战略目标之上。在战略联盟中,合作方之间既存在合作关系,也可能存在一定程度的竞争关系,特别是在资源分配、技术共享和市场拓展方面。这种"竞合"关系要求双方在合作过程中保持明确的边界和高度的信任,同时制定清晰的协议来保障各自的利益。

4. 合作方的地位不同

传统的跨国合作中,跨国公司掌握着先进的技术、充足的资金和先进的管理经验,而当地公司仅仅掌握着当地廉价的资源和分销渠道,双方的贡献不同导致双方对于合资企业的控制力不同。而战略联盟双方的实力均衡,贡献也相差不大,这就使双方的地位是平等的,不存在控制与被控制的关系。

5. 合作的目的不同

在传统的跨国合作中,跨国公司的目的主要是进入一国的市场,降低生产成本,取得规模经济效益。但在战略联盟中,跨国公司是为了在变化迅速的国际市场提高自身的全球竞争力,是基于竞争的一种战略合作。

6. 合作双方获得的收益不同

传统跨国合作因自身实力的不同,导致对合资企业的控制权、发言权不同,所以合作对于双方经济发展方面的促进作用也就不同。战略联盟实际上就是合作双方进行优势互补,从对抗走向含有竞争的合作,对于双方提高国际竞争力的促进作用是相当的。

三、战略联盟分类

学者们依据不同的标准对战略联盟进行了不同分类,主要有以下三种分类方式。

(一) 按市场交易组合分类

战略联盟是"企业之间在产品、技术或服务的交换、共享和联合开发方面的一种自愿协议"。如图 4-8 所示,战略联盟涵盖了从短期的单纯市场交易到长期的完全所有权交易各种类型的组合。战略联盟可分为两大类:契约联盟(非股权联盟)和股权联盟。契约联盟包括联合营销、研发合同、交钥匙项目、战略供应商、战略分销商、特许经营。股权联盟要求承担更多义务,包括战略投资和交叉持股(cross-shareholding)。合资是股权联盟的一种特殊形式,就是建立一个全新的独立法人实体(合资企业),其股份由联盟伙伴共同持有。

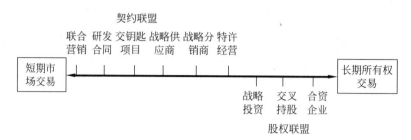

图 4-8 战略联盟类型

(二) 按建立战略联盟的动机分类

按建立战略联盟的动机,其可分为全球竞争型战略联盟、技术互补型战略联盟、多角合作型战略联盟、风险共担型战略联盟和资源共享型战略联盟。

(1) 全球竞争型战略联盟。竞争是战略联盟在全球兴起的直接原因。竞争优势的获得,除了技术上的领先之外,组织管理上的创新必不可少。战略联盟大多发生在全球性行业,这些行业的市场结构通常表现为"寡头"间的垄断竞争。

(2) 技术互补型战略联盟。当今跨国公司大多出于竞争需要而结盟,但最早的战略联盟则出于技术互补的需要。例如日本东芝公司与美国摩托罗拉公司的联盟,东芝的优势是存储芯片,但在程序和微处理机方面却较弱。摩托罗拉则擅长微处理机的生产,而缺乏存储芯片生产的规模效益和技术优势。双方合作,优势互补,很快推出具有国际竞争力的新型微处理机。

(3) 多角合作型战略联盟。跨国公司国际合作的传统做法是通过对外直接投资,建立具有法人地位的合资或独资企业。这种方式的好处在于便于控制,合作关系较稳定,有利于实现总公司的意图。但在竞争加剧的今天,其缺乏灵活性的弊端也暴露无遗。由于法律的约束,合作双方都必须承担合同义务,不得中途退出或与新的伙伴结盟,这样便失去了许多新的机会。

(4) 风险共担型战略联盟。随着科技发展的高级化和复杂化,开发成本与日俱增,单个公司往往难以独立承担开发风险。TrendForce 集邦咨询公布的数据显示,全球前十大晶圆代工企业的资本支出在 2021 年已经超过 500 亿美元。28 nm 工艺花费为 60 亿美元;然而到 7 nm 工艺时,成本却增长至 120 多亿美元;到 5 nm 时,这一数字更是增长至 160 亿美元。面对巨额的创新投资和极大的风险,单个公司是难以承受的,因此需要形成战略联盟共同开发。

(5) 资源共享型战略联盟。需求的增长和市场的扩大,给企业充分利用规模经济效益提供了广阔的空间。那些严重依赖客源才能生存和发展的行业中的企业,为了争夺更多的客源,相互让渡和扩展市场,在全球范围内结成联盟就成了必然的选择。

(三) 按战略联盟在不同阶段的合作内容进行分类

NRC(美国国家研究委员会)组织根据企业在价值链的各个环节上的价值创造,以及战略联盟在不同阶段的合作内容进行了分类,如表 4-2 所示。

表 4-2 战略联盟分类

阶　　段	联盟内容	阶　　段	联盟内容
研发阶段战略联盟	许可证交易	生产制造阶段战略联盟	OEM（原厂委托制造）供给
	交换许可证合同		辅助制造合同
	技术交换		零部件标准协定
	技术人员交流计划		产品组装及检验协定
	共同研究开发	销售阶段战略联盟	销售代理协定
	以获得技术为目的的投资	全面性的战略联盟	产品规格的调整
			联合分担风险

四、战略联盟动因

公司跨国经营的目标是提高经济利益，得到更大的收益，实现公司价值的最大化。为了实现这一目标，企业会选择多种合作方式，所以，跨国联盟的根本目的就是获得企业自身的利益。战略联盟对跨国公司的发展是有利的，可以弥补自身的稀缺资源，缩短技术研发的时间，提高竞争力，进而使股东拿到更多的分红，刺激股东增加投资，为公司的长远发展筹集资金。

虽然战略联盟形成的根本内部驱动因素是企业利益的最大化，但并不是唯一的内部驱动，笔者认为还有以下几点需关注。

（一）企业价值链的关联

波特在其《竞争优势》一书中指出价值链与竞争优势之间的关系。企业之间存在价值链的关联，价值链的关联能给企业带来竞争优势。战略联盟的实现使联盟双方可以共享价值链，从而扩大双方企业的竞争优势。只有在价值链存在关联时，双方企业才可以通过战略联盟达成预期的目标，通过与联盟伙伴的合作提高自身的竞争力。所以，这种价值链的关联是战略联盟实现的基本条件。这种价值链关联可分为纵向关联与横向关联。

纵向关联是指企业的价值链与供应商、渠道商价值链的关联。若联盟双方的价值链存在这种纵向关联，双方面临的消费者群体也就相同。并且双方处在产品生产的不同阶段，所以双方既相互需要又相互牵制。通过战略联盟，可以充分发挥双方的竞争优势，提高双方的经济利益。横向关联是指跨国公司与生产类似产品的企业之间存在的价值链关联。联盟双方本身属于竞争关系，生产的产品类似，提供的服务类似，面向的消费群体类似。通过战略联盟，双方企业可以共享资源，共同进行研发创新，缩短研发周期，互惠互利。欧洲空中客车公司是横向联盟的典型代表，这家公司是由来自英国、美国、法国、意大利和日本的汽车公司联合而成的。

价值链的关联越密切，就越能结成战略联盟。联盟可以通过价值链关联取得竞争优势，因此，企业价值链的关联是战略联盟的内在驱动因素之一。

（二）资源互补与共享效应

资源可分为两种：一是有形资源。各个跨国公司拥有的资源不同，即使拥有较多的资源也不一定是自身发展急需的。跨国公司可以通过战略联盟，进行资源的重新分配，提高资源的利用率，互相补充，提升双方的竞争力。二是无形资源。无形资源包括商标、信誉、管理方法、知识产权等。与有形资源不同，无形资源具有共享性。通过战略联盟，跨国公司可以利用联盟伙伴的无形资源。资源的互补与共享是跨国公司结成战略联盟的必要条件之一。

（三）协同效应

我们要区分互补效应和协同效应，这两种效应是不同的。互补效应是指双方通过资源的互相补充而取得的利益。协同效应则是指通过合作所产生的效应大于双方效应的总和，是经过合作产生的"1＋1＞2"的效应。

跨国公司通过合作可以实现财务、技术、经营、管理上的协同效应。企业想要获得协同效应，可以选择战略联盟这一合作形式。但并不是加入联盟就能实现协同效应，还需要后期的管理。如果战略联盟不能实现协同效应，联盟双方可能就会选择解除这一合作。

（四）经营风险

在经济全球化的大环境下，企业面临来自外部的政治、经济、文化风险，还面临由于自身管理所带来的财务、经营风险。而战略联盟可以很大程度上减轻企业所面临的风险。例如，一家跨国公司同联盟伙伴共同进行新技术的研发。通过联盟，可以缩短所用的时间，使新技术又快又好地投入使用。另外，一旦研发失败，也由两家企业共同承担损失，这种风险就远远小于一家企业进行研发的风险。

（五）利用社会资本

Granovetter(1985)指出企业所处的社会关系影响着企业的经济行为。同时，他指出时刻关注社会关系的变化并作出及时的反应，是有利于企业经济发展的。企业可以通过参加社会活动管理社会关系来降低交易成本，获取发展经济的机会。

社会资本对战略联盟形成的促进作用主要表现在以下两点：第一，社会资本降低了跨国战略联盟的成本。首先，企业可以通过社会关系获取部分企业的信息，并且这些信息可信度是较高的，就可以较快地找到合适的联盟伙伴，降低寻找伙伴的成本。其次，通过社会关系，企业可以优先选择有战略联盟经验的企业进行合作以降低后期管理的成本。第二，社会资本可以为企业提供新的机会。公司的社会资本和社会关系是企业发展的社会基础。通过战略联盟，双方可以进行社会关系的共享，进而将自己的社会资本转变为新的经济增长点。

（六）学习效应

通过战略联盟，跨国企业可以从联盟企业那里学到新的东西，如先进的技术、经营管理方法和市场营销措施。每个企业都有自己独特的优势,战略联盟的形成可以使双方在合作中,发现自身存在的问题并进行改进,发现对方存在的优势并进行学习,从而促进双方企业更好地发展。

(七) 市场创造力

经营全球化的背景下,获得较大市场份额的企业就能获得更高的经济利益,所以市场份额的保持和扩大也是企业管理目标之一。通过战略联盟,企业可以获得更大的市场份额。例如,跨国公司在计划进入一国外市场时,可以在这个国家选择一家企业结成战略联盟,从而利用这家企业在该国的营销渠道和销售网络,提升自身对新市场的开拓能力。战略联盟可以帮助跨国企业进入新的市场,获得更大的市场份额。

 即测即练

第五章 跨文化管理与沟通

第一节 跨文化管理

一、跨文化管理理论

跨文化管理指的是企业在跨国经营中,对各种存在文化差异的人、事、物和产、供、销开展灵活变通的管理,包括:在不同文化背景下设计出切实可行的组织结构和管理机制,妥善处理文化冲突、融合给企业造成的竞争劣势和优势,从而最大限度地挖掘员工的潜力和实现企业的战略目标。

文化是如此广义的一个概念,文化差异包罗万象,对文化和文化差异有一个较好的把握实属不易之事。幸亏那些对文化问题入迷的学者多年的研究,让我们能够从一团乱麻中厘清头绪,在纷繁错杂的现象中找到观察问题的关键视角,而充分理解文化差异究竟是如何表现的,又应该从哪些角度入手去分析。

本节将介绍迄今为止在跨文化研究领域最有影响的四个理论。这些理论提出了区分文化差异的方法和维度,对于帮助我们理解、解释和预测特定群体的文化行为有重要的指导作用。这四个理论分别是:克拉克洪与斯乔贝克的六大价值取向理论;吉尔特·霍夫斯泰德(Geert Hofstede)的文化维度理论;蔡安迪斯的个体主义—集体主义(individualism-communitarianism)理论;特罗姆皮纳斯(Trompenaars)的文化架构理论。

(一)克拉克洪与斯乔贝克的六大价值取向理论

美国人类学家克拉克洪与斯乔贝克(1961)较早提出了跨文化理论中的六大价值取向理论。克拉克洪曾是哈佛大学的教授,现已故世。她曾加入太平洋战争时美国战争情报处组建的一支约30人的专家队伍,研究不同文化的价值、民心和士气。该研究组通过对日本民族的心理和价值观的分析,向美国政府提出了不要打击和废除日本天皇的建议,并依此建议修改要求日本无条件投降的宣言。第二次世界大战后不久,哈佛大学与洛克菲勒基金会一起资助克拉克洪等人在美国的得克萨斯州一片有5个不同文化和种族共存的方圆40英里(1英里=1 609.34米)的土地上展开了一项大规模的研究。发表在《价值取向的变奏》一书中的六大价值取向理论就是他们的研究成果之一。他们认为,不同文化中的人群对人类共同面对的六大基本问题有不同的观念、价值取向和解决方法。这六大基本问题包括:①对人性的看法。②对自身与外部自然环境的看法。③对自身与他人之关系的看法。④人的活动导向。⑤人的空间观念。⑥人的时间观念。克拉克洪与斯乔贝克指出,不同文化中的人们对这些问题的观念、价值取向和解决方法能体现其文化特征,可以描绘出各自的文化轮廓,从而将不同的文化区分开来。

(二)吉尔特·霍夫斯泰德的文化维度理论

文化维度理论是跨文化理论至今最具影响力的一个理论,由荷兰管理学者霍夫斯泰德提出。该理论是实际调查研究的产物,起初并没有理论构架。20世纪70年代,为数不多的全球公司之一IBM对其分布在40个国家和地区的11.6万名员工(大部分为工程师)进行了文化价值观调查,得到了大量的数据。那时,霍夫斯泰德正在IBM工作,有机会得到对数据进行分析的机会。霍夫斯泰德的逻辑是,在IBM工作的工程师大都有相似的教育背景和智力水平,个性特征也比较相似。因此,他们对同一问题作出不同的回答很可能反映出他们喜欢的文化环境对他们价值取向所产生的影响。

通过对各国IBM员工对于大量问题的答案进行统计学上的因素分析,霍夫斯泰德发现有四大因素可以帮助我们区分民族文化对雇员的工作价值和工作态度的影响。1980年,他在《文化的后果》一书中发表了该研究成果。霍夫斯泰德归纳了4个随国家不同而不同的识别民族文化的维度:①个人主义与集体主义。②权力距离。③不确定性规避。④价值观的男性度与女性度。20世纪80年代,霍夫斯泰德又重复了10年前的研究,这次包括了更多的国家和地区,总数超过60个。这次研究不仅证实了前4个维度,而且还发现了一个新的维度——长期导向和短期导向。

(三)蔡安迪斯的个体主义—集体主义理论

个体主义—集体主义理论是蔡安迪斯经过近30年对文化差异的研究之后提出来的。蔡安迪斯出生于希腊,早年移民美国,从事心理学研究工作,以关于个体主义—集体主义的跨文化研究闻名,可以称其为"文化心理学大师"。1995年,他出版了《个体主义与集体主义》一书,总结了自己几十年来以及他的弟子和其他跨文化心理学家的研究成果。

前文介绍霍夫斯泰德文化维度理论的时候曾提到个体主义—集体主义这一维度,很显然,霍夫斯泰德认为个体主义和集体主义是同一维度上的两极,一种文化如果在个体主义上得分高,就意味着在集体主义上得分低;反之亦然。一种文化不可能既强调个体主义又强调集体主义。蔡安迪斯从个体层面来看这个概念,完全不同意霍夫斯泰德的观点。他认为,个体主义—集体主义既不是一个维度的概念,也不是两个维度的概念,而是一个文化综合体(cultural syndrome),包括许多方面的属性和特征。蔡安迪斯将这个概念降到个体层面,用它来描述个体的文化导向,而非国家或民族的文化导向。那么,个体主义—集体主义这个文化综合体到底包括哪些方面的内容呢?

蔡安迪斯提出五个定义个体主义—集体主义的重要特征和属性:①个体对自我的定义。②个人目标和群体目标对一个人的相对重要性。③个人态度和社会规范在影响个体行为决策时的相对重要性。④完成任务和人际关系对个体的相对重要性。⑤个体对内群体和外群体的区分程度。

（四）特罗姆皮纳斯的文化架构理论

由荷兰管理学者特罗姆皮纳斯(1993,1998)提出的文化架构理论虽然没有特别严谨的实证研究为依托，却也对跨文化管理工作作出了不少贡献。他于1993年出版的《文化踏浪》一书，引起轰动。他与他的搭档汉普顿·特纳(Hampden Turner)在1997年改写后又再版此书。

模仿霍夫斯泰德，特罗姆皮纳斯用文化维度来表达他的理论。在他的理论里，国家与民族的文化差异主要体现在7个维度上：①普遍主义—特殊主义(universalism-particularism)。②个体主义—集体主义。③中性—情绪化(neutral-emotional)。④关系特定—关系弥散(specific relationship-diffused relationship)。⑤注重个人成就—注重社会等级(individual achievement-social class)。⑥长期—短期导向(long-term-short-term orientation)。⑦人与自然(people and the nature)的关系。

二、两种典型的管理模式

（一）共同文化管理模式

1. 共同文化管理模式的定义及理论来源

阿德勒对共同文化管理的定义是：一种跨文化管理中所谓"文化上的协调配合"，即"处理文化差异的一种方法，承认多种文化的组织中各个民族的异同点，不要忽视和缩小文化的差异，要把这些差异看成是构思和组成一个组织的有利因素"，跨文化管理的各方要发展成为精神文化的"趋同体"。所谓趋同，即指"精诚合作"之境，这并非一朝一夕的努力所能及的，而是要经历一个相对比较缓慢和持久的"趋同"过程，必须历经融会、融渗、融合和融生各个阶段。共同文化管理是一个艰苦而朦胧的动态过程，是一个包含差别、多样化、冲突和对立的过程。

企业跨文化经营已经成为历史的必然，但是跨文化经营所遇到的困难是国内经营所无法想象的，而首要的问题就是跨文化适应。换句话说，如何在与自己相去甚远的跨文化环境中生存下来，并不断向前发展，这是跨文化企业所面临的首要难题。就多元文化企业内部管理文化建设问题，根据许多专家的意见，跨文化企业要想在"异文化"环境中生存并发展，关键就在于建立具有高度适应性的企业文化。

"高度适应性的企业文化"是指既能够适应东道国的特定社会文化环境，同时又具有本企业特色的以"多元化"为基调的企业文化。有关跨文化管理或多国公司管理的以往研究，侧重于文化背景的差异来探讨不同国家、不同制度、不同文化传统等条件下的组织有效性。例如，莫朗的跨文化组织"文化一体化"管理理论、阿德勒的"文化协调配合"论及卡尔德的"跨文化三层图式"等都对与跨国企业组织管理有关的跨文化管理进行了深入的探讨。这些都是在总结企业跨国经营实践经验的基础上提出来的被许多人认可了的企业文化理论。这些理论各有其特色，对形成共同文化管理起到了理论和实践上的支持，但也有各自的不足之处。例如，莫朗的跨文化组织管理理论侧重于强调企业成员在具体的行为方式上的"一体化"，而对组织工作程序和制度等重要内容则重视不够。我国著名学者俞文钊教授针对中国实际,提出了仅适用于中外跨国企业的"跨国企业共同文化管理新模式",可以说是一种论述中外跨国企业如何建立共同文化管理的有效理论。下面详细介绍四种对共同文化管理产生重要影响的跨文化管理理论。

(1) 莫朗的跨文化组织"文化一体化"管理理论。在《跨文化组织的成功模式》及《文化协同的管理》中,莫朗提到:跨文化组织模式的管理有效性的依据是"存在着一种潜在的最佳协同作用,它对减少由于一起工作时不可避免产生问题所带来的损失是可行的。"莫朗提出了关于跨文化协同管理中文化一体化的13项功效指标:①文化一体化是一个动态过程;②在这个过程中总包含着两种经常被认为相反的观点;③文化一体化具有敏感性;④文化一体化意味着对发自他人资讯的解释;⑤具有适应性与学习性;⑥协同行动,共同工作;⑦群体一致的行为大于各部门独立行动之和;⑧拥有创造共同成果的目标;⑨具有协同效应,即 $2+2>5$,可是,由于跨文化障碍,其文化协同方程可能为 $2+2<4$,但只要不是负数,就是获得了成果;⑩对其他不同文化组织的透彻理解;⑪文化一体化而并非单方的妥协;⑫文化一体化是指基于文化推动而做出的行为;⑬文化一体化是多文化组织为获得共同目标而联合努力的过程之中的必然产物。

莫朗的理论对于建立跨文化管理有效模式的意义在于:①跨文化企业在共同文化管理建设中,双方的跨文化管理应使双方成员达到最佳的"协同",双方都能对企业的经营过程和成效感到满意。共同文化管理正是跨文化企业朝这一"一致满意"目标迈进的最有效的工具。作为特定的经济组织形式,跨文化企业只有在双方的共同推动下才具有其生命基础。②由于不同的组合和不同的企业特征,跨文化企业的共同文化管理在不同企业中有着独特的个性,但是作为跨文化管理模式中的"文化一体化",跨文化企业的共同文化管理必然具有莫朗关于"文化一体化"评价指标的绝大部分共性内涵。从而,在跨文化企业的共同文化管理建设中,跨文化双方应注意从具体的现实角度出发遵循这些"文化一体化"指标方向,同时也可以此作为共同文化管理有效性的理论指标。

(2) 阿德勒的"文化协调配合"论。阿德勒把跨文化管理中的"文化协调配合"论定义为:处理文化差异的一种办法,包括经理根据个别组织成员和当事人的文化模式形成的组织方针和办法的一个过程。这一理论也可解释为文化上协调配合的组织所产生的新的管理和组织形式,这一组织超越了个别成员的文化模式。这种处理办法承认组成多种文化的组织中各个民族的异同点,但建议我们不要忽视和缩小文化上的差异,更确切地说,要把这些差异看成是构思和发展一个组织的有利因素。

以阿德勒的"文化协调配合"论为基础,另一位国外华裔学者通过对3家中外跨国企业的调研,总结了跨国企业跨文化管理成功的四个要素:①共同的长期战略。②互利。③相互信任。④共同管理。

在关于跨文化管理的"文化协调配合"的定义中,阿德勒在理论上提到了跨文化管理中文化协调的方向、处理办法和有益的建议,这对于跨文化企业中共同文化建设具有更为直接的意义。

首先,跨文化企业的共同文化管理是一种新型的管理文化模式,无论是在管理的创新上还是在组织形式的创新上,它都"超越了个别成员的文化模式"。它体现了双方在跨文化企业中所形成的合力和双方克服文化差距所表现出的努力程度。共同文化管理是在一国或一个地区的政治、经济、文化、社会的大环境下,在跨文化企业这一特定组织中,双方母公司的公司文化互相碰撞、叠加组合而构筑的新的跨文化企业管理文化,表现着不同的适应能力和成功的方式。

其次,跨文化企业的共同文化管理建设目的不是单纯地"缩小"双方在文化上的差异,而是如何在对差异的相互了解和理解的基础上重建一个对本企业的生存发展有利的、切实有效的共同管理模式。因此,文化差异并非跨国企业共同管理中实际遇到的唯一难以克服的障碍,重要的是在差异中"树立积极的战略投资动机和学会必要的合作技能以克服文化差异的影响",通过双方共同努力,建立一个符合本企业实际的共同管理模式。

一家合资的鞋业有限公司由于双方共同经营中的冲突无法得到有效解决而导致合资双方散伙、企业被兼并的教训和一个中美合资的高技术电子公司努力共建"惠普之道"这一东西合璧、成功有效的独特管理文化而取得成功的经验,也充分说明了共同文化管理在合资企业的成功经营中起到了关键的作用,从而使我们进一步认识到,共同文化管理是为解决文化差异而形成的,但文化差异并不决定这一文化管理模式,各方的努力合作才是共同文化管理和企业生存、发展的重要因素。

(3) 斯特文斯的"组织隐模型"理论。美国学者斯特文斯从霍夫斯泰德的"权力距离—不确定性避免分布图"中提出了"组织隐模型"理论。斯特文斯认为权力距离与中央决策权相关,而不确定性避免与形成化——对正式规则和规定的需要,将任务委派给专家等——有关。由此,不同的国家在其组织观念上有不同理解。

大多数法国组织的"内含模式"是"人的金字塔"(Pyramid of People),这是一种中央集权的形式化,即老板位于组织顶端,其他人则处于下方适当的位置之上。

德国组织是一架"润滑机器"(well-oiled machine),其以既定的规范来进行组织运转,不用每日调整,这是"形式化"的体现,但不是中央集权。

英国人将组织理解为"乡村市场"(cowage market),这不是中央集权,也非形式化,组织成员之间"讨价还价",其结果不被权威或过程所限定。

美国处于"金字塔""润滑机器"和"乡村市场"之间的位置,根据美国人对组织概念的界定,层次本身并不是目标,规则本身也不是目标,这二者是获得结果的手段,如果为达到目标之需要,组织的层次结构和规则是可以改变的。

亚洲国家的组织是"家庭"(family)式的,这是一种中央集权,权力明显地控制在"家长"手中,管理的正规化在亚洲国家的组织里也是低级的,就算在日本的企业管理中,像西方企业理解的管理正规化仍然是植根不深的。

斯特文斯的"组织隐模型"理论以"人的金字塔""润滑机器""乡村市场""家庭"等形象生动的词汇论述了不同国家(或民族)的组织文化,或更具体的,组织机构和组织规则上的差异,使我们在跨国企业的共同文化管理建设中注意到这样一种现象。

由于跨文化企业的双方在组织文化上有较大差异,在跨文化企业这一特定组织中,整体组织形式和行为的有效性必然存在一个较大的阻碍,因此双方在确定组织形式和组织规范时,应对双方原有的背景程序作出共同分析,尤其应关注东道国企业原有的组织文化背景。

这样,在引进和移植先进的组织模式或管理系统时,首先考虑到它们在跨国企业中实际引进的可行性和适宜程度。任何有违这一过程的行为必将导致成效不大甚至无效的结果。

（4）保罗·毕密斯(Paul Beamith)的发展中国家的跨国企业论。毕密斯通过对27个发展中国家的66家跨国企业进行了广泛调查，在收集资料并对其中12家核心企业进行重点调查基础上，以其所著《发展中国家的跨国企业》(*Multinational Joint Ventures In Developing Country*)(1988)对发展中国家的跨国企业的经营管理做了深入的分析论述。他认为：①在发展中国家的跨国企业中，标志企业任务好坏的各种因素与企业成就没有绝对的联系。同样，技术水平的高低、出口能力、股权比例、与政府合资还是与私人公司合资、外籍职员还是当地经理、管理方式等与跨国企业能否取得成功也没有关系。②分管跨国企业倒成了最好的办法，通常在发展中国家中有这种情况。③跨国企业双方的需要与承诺是跨国企业取得成功的先决条件。由于充分尊重了双方的需要和履行了各自的承诺，企业都取得了令人满意的经营成效。④关于跨国企业在"建立、运筹及经营阶段"的准则：使用土生土长的当地管理人员；愿意削股份给总经理；持有等量或少量股份；决策权共享；愿意在维持双方关系上投资。

跨国企业对决策权的控制，在发展中国家中以共享决策权为佳。为了达成一致的决策，需要花费大量时间，这容易导致效率降低甚至冲突的产生。然而，并不是企业的每个决策都需要如此操作，所以这种策略并不会成为企业的负担。这种模式要求双方在每个阶段都需充分考虑对方的需求以及所在地区的文化环境。在这一过程中，既要耐心倾听对方的意见，也要有策略地说服对方，保持合作的良性互动。

其他一些学者也从不同角度探讨了跨国企业的跨文化管理模式，如日本学者河野丰裕的跨国企业成功因素图，芮盛德与阮弗斯关于"国有企业—跨国企业如何更好满足双方需求"的研究等。

2. 共同文化管理模式的特征

研究共同文化管理的特征的目的是为构建共同文化管理模式提供方法论指导。我们不仅要解决在本土的中外跨国企业共同文化管理理论问题，同时还要解决在国外进行合资经营活动的企业的共同文化管理理论问题。就共同文化管理的特征而言，国内外大体是一致的。跨国企业共同文化管理除具有一般企业管理的特点和功能外，还具有以下四个方面明显特征。

（1）具有"本地化"特征的跨文化管理模式。美国管理学家彼得·德鲁克(Peter Drucker)曾经说过，"管理越是能够运用一个社会的传统价值观和信念，它就越能取得成功"。

本地化包括商品与人力资源两方面内容。本地化实际是投资方和东道国双赢的最佳选择。原料采购、机器设备的当地化，能够降低成本中的运输费、维修费等。人力资源本地化除了包括尽可能多地雇用本地员工、培养他们对公司的忠诚之外，最重要的是聘用能够胜任的本地经理。人力资源本地化策略不仅降低了外派人员的费用，更重要的是解决了由于文化背景的不同而带来的种种问题。

跨国企业是建立于东道国的法人组织，而且一般来讲该组织成员也大多是东道国人，因此跨国企业的经营管理必然受东道国社会大环境的制约和影响。这不仅仅是遵守东道国有关法律、制度和政策的问题，而且要求与东道国的传统价值观和观念相适应，跨国企业的共同文化管理必须与东道国的文化相适应。所以,就中外跨国企业而言,在引进先进的管理观念和方法的同时,我们千万不能"本末倒置",必须立足于中国传统的管理文化基础来引进和移植西方的管理,共同文化管理所探索的是具有"中国化"特色的跨文化管理。上海大众汽车有限公司的原德方副总经理马丁·波斯特(Martin Posth)博士的一番话体现了中外管理文化共同的趋势:"为了实现长期目标,必须实现两个'中国化',即一个是技术中国化,另一个是管理中国化。"

(2)体现不同管理文化的"最佳协合"状态的跨文化管理模式。在跨国企业中,不可能双方各搞一套,只能有一套系统,即以总经理为首的管理系统。因此,共同文化管理所追求的正是在同一套管理系统中,双方管理人员在管理文化差异的现实上,能努力合作、和谐共事,从而使双方的潜能得到"最佳协合"并实现企业的目标。例如,某中美跨国企业在引进美国规范化管理、先进技术等的同时,参考中方管理者擅长采用的一些成功经验,很好地将目标管理(规范化管理)和职工的广泛参与结合起来,把民主建设和组织结构结合起来。这种做法很适合中国职工,因而双方都充分发挥了积极主动性,体现了团队凝聚力,双方的潜能也达到了"最佳协合"状态。在这里,"最佳协合"就是这种"内聚力"和"一致性"的体现。

(3)共同文化管理以内部合理的企业机制和高效的运行机制为特征。跨国企业的一切生产经营活动都突出以利润为中心,这与国内企业讲求效益的提法是一致的。要成功地追求高额利润,首先要靠科学管理和现代化管理手段提高生产效率,降低生产成本。其次是通过生产管理中的高科技和高质量意识提高产品质量。最后是靠优质品牌和企业良好的信誉来提高市场占有率。显然一个适应跨国企业内部管理、具有高效运行机制的组织管理系统是成功的保证。

跨国企业由于其所有权、经营权、控制权共享的特色,而形成双方共管机制下的董事会领导的总经理负责制和直线职能参与制,在这一共同管理模式下的企业体制通过投资中心、利润中心和成本中心按不同层次构成企业经营管理的宝塔式结构,由此形成了保证企业良性循环所必需的合理的企业机制和高效的经营、运行机制。

所以,在中外跨国企业的共同管理模式中,并不强调单一的模式,共同文化管理所要求的是一个符合企业生产实际,适应内部管理和办事效率高的组织体制。

(4)共同文化管理是一个不确定的、动态的跨文化管理模式。文化一体化仅产生于多文化组织为获得共同目标而联合努力的过程中,因此,共同文化管理模式先天就具有不确定性和动态的特征。共同文化管理是在东道国的政治、经济、文化、社会大环境下,通过以不同民族文化为内涵的双方合资公司的公司文化和双方人员的个体文化在跨国企业内的碰撞、叠加、组合而构筑起来的新的跨国企业管理模式。因此,其文化一体化展开的途径是全方位的,没有确定的跨文化管理模式。同时,这一共同文化管理模式并非一成不变的,而是随着企业经营战略的变更、外部环境的变化、生产规模的扩大、双方互相了解和理解的加深而进行适应性调整。

(二)渐进式文化整合管理模式

1. 渐进式文化整合管理模式的理论来源

渐进式文化整合管理模式是区别于共同文化管理模式的分阶段逐步实现文化融合和

战略整合的跨文化企业管理模式。渐进式文化整合管理模式的理论来源主要有以下四个方面。

（1）Nahavandi 和 Malekzadh 的文化整合模式。Nahavandi 和 Malekzadh（1993）根据并购双方的接触程度及其解决接触中产生冲突的方式，将被跨国公司并购后的文化适应归为四种模式：①同化（assimilation）模式（Seihl 和 Ledford 称之为"掠夺型"整合）。这种模式一般是并购方的企业文化取代被并购企业的文化，被并购企业被完全吸收进另一方。大多数巨型的跨国公司都倾向于采用这种模式。②整合（integration）模式。这种模式一般是经过双向的渗透、妥协，形成包容双方文化要素的混合文化，目标是获得融合了双方文化的长处。由于被跨国公司所并购的企业一般不大愿意被跨国公司同化，被并购企业的员工大多希望保持自己的文化和组织标识及组织独立性，因此，这种模式在实际操作中运用得较多。③隔离（separation）模式。这种模式一般是跨国公司并购完成以后限制双方接触，保持两种文化的独立性。当被并购企业员工希望保持原有文化、拒绝接受并购企业的文化时，为了避免强烈的冲突，跨国公司可以被动地采用这种模式。④文化破坏（deculturation）模式。这种模式一般是被跨国公司并购的企业员工既不珍惜原来的价值观，将其抛弃，同时又不认同作为并购方的跨国公司的文化，员工之间的文化和心理纽带断裂，价值观和行为变得混乱无序，这就是混沌化的文化适应状况。

（2）霍华德·珀尔马特（Howard Permutter）的四个"中心论"模式。美国学者珀尔马特认为并购企业在业务和文化整合上有四种不同的基本思路：本国中心论、客国中心论、全球中心论、区域中心论。本国中心论信奉本企业的管理方式，倾向于把企业文化直接移植到被并购企业中；客国中心论主张入乡随俗，吸纳被并购企业文化中的精华部分；全球中心论主张淡化背景文化色彩，创新出一种全新的企业文化；而区域中心论一般被认为是全球中心论的初级阶段。

（3）菲利普·哈里斯（Philip Harris）和罗伯特·T.莫兰（Robert T. Moran）解决文化差异的四种模式。他们认为，文化差异在组织内有四种解决模式：凌越（dominance）、妥协（compromise）、合成（synergy）和隔离（isolation）。凌越是指组织内一种民族或地域文化凌越于其他文化之上。在这种情况下，组织的决策及行动均受这一文化的指导，而持另一种文化的员工的影响力微乎其微。妥协是指双方各让步一部分文化原则，寻找共同的中间立场以实现合作。在这种情况下双方在坚持自己文化核心的基础上，削弱不必要的差异，以解决问题为导向，关注短期成果。合成是指并购双方认识到构成组织的两个或多个文化群体的异同点，但并不是忽视或压制这些文化差异，而是通过文化的相互补充和协调，形成全新的统一的组织文化。隔离是指并购和被并购的双方企业在极其有限的文化接触、交流的前提下，彼此保持各自文化的独立。

（4）李元勋的跨文化企业管理五模式。厦门大学的李元勋（2005）把企业跨文化管理的模式概括为五种：①"本土化"模式。公司经营时，将每一个地区和国家都视为独立的个体，公司政策的制定和执行完全参照当地企业模式进行，并不把母公司的人事运行模式强加于各子公司之上，而是根据各子公司的相应情况制定适合当地实情的人事管理政策。②文化移植模式。这一模式的核心是，母公司派遣人员担任地区或者国家的子公司的重要管理职位，从而保证母公司与关联公司之间的信息沟通及母公司对子公司的监控。

③文化嫁接模式。这是指以母国文化作为子公司主体文化的基础,把子公司所在地的文化嫁接到母国文化之中。④多方交叉模式。该模式在子公司中并不以母公司的文化作为其主体文化,母公司文化与子公司所在地及其原有的文化之间虽然存在着巨大的"文化差异",但却并不互相排斥,反而互为补充,充分发挥跨文化优势,把双方文化中的积极因素结合起来,创造出新的文化。⑤借助他方模式。当母公司文化与子公司所在地文化存在巨大差异时,公司所派遣的管理人员要特别注意在员工当中规避双方文化的重大不同之处,可以考虑借助第三方的文化作为沟通的桥梁。

以上四类跨文化管理模式为渐进式文化整合模式提供了相关理论基础。它们本身没有好坏、优劣之分,只有适合与不适合、适应与不适应之别。模式成功与否取决于多因素的制约和影响,评定其成功与否的标准,最主要的是看其能否保证企业的发展和壮大。

2. 渐进式文化整合管理模式的定义及内容

(1) 渐进式文化整合模式的定义。渐进式文化整合模式是根据整合战略不同阶段的中心任务和整合策略把文化整合分为三个阶段:文化独立阶段、文化吸收阶段和文化创新阶段。三个阶段各有自己的指导思想、中心任务和实现途径,以配合企业整合战略的顺利实施。

(2) 渐进式文化整合模式的内容。①文化独立阶段。这一阶段的主要任务是保持双方企业文化的独立性,不做全方位的文化整合,关键是实施好管理层文化整合。管理层文化整合的关键是团队成员的沟通和理解,在成功沟通的基础上对人员、业务、市场等进行平稳调整,在此阶段企业可以通过正式、非正式两种途径增加沟通手段。②文化吸收阶段。此阶段的中心任务是吸纳东道国企业文化中的合理成分,促进全员文化整合。其实现途径主要有:一是培训员工的跨文化能力;二是增加横向、纵向上的沟通,发挥不同文化背景的组合优势,使双方人员尽快熟悉和理解对方的文化内涵,改造自己的思维方式和行为方式,增强对当地市场需求的反应能力;三是畅通沟通渠道,如内部电子信箱系统、内部网上论坛等,使内部信息和建议畅通无阻,增强全员凝聚力,促进全员文化的整合。③文化创新阶段。这一阶段主要是面向客户与市场需求构建新型企业文化,把企业文化建立在为全球消费者创造价值这个理念上,往往伴随着全球范围内的组织结构调整和业务模式调整,因此,调整的目的是实现组织结构演变、业务模式调整与企业文化创新的良性互动。文化创新阶段标志着企业文化达到一个新的高度,并得到全球消费者的认可和支持,企业文化的影响力和整合能力得到提升,企业已成为一个成熟的跨国企业。

文化整合的三个阶段是层层递进、互为支撑的,各个阶段所需要的时间要根据企业的具体情况和整合的进程而定。一般情况下,文化独立阶段的时间不宜太长,时间太长容易使企业经营陷入困境,从而导致跨国经营失败。文化吸收阶段和文化创新阶段往往伴随着企业组织结构和业务模式的调整,时间相对较长,因为要使企业在不断地提高自身文化整合能力进程中逐渐成长为一家真正的国际企业并不是短时间就能实现的。

三、跨国公司的文化冲突与整合

卓越的公司之所以成功,就在于它有一套独特的企业文化,使它得以脱颖而出。跨国公司是一种多元文化的组织,成功运作的企业将组织内部的文化多样性视为公司全球竞争力的来源之一,不仅拥有先进的技术和精湛的经营管理,而且善于利用这种文化多样性激发管理者和雇员的创新意识。

(一)跨国公司企业文化特点

1. 价值观和信念的多元性

跨文化企业所属成员一般具有多元化的价值观和复杂的信念结构,尤其在跨文化企业成立之初,这种特点更为明显。来自不同文化背景的员工有着不同的价值观和信念,由此决定了他们具有不同的需要和期望。就一般情况而言,即使当全新的企业文化形成之后,跨文化企业中的所属成员仍然保留着各自文化所特有的基本价值观和信念。与企业成立之初相比较,此时的跨文化企业成员不仅已经形成了全新的超越各自民族文化的共同价值观,而且在保留自己基本价值观和信念的同时又形成了一些新的价值体系。因此,跨文化企业所形成的那种全新的企业文化一般都含有多样化的价值观和信念。

2. 行为方式上的冲突性

在跨文化企业中,即使全新的企业文化已经形成,这种企业文化在一定程度上仍然保留着特征各异的各种民族文化模式,这就使得同一个跨文化企业存在着"大同而小异"的行为规范和习惯。这些行为规范和习惯有些是互补的,而有些是相互矛盾的。同样的要求和规定,不同文化的成员很可能按照不同的行为方式执行,从而产生不同的结果。另外,同样的言行,对于来自不同民族文化背景的人而言,其含义也各不相同。比如,美国人用 OK 表示"同意"对方的意见和要求并按对方要求行动;而日本人用 OK 表示"听清了",至于是否会按照对方的要求行事则不得而知。

3. 经营环境的复杂性

较国内企业而言,跨国公司所面临的经营环境要复杂得多。无论是企业成员在目标期望、经营理念和管理协调的原则上,还是管理人员在管理风格上,都大相径庭。这些差异使跨国公司的统一行动、决策及其执行变得困难重重,企业管理中的混乱和冲突时有发生。不同的态度和行为将影响管理业务功能,如什么样的产品是可以接受的及如何接受,如何组织最佳生产,如何组织业务运作,如何筹措资金及进行管理和控制等。

4. 文化认同和融合

跨国公司企业文化的形成和建立所需的时间周期比国内企业长,花费的代价大,整个过程复杂曲折。这是因为,跨国公司中存在着差异较大甚至冲突的文化模式,来自不同文化背景的人们无论是心理世界还是外部行为系统都存在着显著的差异,这些差异只有逐步被人们相互理解和认识,进而产生关心、同情和认同心理,才能逐渐取得共识,并建立起共同的全新的企业文化。这是一个漫长、曲折、反复的过程,一般遵循如下步骤:文化接触—局部了解—文化选择—文化冲突—文化沟通—进一步选择—文化认同—形成企业文化—进一步沟通—完善企业文化。因此,周期长、过程复杂、成本高是跨国公司建设自己特有的企业文化所必须付出的代价。

(二) 企业跨国并购中的文化整合

跨国并购是国际企业为了维持其生存和发展的需要,根据全球经济环境和内部组织结构的变化,对企业自身的体制、结构、功能、规模等进行重新组合调整的组织变革或制度创新,是企业对外直接投资的一种重要方式。跨国并购需要面对各个国家人们不同的行为方式,关键就是要了解其中的差异。

1. 跨国并购面临双重文化差异

在跨国并购中,各类有形资源、无形资源和人力资源整合基本完成之后,并不意味着并购活动已经取得成功。跨国并购成功的重要标志是母公司投入要素与东道国投入要素的有效结合,能够在共同的核心团队或共同文化协调下开展新的生产经营活动。但是,不同企业的成长经历和外部环境各不相同,它们在信仰和价值观以及行为规范和经营风格上都存在较大的差异,而跨国并购双方所在国的文化差异会进一步扩大彼此的文化距离。因此,与同一母国文化背景下的企业文化整合相比,跨国并购面临因国家文化的巨大差异而造成的障碍,文化整合显得更加困难。

从企业文化差异角度分析,所在国家、行业、企业规模和发展历史等方面的差异,决定了企业之间在企业文化方面存在明显的差异。我们可以从企业文化的隐性层面和显性层面分析不同国家企业文化的差异。从隐性层面分析,主要表现为企业信仰和价值观差异;从显性层面分析,主要表现为企业行为规范和经营风格的差异。对于跨国并购的企业来说,了解目标公司所在国的文化背景、文化传统有助于跨国公司发现企业文化差异的来源,通过有效地将自己文化的精髓与当地文化背景进行结合,建立起有当地特色的优秀企业文化,最终提高跨国并购的绩效。

2. 企业跨国并购的文化整合模式

企业在跨国并购后进行整合的目的就是使并购双方形神合一,充分发挥协同效应,实现企业目标。所以,作为并购整合中最为关键一环的文化整合,就要更好地体现这一原则。这就要求在理性的跨国并购中,必须按照并购双方的企业文化的发达程度而不是单纯的力量对比构建新的企业文化。企业文化的演变历程可分为形成、发展、比较成熟和成熟四个阶段。根据并购双方的企业文化所处的不同发展阶段,可运用的整合策略可以分为同化、融合、隔离和引进四种模式。

(1) 同化模式。在同化条件下,被收购企业将放弃它自己的文化而成为并购企业的一部分。当一个组织无法取得成功时,该组织的成员往往会愿意采用他们认为是优秀的、能给他们带来业绩改善的外部文化。在这种情况下,他们就会欢迎新的母公司的到来。只要不是强制性的,同化产生的冲突比较少,同化的过程就会相对容易。在运用这种整合模式时,以下两方面应当引起注意:首先,并购企业要慎重地进行可行性分析,对两种文化进行全面的分析权衡,确定自己能够担负企业文化重塑的重任,并能充分适应和促进新公司的发展。其次,要充分考虑并购企业文化对目标企业文化进行同化时可能遇到的阻力,尽可能消除并购企业员工可能产生的仇视和对抗心理。

(2) 融合模式。实施这种战略的具体做法是:首先对两家企业的文化进行科学系统、客观公正的评估,然后根据评估结果,坚决剔除两种文化中的不合理部分,对两者的精华部分进行科学的整合,并在此基础上进一步培育出一种全新的企业文化。这样,运用融合模式产生的新的企业文化,由于是站在两种文化的"肩膀"上,因而具有其中任何一种企业文化所无法比拟的优势。整合模式不会使双方员工产生"文化殖民"或"文化掠夺"的不公平感,容易得到他们的理解和认同,从而大大减小了整合过程中可能遇到的阻力,使整合目标易于实现。

融合模式的一个重要特征就是在并购双方组织间会出现某些文化要素的相互渗透和共享,因此,在融合过程中,并购双方都要承担一定的风险,即它们一方面会失去对自己组织和文化的一部分控制权,另一方面也会获得对对方组织和文化的一部分控制权。企业跨国并购的文化融合顺利,关键在于并购企业必须了解文化整合真正的挑战不是找出彼此间的不同之处,更重要的是如何做到"求大同存小异",共同为新的组织文化而努力。此外,还必须系统地了解收购对象领导团队的核心能力和行为风格,并对新的领导团队进行评估。最后,还需要注意并购过程的沟通,包括对谁沟通、沟通目的、如何沟通、何时沟通、由谁负责等。

(3)隔离模式。当跨国并购双方的企业文化都处于高级发展阶段时,对新企业的企业文化整合就适宜采取隔离模式,因为并购双方各自的企业文化在本企业中已经根深蒂固,并取得了巨大的成功。如果这种企业文化在并购后突然被一种全新的企业文化所置换,就必然会使企业对这种异己产生强烈的排斥反应,从而阻碍企业上升的势头。同时,整合后的新企业利用协同效应所取得的成果也会由于这种企业的内耗而消失。

可以采取的方法是:在整合后的新企业中同时保留这两种优势文化,实行"一企两制",即允许它们保持自己的特色、个性以及相互的独立性,并鼓励它们在承认彼此差异和合理性的基础上,进行最广泛的交流与合作,互补有无。对于被并购企业来说,隔离可能是最容易的一种文化整合模式。运用这种文化整合模式的优点是:由于并购双方的文化基本上都得以保存下来,因而招致的非议会较少,整个整合过程一般会比较顺利,不会遇到太大的阻力。

(4)引进模式。当并购企业通过资金优势或者运用某种谋略而并购了某家目标企业时,自己的企业文化可能还处于低级阶段的水平,而目标企业虽被并购,但其企业文化可能已处于高级阶段的水平。在这种情形下,并购企业应从整个企业的大局着眼,对目标企业的长处予以充分的肯定,尤其是对其优秀的企业文化资源要予以足够的重视。此外,还要将并购企业文化中抽象出来的精华部分为我所用。这种整合方式的特点是:并购企业虽是购买者,但它非常尊重对方,能够虚心向对方学习其文化的合理内核。这种做法必然也会赢得目标企业员工的满意和支持,为企业文化的全面整合奠定坚实的情感基础。这种整合方式的优点是:不仅能博采两家之长,实现并购企业的并购目标,同时它引起的文化冲突与纠纷也很小,从而使企业文化的整合实现"软着陆"。

虽然大部分跨国并购的文化整合离不开上面讨论的几种模式,但并不意味着这些模式是彼此孤立、相互隔离的。事实上,这些整合模式之间有着千丝万缕的联系。例如,这四种模式其实都包含两种文化彼此交流、相互学习的精神实质。所以,这几种模式并没有十分明显的界限。在实际操作中,真实的情况往往是将其结合起来搭配使用,形成各种组合模式,这在一些并不完全符合上述任何一种模式要求的跨文化整合实例中尤其明显。

总之,企业跨国并购的文化整合必须从大处着眼、从小处着手。文化整合没有捷径可走,唯有充分认识和尊重不同国家和企业的文化差异,努力避免可能造成的文化冲突,吸收不同文化底蕴中的精髓部分,真正达到多元统合的境界,才能构筑跨文化优势,实现跨国并购的战略目标。

第二节　跨文化沟通

一、文化差异与跨文化沟通

沟通是通过语言和动作来发送与接收信息的过程。沟通最基本的功能就是交换信息。这些信息可以是观点、意见,也可以是情绪。因为信息是观点的承载体,所以,沟通只有在人们对某些信息和环境享有共同的知识背景时才能发生。跨文化沟通指的是具有不同文化背景的人进行的信息交流。沟通是管理过程中的重要一环,无论是国内企业还是跨国企业都一样。即便在同一文化背景之下,沟通也常常会遇到障碍。一个人的文化背景会影响他对事物的基本假设,而对事物的基本假设也会影响我们的感知、态度、情绪的表达方式,最终影响我们的行为。从这个意义上说,没有任何两个个体会在完全相同的背景下长大,这里的背景不仅包括文化背景,也包括:个体的性别,家庭背景,个人在家中的排行,所受教育的学校、老师,日常所处的工作、学习环境,同事、同学的特质和组成等。所以,沟通双方要达到编码、解码过程的完全一致,几乎是不可能的,这也是完全心领神会的沟通境界如此难以达到的原因之一。文化背景的差异增加了沟通的难度,因为在种种变量之外,还加入文化这个关键的变量。

二、口头语言沟通的跨文化差异

语言是沟通的工具,沟通必须依赖语言来完成。各国的语言总是受到文化习俗的制约,因此不同文化的谈判者在沟通中就会表现出极大的不一致和不协调,甚至会影响到沟通结果。

沟通会议一开始,中国人一般会有一个介绍和交流过程,然后再切入正题;而德国人一上来可能就会问很难的问题,你必须让他们信服你有高质量的货品、快捷高效的服务才行。他们通常会先给你一笔小生意,如果你通过他们的测验,以后大订单就会源源不断。法国人可能会很快给你一笔大生意,但也可能很快与你断绝生意往来。西班牙人似乎并不对你在谈判前做的充分准备表示欣赏,他们不研究生意细节,但会仔细研究你。如果他们不喜欢你,就不会和你做生意。

路易斯(1996,1999)曾经观察总结了在会议开始的半小时内不同国家的人沟通的内容,他发现德国人、美国人和芬兰人大概只花两分钟时间在彼此介绍上,然后就入座讨论正题。但在英国、日本、西班牙和意大利,这样会被认为粗鲁无礼。这些国家的人会花10分钟到半小时的时间寒暄问候,英国人尤其不愿意开口说出进入正题讨论的话。在日本,大家一般花15~20分钟的时间彼此介绍、互道冷暖,直到一位年长者突然发话宣布会议开始,然后大家就都低头准备开始。西班牙人和意大利人一般花 30 分钟左右互道冷暖,谈足球,谈家里的事,一边谈一边等待姗姗来迟的参会者,人到齐后再开始会议。

三、非口头语言沟通的跨文化差异

虽然口头语言交流占据沟通过程的 80%～90%,但通过这些言辞传达的意义恐怕还不及 20%。其他的意义都是通过非语言的媒介传递的。

(一)沟通的场所和布置

场所本身就具有正面的和负面的效应,是在自己的公司谈还是在对方的公司谈、座位是否舒适等都会对谈判产生一定影响。据说法国人经常把对手的座位调低以降低对方的声势;美国人喜欢坐在对手的桌子对面以保持目光接触;日本人则喜欢挨着坐在一边,让目光注视白墙或地面,即使说话时,眼睛也不直视对方。

(二)座位的安排

座位与座位之间的空间距离因文化不同而存在差异。东方人、盎格鲁-撒克逊人、北欧人和德国人一般认为人与人之间合适的空间距离应在 1.2 米左右,但墨西哥人、南美人和阿拉伯人却认为 0.5 米左右是合适的距离。两种文化背景的人沟通时,往往会很不适应,而且会闹出笑话。据说一个美国人与一个阿拉伯人在一起谈了 10 分钟的话,位置移动了几米远,因为阿拉伯人想靠近些,而美国人要保持较宽松的空间距离。

(三)随意程度

美国人喜欢随意,他们对别人直呼其名,谈着谈着就脱去西装、放松领带,有的人还喜欢嚼口香糖,跷"二郎腿",把鞋底对着别人,殊不知其他国家的人并不能完全接受这种随意的行为。日本人喜欢正式;德国人不愿意别人对他们直呼其名;法国人不习惯别人将西装脱去;泰国人认为鞋底不洁,对着人是对别人的侮辱。

(四)肢体语言

在沟通过程中,意大利人、南美人、多数拉丁人、非洲人和中东人喜欢更多地用肢体语言来传递信息,而中国人、日本人和芬兰人不喜欢太多的肢体语言。意大利人在培训他们的沟通技巧时,总是让他们关注对方的坐姿:如果对方向前倾,那就说明他们有兴趣或者有诚意;如果对方向后靠,就说明不感兴趣,或者有自信让局面向他们想要的方向扭转。交叉的双臂或者双腿,显露出对方的警惕和防卫,在这种情况下不应该结束交易。如果发现对方的手指在无意敲击桌子,或脚在无意抖动,就应该让他们说话。在快要结束谈判时,应该坐得离对方近一些,这样对最后签署的合同会更有利。

格拉姆(1985)同样研究了美国人、日本人和巴西人在非口头语言沟通中的行为差异,发现在商业谈判中,日本人的沉默时间远远多于美国人,而巴西人几乎从不保持沉默。另外,巴西人还经常插话,经常触碰对方,并常常凝视对方。日本人和美国人则不触碰对方的身体,日本人更是很少凝视对方。

四、跨文化谈判

跨文化谈判是一种属于不同文化思维形式、感情方式及行为方式的双方或多方的谈判。谈判过程通常也是复杂的,因为谈判过程涉及属于不同文化规范的没有意识到的力量,而这意识不到的不同文化规范的力量可能使有效的交流功亏一篑。

美国西北大学凯洛格管理学院研究生院争端解决研究中心的主任和创始成员珍妮·M. 布莱特(Jeanne M. Brett)的著作《全球谈判:跨文化交易谈判、争端解决和决策制定》(以下简称《全球谈判》)提供了一个清晰、通用的分析框架,帮助谈判者在谈判桌上出现文化差异时管理文化差异。布莱特关于跨文化谈判的理论与操作体系的内容和特色可以简要地概括为"一个核心理念""两种谈判结果""三对文化范畴"和"四项谈判策略"。

(一)一个核心理念

布莱特所讨论的文化泛指社会群体的独有特征,既包括心理要素,即群体成员共享的价值观和规范,也包括社会结构要素,即作为社会交往背景的经济、社会、政治和宗教体制等。当双方跨越文化进行谈判的时候,双方都把各自的文化摆到了谈判桌上。在这个过程中,文化常以一种微妙的方式影响人们的谈判态度与谈判行为。这种效应好似"以石投水",石子激起涟漪,向整个池面漾去,文化就弥漫在整个水面之中,并且渗透在谈判的方方面面。

布莱特认为,基于出发点考虑,跨文化谈判拥有三种类型:交易谈判(deal-making negotiations),即买和卖的谈判;决策谈判(decision-making negotiations),即当存在多种可能和冲突性选择的时候达成协议的过程;争端解决谈判(dispute resolution negotiations),解决由于提出的赔偿遭拒绝所产生冲突的谈判。布莱特认为,这三种谈判分别要求拥有不同的跨文化谈判策略,这一点又超越了传统论述,因为在传统的关于跨文化谈判的文献中,这三者经常被混为一谈。布莱特还认为,无论何种谈判,都有三大受到广泛研究的文化特征与谈判策略在不同文化间的变异有关:个人主义与集体主义的文化价值观;平等主义与等级主义的文化价值观;沟通的低背景规范与高背景规范。这三个方面构成了跨文化谈判困惑的渊源之所在。有效的跨文化谈判不仅能够化解矛盾,而且还能走向协同。

(二)两种谈判结果

布莱特认为,谈判的实质既可以是索取价值,也可以是创造价值。这样,就存在两种谈判结果:分配性协议(distributive agreement)与整合性协议(integrative agreement)。所谓分配性协议,指的是分配一定量资源的谈判协议;整合性协议指的是扩大了可分配的资源,使其大于一方占有所有资源或两方在所有问题上妥协(割裂差异)时可以分配的资源。

布莱特认为,令双方都满意的谈判在于对协议进行评价,而不是对协议的分类。我们不能期待一个整合协议的谈判者能够接受一份分配性协议。然而,最成功的跨文化谈判产生的结果,其所达成的协议一般既是一份整合性协议,又是一份分配性协议,这份协议把增加了的资源总量分配给谈判双方。所以,跨文化谈判不仅是价值索取型谈判(value-claiming negotiation),还可以是价值创造型谈判(value-creating negotiation)。这取决于跨文化谈判者对文化的关切、处理,以及对跨文化谈判策略的运用程度。

(三)三对文化范畴

布莱特在《全球谈判》一书中着重分析了利益(interests)、权利(rights)、权力(power)三对文化范畴对谈判(尤其是争端解决谈判)的影响。

(1) 利益是构成谈判者立场基础的需要或原因。优先事项(priorities)反映各种利益或立场的相对重要性。布莱特建议在考虑利益和文化时,务必牢记以下观念:文化影响了自身利益对于集体利益的相对重要性,而且这两种不同的利益的相对重要性导致了不同的结果;当与来自集体主义文化的争端方谈判时不要低估集体利益的重要性,当与来自个人主义文化的争端方谈判时不要低估自身利益的重要性;"为什么"是发现跨文化利益的基本问题。来自高语境文化的谈判者可能会对直接问题感觉不适,提出建议来发现利益之所在会比较好些;当了解了利益,除了放弃低优先级利益来得到高优先级利益外,可以达成许多类型的一致。

(2) 权利是公正、合约、法律或先例的标准。布莱特建议在考虑权利与文化时,要记住下列观念:文化影响了争端方对权利标准的依靠的强烈程度,以及他们更愿意采用的权利标准;由于有许多不同的权利标准,以及文化中不同的方面支持不同的标准,所以很难知道哪个标准会被争端另一方接受;由于争端的一方不太可能提出对自己无利可言的权利标准,所以权利标准不可信;使用权利标准解决争端的成功的关键是,要么提出争端另一方认为公平的标准,要么提供新的可靠的信息使提出的标准看上去公平。

(3) 权力,指的是影响他人接受自己愿望的能力。布莱特建议考虑权力和文化时,应牢记下述观念:争端中的权力与交易中的权力在一个重要方面有所区别:与争端方的BATNA(Best Alternative to a Negotiated Agreement)有所联系。BATNA是指谈判协议的最佳替代方案。如果不能达成整合性协议,非常重要的是考虑另一方可能对你做些什么,而不是考虑你的WATNA(最坏替代方案)和BATNA。文化影响着地位被用作权力的基础的程度,因此,找到合适地位和权力的第三方,是解决问题的得体方法。

(四)四项谈判策略

在谈判策略中处理文化差异需要在是否调整自己的策略以利于对方或坚持己见中作出选择。有时候没有选择的机会,而有时维持你所偏好的策略会使你在谈判中处于不利的地位。基本的策略有四种。

(1) 对峙(confrontation)。谈判者之间的对峙,或者是直接的(面对面或利用电子媒介),或者是间接的(通过第三方或非语言行为)。在解决争端的谈判中,想想什么样的第三方可能站在他的立场上。考虑一下其他对自己的利益也许更有所帮助的第三方。当在跨国团队中做决定,处理程序性冲突和人际冲突时,间接对峙也许比直接对峙更有效。然而,如果这项任务需要团队所有成员的知识、技能和承诺,那么出现的冲突就需要直接面对了。

(2) 信息(information)。信息对谈判就像货币一样重要。有关 BATNA、地位和其他公平标准的信息影响分配性协议。有关利益和优先事项的信息影响整合性协议。当谈判者不理解另一方传达的信息时,整合性潜力就几乎总是只能留在谈判桌上,有时谈判就会陷入僵局。如果你更喜欢直接共享信息,那么当与喜欢间接信息共享或其他冒着被利用风险的人谈判的时候,就要注意调整你的策略了。直接共享信息的好处是当它像我们所预期的那样发挥作用的时候,所谓的快速信任感就建立起来了。当谈判双方表明了各自的利益立场,而那些利益又得到了尊重,双方便开始在互利互惠的基础上发展彼此之间的关系。如果没有互惠,那么泄露了最多信息的谈判方就有可能得到最坏的结果。提建议并不能快速建立信任,这是因为该过程不需要揭示信息这一首要的敏感步骤。但是建议又是极其有用的。它们把整合性与分配性结果联系起来。如果谈判双方对于各自的偏好和优先权乐意开诚布公,那么谈判就很容易达成整合性协议。

(3) 影响力(influence)。影响力是影响谈判另一方接受你愿望的能力。在社会交往中有很多不同的影响力基础,但有两个基础对谈判似乎特别重要:BATNA 和公平标准(fairness standards)。谈判者的 BATNA 越糟糕,谈判者对达成协议的依赖程度就越大,迫使对方让步的影响力就越小。公平标准是披着公平外衣的决策规则。规则可以是先例,可以是合同或法律,还可以是社会地位(如年龄或经验)或社会意识形态(如公平、平等或需要)。如果你来自一个有着等级文化的国家,倾向于影响其他谈判方,是在与来自平等文化国家的人谈判,而他们希望在谈判中将影响力降到最低,要注意谈判中有可能因为发生冲突而陷入僵局。如果谈判双方把注意力集中在谁对谁错或谁有最大的权力,这种权力与地位是否有关等问题上面,冲突就会愈演愈烈。

(4) 激励(motivation)。激励都与谈判者利益有关。谈判者可能关心自我利益(self-interests)、谈判对方的利益,或延伸到当前谈判桌外的集体利益(collective interests)。如果你来自一个有着集体主义文化的国家,倾向于与国内成员合作,而与国外成员竞争,那么当跨文化谈判时,若不进行策略上的调整,则很可能处于下风。合作的谈判者善于整合,但却冒着让步的危险,只能达成分配性协议。高自我目标、权利感及好的备选方案激励谈判者去寻找变通的解决办法,进而可能达成整合性协议。

第三节 跨文化领导

一、跨文化领导概述

尽管许多中外的管理学家为领导下定义,但在管理学中恐怕没有几个术语像领导的定义这样不统一。在管理学的文献中,有多种领导的定义。

国外的学者给领导所做的有代表性的定义如下:美国学者斯托格狄尔(Stogdill)指出:"领导是对组织内群体或个人施加影响的活动过程";美国学者 G. R. 泰瑞(G. R. Terry)指出:"领导是影响人们自动为达到群体目标而努力的一种行为";W. 施考特(W.

Scott)则认为"领导是在某种情况下,影响个人或群体达到目标行为的过程";孔茨(Kootz)指出:"领导是促使下属充满信心,满怀热情地完成他们任务的艺术";管理学者K.戴维斯(K.Davis)则定义为"领导是一种说服他人热心于一定目标的能力"。

我国的学者给它下的定义是:领导是使人们或组织心甘情愿地、群策群力地为实现目标而努力施加影响的活动过程,它不仅使人们乐意工作,而且使他们热情并信心十足地去工作。

从上述定义中,可以看出学术界对领导这一概念有不同的认识、理解和表述,但它们有一个共同特征:"领导是一个影响别人的过程。"综上所述:"领导是指引和影响个人或组织,在一定条件下实现目标的行为过程。"这里强调的有以下两点。

(一)施加影响

这种影响的来源可能是正式的,如来源于组织中的管理职位。由于管理职位总与一定的正式权威有关,人们可能会认为领导角色仅仅来自组织所赋予的职位。但是,并非所有的领导者都是管理者,也不是所有的管理者都是领导者。组织提供给管理者某些正式权力并不就能保证他们实施有效的领导。人们发现那些非正式任命的领导,即影响力来自组织的正式结构之外的领导,他们的影响力与正式影响力同等重要甚至更为重要。换句话说,一个群体的领导者可以通过正式任命的方式出现,也可以从群体中自发产生。

(二)领导是一个过程

一个群体的领导和决策是个极为复杂的问题。正是由于这一复杂的过程,因而不能指望人们利用简单而有效的模型来进行思考。

二、跨文化领导的特质

概括来看,优秀的跨文化领导者的特质应包括四大方面,即知识特质、能力特质和身心特质,具体要求如下。

(一)知识特质

知识特质指的是领导者应当具有的文化知识和专业技术水平。文化知识是每一位领导者必备的特质,也是领导者提升自身素质和能力的基本条件。作为一名领导者,主要工作是管理,特别是对人的管理。而管理是一门综合性的学科,涉及多方面的知识,这就要求领导者必须具有广博的知识。对于不同层次的领导者在知识方面的要求是不同的,高层次领导人的知识面要宽,低层次可相对窄一些。此外,不同层次领导者在知识结构方面的要求也是不同的,但就其共性来说,领导者应掌握以下几方面的知识:通晓马克思主义理论;对于一般社会科学、自然科学各方面的知识,都要有所了解,知识面要比较广;对于管理科学各方面的知识则要比较精通;对于社会生活方面的实际知识也要比较熟悉,要有丰富的生活经验和工作经验。一个现代领导者应当具有较高的文化专业素质。具体来说它应包括:扎实的文化基础和比较广博的知识面;通晓现代科学技术的基础知识;

通晓现代管理科学的基础知识;通晓心理学的基础知识;通晓与自己负责的部门或单位的性质有关的专业知识;具备丰富的社会生活实际知识。

(二) 能力特质

能力特质是指领导者在其心理、生理要素的基础上,经过后天努力,在实践中逐步形成、发展起来的一种认识世界和改造世界的能力。能力是知识和智慧的综合体现。

(三) 身心特质

身心特质是人们在心理过程、心理特征和心理状态方面表现出来的稳定特点的总和。性格、气质、心智能力等都是身心特质的内容。健康的身心特质也是现代领导者必备的特质,优秀领导者应该具备的身心特质包括成熟的心理态度、敏锐的认知能力和卓越的思维能力、坚忍不拔的意志、健全崇高的人格。领导者要有健康的身体、良好的心理状态,才能始终保持精力充沛,满足繁忙工作的需要。

21世纪的跨文化领导者除了具备通常必备的知识、能力、身心等方面的特质之外,还必须具备下列特质。

(1) 敏锐的世界眼光。面对"信息社会""地球村""数字世界"的历史性变化,领导者始终要着眼于世界大局,具备开放性的全球思维,从世界变化中把握时代脉搏,切忌埋头于身边细琐事务。领导者的世界眼光不仅要具有现实的广度,而且要具有历史的深度。要关心国际政治、经济、法律、文化思潮等各个方面的变化,特别要追踪研究与自己本职工作密切相关的世界变化,同时要研究世界发展的历史和各地的成败得失。

(2) 创新和创业的意识。领导工作的灵魂就是创新和创业。因此,要有创造性思维,不断解放思想,敢想、敢闯、敢试。其中特别要强调多谋善断,谋划和决策本来就是领导工作的主要内容。在扎实的知识储备的基础上,对于新情况、新问题要及时研究,反复筹划,精心求证,拿出新招实招;要有工作的紧迫感,力争朝夕,解放思想,抓住机遇,敢于决策;要有很强的分析判断能力,善于科学决策。

(3) 高效的信息处理能力。要具备高效的信息处理能力,首先要有强烈的信息兴趣;其次要了解信息技术的发展变化及信息来源,更要具备必要的信息辨别和使用能力。21世纪的领导者,孰优孰劣,在相当程度上取决于对信息的掌握和运用。

三、跨文化领导的关键行为

(一) 利克特的管理新模式(Likert Model)

1947年以来,密歇根大学的伦西斯·利克特(Rensis Likert)教授和他在密歇根大学社会研究院的同事们对领导方式和作风做了长达30年之久的研究。他们从"以工作为中心"和"以员工为中心"两类领导者的角度进行分析,对包括工业、保险和政府中的领导者进行访问,并从几千名员工中取得了数据。以员工为中心的领导者把注意力集中于下属问题中人的因素和建立能完成高效率目标的有效的小组上。他们重视人际关系,总会考虑到下属的需求,并承认人与人之间的不同。相反,以工作为中心的领导者把注意力集中于包括计划工作细则、安排下属的工作、协调各下属的工作和对下属的工作提供足够支持,更强调工作的技术或任务事项,主要关心的是群体任务的完成情况,并把群体成员视为达到目标的手段。

密歇根大学研究结论为:以员工为中心的领导者与高群体生产率和高工作满意度呈正相关;而以工作为中心的领导者则与低群体生产率和低工作满意度联系在一起。

利克特在长期研究的基础上,于1961年发表题目为《新的管理模式》的论文,提出了四种管理方式,作为研究和阐明他对领导问题看法的思想的指导原则。

管理方式Ⅰ被称为专制权威式。采用这种方式的管理人员非常专横,很少信任下属,采取使人恐惧与惩罚的方法进行管理,偶尔兼用奖赏来激励人们,采取自上而下的沟通方式,决策权也只限于最高层。

管理方式Ⅱ被称为开明权威式。采用这种方式的管理人员对下属怀有屈尊俯就般的信任和信心;采取奖赏和使人恐惧与惩罚并用的激励方法;允许一定程度的自下而上的沟通,向下属征求一些想法和意见;授予下级一定的决策权,但领导者牢牢掌握政策性控制权。

管理方式Ⅲ被称为协商式。采用这种方式的管理人员对下属抱有相当大但又不够充分的信任和信心,通常设法采纳下属的想法和意见;采用奖赏,偶尔用惩罚和一定程度的参与进行管理;从事于上下双向沟通信息;在最高层制定主要政策和总体决策的同时,允许低层部门作出决策并在某些情况下进行协商。

管理方式Ⅳ被称为群体参与式。采用这种方式的管理人员对下属在一切事务上都抱有充分的信任和信心,总是从下属那里获取设想和意见,并且积极地加以采纳;在确定目标和评价实现目标所取得的进展方面,组织群体参与其事,在此基础上给予物质奖赏;更多地从事上下之间与同事之间的沟通;鼓励各级组织作出决策,或者管理者本人作为群体成员同他们的下属一起工作。

(二)领导行为四分图

与密歇根大学的研究同期,最全面且重复较多的行为理论研究来自1945年俄亥俄州立大学的一组研究人员对领导问题进行的广泛的调查。他们调查的中心是对一个领导者的工作进行深入的研究。研究者希望确定领导行为的独立维度。他们收集了大量的下属对领导行为的描述,开始时列出了1 000多种刻画领导行为的因素;后来霍尔平(Halpin)和维纳(Winer)将冗长的原始领导行为调查表减少到130个项目,并最终将领导行为的内容归结为两个方面,即以人为重和以工作为重。以人为重是指注重建立领导者与被领导者之间的友谊、尊重和信任的关系,包括:尊重下属的意见,给下属以较大的工作自主权,体察他们的思想感情,注意满足下属的需要,平易近人,平等待人,关心群众,作风民主。以工作为重是指领导者注重规定他与工作群体的关系,建立明确的组织模式、意见交流渠道和工作程序,包括设计组织机构,明确职责、权力、相互关系和沟通办法,确定工作目标和要求,制定工作程序、工作方法和制度。

他们依照这两方面的内容设计了领导行为调查问卷,就这两方面各列举15个问题,发给企业,由下属来描述领导人的行为如何。根据调查结果,他们发现这两类领导行为在一个领导者身上有时一致,有时并不一致。因此他们认为领导行为是两类行为的具体结合。由这两方面可形成四种类型的领导行为,这就是领导行为四分图。该项研究的研究者认为,以人为重和以工作为重,这两种领导方式不应是相互矛盾、相互排斥的,而应是相互联系的。一个领导者只有把这两者结合起来,才能进行有效的领导。

(三)管理方格理论

在俄亥俄州立大学提出的领导行为四分图基础上,美国心理学家罗伯特·布莱克(Robert Blake)和简·莫顿(Jane Mouton)提出了管理方格(Managerial Grid)理论。他们将领导行为四分图中的以人为重改为对人关心程度,将以工作为重改为对生产关心程度,将各关心度9等分,形成81个方格,从而将领导者的领导行为划分成许多不同的类型(图5-1)。在评价管理人员的领导行为时,就按他们这两方面的行为寻找交叉点,这个交叉点就是其领导行为类型。纵轴上的积分越高,表示领导者越重视人的因素,横轴上的积分越高,就表示领导者越重视生产。布莱克和莫顿在管理方格图中列出了以下五种典型的领导行为。

(1.1)为贫乏型管理,采取这种领导方式的管理者希望以最低限度的努力来完成组织的目标,对职工和生产均不关心,这是一种不称职的管理。

(1.9)为俱乐部型管理,管理者只注重搞好人际关系,以创造一个舒适的、友好的组织气氛和工作环境,而不太注重工作效率,这是一种轻松的领导方式。

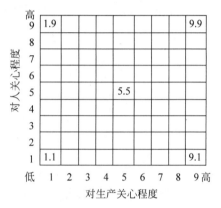

图 5-1 管理方格图

(9.1)为任务式的管理,管理者全神贯注于任务的完成,很少关心下属的成长和士气。在安排工作时,管理者尽力把人的因素的干扰减少到最低限度,以求得高效率。

(9.9)为团队型管理,管理者既重视人的因素,又十分关心生产,努力协调各项活动,使它们一体化,从而提高士气、促进生产。这是一种协调配合的管理方式。

(5.5)为中间型管理,管理者对人和生产都有适度的关心,保持完成任务和满足人们需要之间的平衡,既要有正常的效率完成工作任务,又要保持一定的士气,都过得去但又不突出,实行的是中间式管理。

布莱克和莫顿根据自己的研究得出结论,"9.9型"风格的管理者工作效果最佳。他们认为应当加强领导者的培训,并提出了"9.9型"风格的管理发展计划的6个阶段。但遗憾的是,管理方格理论只是为领导风格的概念化提供了框架,却未能提供新信息以澄清领导方面的困惑,并且,也缺乏实质证据证明在所有情境下"9.9型"风格都是最有效的管理方式。

以上是从行为角度解释领导的几种最重要的尝试。总体来说,研究者在确定领导行为类型与群体工作绩效之间的一致性关系上仅获得了有限的成功。领导行为理论所欠缺的是对影响成功与失败的情境因素的考虑。在各种不同情境中,其领导风格还能同等有效吗?情境变化时,领导风格也应发生相应变化。遗憾的是,领导行为理论观点却未能看到这些情境的变化。领导行为理论所认为的领导的某种行为在各种不同情境都能有效达到可能是不行的。许多事例使研究者开始探索在领导方面更为切实可行的观点。

人们越来越清楚地认识到,为了预测领导成功而对领导现象进行的研究其实比分离特征和行为更为复杂。由于未能在特征和行为方面获得一致的结果,人们开始重视情境的影响。领导风格与有效性之间的关系表明:第一,领导的有效性依赖于情境因素。第二,这些情境条件可以被分离出来。对影响领导效果的主要情境因素进行分离的研究很多。在领导权变理论的发展过程中,人们经常使用的中间变量有:工作的结构化程度,领导者与成员关系的质量,领导者的职位权力,下属角色的清晰度,下属对领导决策的认可度,下属的工作士气等。

 即测即练

第六章 跨国公司的组织管理

第一节 跨国公司组织结构概述

一、跨国公司组织结构的含义

（一）组织结构的概念

组织结构是指对于工作任务进行分工、分组和协调合作的一种形式。组织结构是表明组织各部分排列顺序、空间位置、聚散状态、联系方式以及各要素之间相互关系的一种模式，是整个管理系统的"框架"。组织结构是组织的全体成员为实现组织目标，在管理工作中进行分工协作，在职务范围、责任、权力方面所形成的结构体系。组织结构是组织在职、责、权方面的动态结构体系，其本质是为实现组织战略目标而采取的一种分工协作体系，组织结构必须随着组织的重大战略调整而调整。

跨国公司的组织结构，是跨国公司为了实现其跨国经营目标而确定的一种内部权力、责任、控制和协调关系的形式。它既涉及跨国公司内部部门之间、岗位之间及员工之间的相互关系，也涉及公司内部的决策和控制体系。

（二）组织结构的原则

与国内企业相比，跨国公司的组织结构往往要复杂得多。由于不同国家的经营环境差别较大，人的价值观念、行为方式、文化背景和语言也不相同，加上距离遥远，给跨国公司的内部管理和协调增加了很大难度。跨国公司的结构合理与否，是决定公司经营战略能否顺利实施的重要因素。

跨国公司的组织结构是高度适应国际市场运行的典型企业组织结构形式。它服从于跨国公司的战略需要，其组织管理的总体原则是适应国际业务的发展需要。

（1）适应技术和产品要求。跨国公司进行产品生产，是一个积累和运用有关专业知识和经验的过程。组织结构建设必须对基础技术的研发、工程设备的设计与制造、产品的设计与改进、工厂制造的管理、销售前后的技术服务等环节予以合理安排。

（2）适应职能和专业要求。企业总体上的生产经营职能是诸多具体职能共同起作用形成的，这些具体职能包括计划职能、人力资源开发与管理职能、营销职能、研发职能、资金筹措与运用职能、会计监督与核算职能、法律保护职能和技术管理职能等。每项职能又包括若干专业，这些专业是运用若干专业知识，从事专业活动而形成的。建立企业的组织结构,重点在于对各个职能、专业进行充分考察,作出适当安排。

(3) 适应地区和环境要求。跨国公司还应该掌握业务经营地区(即目标市场)的专门知识,如当地政治、经济、文化、社会结构、政府、消费群构成、日常生活和风俗习惯等,充分考虑这些因素对跨国公司生产经营的影响,并且在组织结构上满足其要求。

上述三个原则不仅要反映到跨国公司的各项战略决策中来,而且必然要反映到跨国公司的组织架构建设上来。在组织结构建设中,上述三个原则的核心是:跨国公司中部门的设置与分工,人力、物力的配置及由此形成的组织功能,都能满足这些原则的要求。遵循这些原则来组建跨国公司的组织结构,公司的运行才能进入有序、平稳和有效的状态,才能全面贯彻执行全球战略,实现全球战略目标。

二、跨国公司组织结构的特性

国际化经营是跨国公司发展的主要战略。随着企业国际化的不断发展,企业管理的范围也必须同时扩大。为了全面地、全过程地管理子公司,有必要对海外子公司的组织结构进行考察和分析,采取适当的管理模式,实现对子公司的有效管理。

(一) 跨国公司母公司、子公司和分公司的区别

跨国公司一般是一个庞大的管理系统,拥有数个子公司和分公司,以下先明确三个基本概念。

母公司是指拥有其他公司一定份额的股份,或根据协议能够控制、支配其他公司的人事、财务、业务等事项的公司。母公司最基本的特征,不在于是否持有子公司的股份,而在于是否参与子公司的业务经营。母公司必须有一个或一个以上的子公司,即必须满足合并报表准则所规定的控制的要求,可以决定另一企业的财务和经营政策,并拥有从另一个企业的经营活动中获得利益的权力。母公司可以只控制一个子公司,也可以同时控制多个子公司。

分公司主要指一家母公司为扩大生产规模或经营范围在东道国设立的,并在组织和资产上构成母公司的一个不可分割部分的国外企业,不具有法人资格。

子公司是由母公司投入全部股本,依法在东道国设立的独资公司,具有独立的法人资格,设立手续复杂,纳税严格,包括车间子公司、避税基地公司等。

1. 母公司和子公司之间的关系

一是控制关系。虽然一个独立的法人实体的子公司,可以在自己的范围内从事各种经营业务活动,但其自主权是有限的。母公司在子公司股东大会上占主导地位。子公司的经营原则和投资计划实际上由母公司决定。二是投资关系。母公司对子公司,除极少数通过控制协议外,基本通过投资。三是财务关系。子公司是独立核算的独立法人,母公司和子公司在财务上是相互独立的。然而,母公司可能会以调剂资金的名义通过正当或不正当手段从其子公司"抽血"。子公司的财务情况和发展前景会直接影响到母公司的实际收益。四是管理关系。虽然子公司是独立的法人,名义上在生产、经营等各个方面享有自主权利,但实际上母公司和子公司是管理与被管理的关系。总的来说,母公司除了自己

的直接生产经营活动外,其主要职责是对子公司的领导和管理。

2. 子公司与分公司的区别

子公司与分公司的区别主要表现在如下五个方面。

(1) 不同的法律地位。子公司是独立法人,具有法人资格,拥有独立法人名称、章程和组织结构,并以自己的名义从事经营活动。分公司没有法人资格,没有独立的名称、章程和组织结构,以公司分公司名义从事经营活动。

(2) 不同的控制方式。母公司一般不直接控制子公司,而是通过董事会成员的任免,作出投资决策等控制子公司的生产经营活动。分公司人员、业务、财产在母公司的直接控制下,在公司的业务范围内从事经营活动。

(3) 不同的债务承担方式。子公司作为独立的法人实体,以子公司全部财产为限承担法律责任。分公司没有自己的独立财产,与总公司财务统一核算,因此总公司应负责支付其债务。也就是说,总公司应该对分公司在经营活动中产生的债务承担全部资产的责任。

(4) 以不同的方式设置。公司股东按照公司法的规定设立的子公司,应当满足公司法关于公司设立条件和投资方式的要求。母公司总部在其所在地之外的地方向当地市场监管部门申请设立分公司。

(5) 不同的税收待遇。分公司在自然资源开发上享有租税上的减免待遇,而子公司则无此项待遇。

(二) 跨国公司对子公司的控制形式

由于海外子公司所在国的经济制度不同、法律制度差异、文化背景差异、商业行为差异、财税制度差异、政治制度差异和经济发展差异等原因,因此对海外子公司进行管理与控制比较困难。总的来说,跨国公司通过分权联盟形式、集权中心模式和协调联盟形式三种方式控制海外子公司。

1. 分权联盟形式——欧洲国家跨国公司的管理传统

从跨国公司的发展来看,大多数西欧国家的跨国公司的大规模国际扩张开始于20世纪二三十年代。当时各国采取了以邻为壑的贸易政策,对其他国家的产品实行歧视待遇。所有国家都通过高关税和其他贸易壁垒来限制甚至禁止其他国家和地区的产品进入本国。在此背景下,跨国公司根据当地市场的需要,直接在东道国投资建厂,组织生产经营活动。这就要求外国子公司有更大的自主权,以适应当地市场的需要。因此,在这种情况下建立的子公司具有更多的经营自主权和战略决策权。但跨国公司总部直接控制分布在世界各个国家和地区的子公司,使其受到相应的限制。这种形式的分权联盟形成了一种强调人际关系、忽视正式结构、强调财务控制、忽视技术或商业活动协调的内部文化。母公司作为海外投资的组合来管理更多的海外子公司,而不是作为国际公司整体进行管理。

分权联盟形式的主要特点是:母公司对子公司的控制松散简单,战略决策权分散到子公司;母公司与子公司的主要联系是资金流向,即母公司的资金流向子公司,子公司的利润流向母公司。

2. 集权中心模式——日本跨国公司的管理传统

集权中心模式是日本公司在20世纪60年代后期和70年代陆续建立起来的。由于其过去的海外开拓非常有限,日本跨国公司如索尼、丰田和松下并不效仿欧美竞争对手,而是选择建立卓有成效的地方市场营销团队和设施。第二次世界大战后,日本企业的竞争战略强调成本优势和质量保证,并要求对产品开发、采购和制造实行严格的集中控制,集权中心模式应运而生。这种模式强调团体行为和人际关系的协调,侧重于团体导向的管理实践。主要决策权和控制权集中在总部,实行规模经济,保证产品质量和新产品开发的连续性。

这种形式的特点为:母公司对境外子公司联系紧密、控制简单,主要战略决策集中制定;母公司与子公司的联系以物品流量为主。

3. 协调联盟形式——美国跨国公司的管理传统

协调联盟是美国在20世纪五六十年代创立的。美国企业在开发新技术和管理流程方面具有显著的竞争优势,在这些优势基础上向国外拓展,首先在国内市场开发新产品和新技术,逐步通过出口、技术转移(technology transfer),拓展国际市场。通过上述方式发展起来的跨国公司,母公司给予外国子公司一定的权力和责任。但是,在专业化的公司人员和复杂的管理体系的帮助下,它们完全掌控着跨国经营活动。

协调联盟形式的主要特点是:母公司对海外子公司实行正式制度控制,包括计划、财务和预算。海外子公司复制母公司的管理制度。母公司及其子公司联系主要涉及技术、产品和生产过程等知识产权的交流。这种形式的不足之处在于,过分强调母公司在国际业务中的作用,将海外子公司视为充分利用母公司管理能力和资源的附属机构,致使海外子公司过度依赖母公司提供新产品、技术和经营理念等知识产权。

三、跨国公司组织结构的演变

跨国公司发展至今已有几十年的历史,随着世界经济的不断发展,跨国企业自身机构调整也不断地进行,其组织结构的演变可以分为以下四个阶段。

(一)出口部

出口管理职能一般由销售部门承担,但在进行直接出口业务时,出口活动必须纳入企业正式组织结构中。

优点:①省掉出口商或管理公司的利润或佣金。②有一个统一的对外机构来引导和协调企业的对外经营,有利于了解国际市场行情,扩大企业产品的出口。

缺点:①简单的出口部结构难以适应企业日益发展的综合性业务要求。②出口部起初隶属于销售部,容易与国内的其他部门产生利益矛盾。

(二)母子结构

母子结构是跨国公司发展初期常用的组织形式。在母子架构的跨国公司中,子公司具有较大的经营自主权,与母公司在业务上的接触较少,一般来说,它们只有财务上的联系。子公司只接受母公司总经理或其代理人的领导,经常由总经理或其代理人对子公司进行定期或不定期的监督。

优点:国外子公司的经营自由度较大,可以作为一个独立的企业在特定的环境中进行经营活动,能够迅速调整经营策略以适应所在国市场和政府的要求,易于吸收当地资本,并为所在国提供就业机会。

缺点:主要体现在两方面。一是国外子公司直接与母公司总部联系容易影响母公司最高管理层的工作效率,而母公司最高管理者的个人知识和能力也将限制其对子公司的有效指导。二是子公司所具有的经营自主权也会使其在作出决策时,往往只着眼于本公司的利益,因而有很大的局限性。

(三)国际业务部结构

国际业务部结构是跨国公司初步发展阶段的一种组织结构形式,它在母公司国内结构中增设"国际业务部",该部门设有与总部职能部门相对应的职能部门,通常由一名副总经理领导,代表总部管理协调该公司所有的国际业务。

优点:①在公司内部建立了正规的管理和沟通国际业务的机制,避免了海外子公司中个人决策所存在的缺陷。②能够协调海外子公司的活动,使各子公司的总体业绩超过各自为政时的水平,有助于企业利润最大化。③可以使各子公司之间实现资源信息共享。④有利于培养国际型管理人才。

缺点:①国际部资料信息不全。②决策不及时。③国际部要依赖国内各产品部,容易使国内、国外业务发生矛盾。

(四)全球性组织结构

全球性组织结构是根据业务整合的需要,打破国内外业务分离的弊端,公司生产经营活动按照产品、区域和功能三个部门划分,并建立单独的组织管理表现形式,共有以下四种结构形式。

1. 产品分部结构

跨国公司通过产品种类或生产线建立分部门,分部门管理相关同类产品的生产、销售和技术等问题。

优点:促使企业把全球作为目标,降低生产成本;有利于不同地区同一产品的生产技术进行内部转移,促进技术提升;有利于实现产品的全球销售,提高全球范围内的竞争力。

缺点:不同产品管理线的职能机构设置有可能重复;内部机构设置的重叠性容易导致内部协调工作的困难。

2. 地区分部结构

把公司的业务划分为包括几个国家在内的许多地区,每个地区的分支机构负责该地区的所有生产和经营活动。区域分部是由主管副总经理领导所辖地区内若干个国家的子公司组成的。

优点：重视国外各子公司作为利润中心的地位，减少了总部协调的工作；有利于国外子公司根据区域内环境的条件与优势，发挥自己的优势。

缺点：产品种类增多时，难以协调多种产品的经营活动；各地区都需要大量的管理人员，造成人才浪费；各地区容易增长地区本位主义而忽视全球战略。

3. 职能分部结构

按公司业务管理职能设立分部门，各部门在主管副总经理领导下开展国内外的相关业务活动。例如，生产副总要统管国内外工厂的生产，对国内外所有工厂的产品质量负责；销售副总所领导的销售机构要统管公司的全球销售业务，领导各地区销售机构和分销商。

优点：企业各种职能专业化，有利于增强全球性竞争力，同时提高公司的业务管理水平；强调集中控制，避免机构重叠，便于协调各部门的利益关系。

缺点：不易管理，要求各职能部门的管理人员熟悉不同产品；工作容易相互脱节，生产目标和销售目标会产生差异与矛盾；同职能内地区协作存在一定的困难。

4. 矩阵结构

在矩阵结构形式下，每一个战略业务单位（strategic business unit，SBU）的经理必须向两个不同的上级领导报告，两个矩阵部门共同指挥下属，最后由高层经理领导这种双重结构。最常见的矩阵结构是产品—地区矩阵。

优点：可以根据企业的特殊需要，灵活地调整组织结构，弥补单项结构造成的经营管理上的不足。

缺点：组织结构不规范，部门之间差异大，难以协调与管理，增强了企业总部协调的复杂性。

跨国公司应根据外部环境的要求制定相应的经营战略，然后根据战略目标来调整和改善企业原有的组织结构。也就是说，跨国公司的组织结构是随着经营规模、产品结构和竞争环境的变化而演变的。

四、跨国公司组织结构的发展趋势

（一）跨国公司组织结构的创新

诺贝尔经济学奖获得者西蒙曾说，"有效地开发社会资源的第一个条件是具有有效的组织结构"，由此可见组织结构的重要性，组织结构也是组织理论家和实践者一直研究与思考的基本对象。21世纪，组织内部的操作与整个组织的运行机制以及组织的外部环境发生了剧烈的改变。因此，企业的组织结构能否适应内外部环境，受到了来自企业内外部环境的极大挑战。传统组织结构模式在适应新环境变化过程中暴露出很多的缺陷。因此，企业组织结构创新对新时期企业的生存和发展起到极大的促进作用。组织结构创新经历了三个阶段。

（1）U形结构（unitary）。企业的组织结构是集中的，部门的单一结构是按职能来划分的；是中央集权式的，部门间独立性较低，高层管理人员集中管理。直线职能组织是典型的U形结构。U形结构目前在企业组织结构中的应用较为广泛,但随着企业规模的扩大,U形结构呈现出成本激增、管理效率低下两大根本性缺陷和漏洞。

(2) H形结构(holding)。这是一个多元化经营的控股公司组织结构。它在企业内部模拟资本市场,最大限度地引入市场机制。它是许多企业集团采用的核心组织结构。但是H形结构内部松散,缺乏明确的整体发展的经营策略。

(3) M形结构(multi-divisional)。这是一种发展的U形、H形结构,是一个多分支单位和分散的层级组织结构。一个强调整体效率的更大的公司结构,分支往往是拥有更多自主权的利润中心。

(二) 跨国公司组织结构创新的类型

1. 控股公司结构

控股公司结构是由国际核心控股公司与若干个法律上和组织上独立的子公司组成的组织结构。核心控股公司为该组织结构的战略领导核心,各子公司则独立处理各自的经营业务活动。子公司可以是跨国公司原有的国外子公司,也可以是跨国公司进入他国后并购的国外企业。

控股分为财务控股和管理控股。财务控股主要限于对子公司的财务资金的管理;管理控股指承担控股公司整体战略管理任务,具体经营任务仍由各子公司独立实施。

优点:采用控股结构,核心控股公司与子公司的合作和协调关系变得简单明了;企业可以通过并购参股的国外公司迅速扩张;使跨国公司具有高度的灵活性,子公司具有高度的自主权,大大提升了决策的速度;便于发挥优势,实施总体战略;由于企业的管理宽度大,核心控股公司不需要直接参与子公司的经营管理活动,从而减少跨国公司的管理费用支出。

缺点:子公司之间缺少沟通和协调机制;存在子公司完全独立化的风险;与母子公司发生利益冲突时,会限制企业总体战略的有效实施;控股公司核心管理层的确定和企业文化建设等方面存在困难。

2. 国际网络结构

国际网络结构是依靠现代信息技术实施管理,以横向扁平型的网络组织逐步取代"金字塔"形层级组织的全球性组织结构。网络组织是一个以IT为工作平台,以在跨国公司与社会组织之间以及企业内部各功能单元之间的跨边界资源整合过程中所形成的各种经济性联结为纽带,由网络联结而组成的协助系统。追求在当地市场的快速反应能力是国际网络结构的核心,同时充分利用全球规模经济、寻找独具特色的资源来整合地方的优势。

一般来说,国际网络结构具有以下四个特点。

(1) 在全球范围内把企业分为许多不同类型的中心或经营单位。在跨国公司的网络架构中可能存在全球化企业的多级中心,这些中心发展历史和行业演变路径有别,表现为功能总部,或者表现为产品或地区总部,或干脆为多个营运中心的总部。

(2) 按照"弹性集中化"原则运作。公司相关的整体战略设计由许多中心共同参与决策;公司总部从传统决策中心变为支持性组织,将许多决策转移到业务层面,主要负责规划整个企业系统的长远目标或协调成员利益关系,甚至进一步发展为联邦制。

(3) 因地制宜,真正迎合市场需要。由于各个国家在经济体制、政治法律环境、文化特征及社会行为方面有着明显的差异,跨国公司不再按照统一的标准去协调遍布于世界的业务单位,以便使各业务单位的经营活动更能满足当地市场的需要,使国际化到了真正淡化国别、立足当地的全球化企业的发展阶段。

(4) 以自由市场模式替代传统的纵向层级组织。全球性网络结构是由不同的公司、下属分公司、供应商、经销商等组成的一个全球范围内的产品研发、生产和销售网络。

企业重新考虑自身机构的功能范围,缩小内部生产经营活动,扩大与外部企业间的分工合作。以股权、生产许可证、转包或特许经营等契约关系的建立和维持为根基,依靠外部企业进行制造、销售和其他经营性业务活动,通过一种互惠互利、相互协作、相互信任和支持的机制进行相关的合作。

国际网络结构的优点是:有助于解决全球化与分权化、地区化与多样化之间的矛盾,因为它能够把大企业和小企业各自的优势有机地结合起来,具有高度的灵活性。其缺点是协调难度较大。

3. 虚拟企业结构

虚拟企业是根据不同独立企业的核心能力,按价值链建立起来的松散型一体化联合体。

优点:高度的适应性和灵活性;公司可以更快地开拓进入新的市场;节省成立组织和协调机构的成本与管理成本。

缺点:难以形成和落实公司整体发展战略;难以形成企业整体价值观和企业文化;核心技术易扩散,存在虚拟企业成员单方面获利和利用其他合作伙伴的核心技术保护自己的核心技术的风险。

4. 无边界企业结构

无边界企业又称无缝组织,它是建立在打破组织内外部边界基础上的一种松散合作型组织结构。该类组织结构以团队为基本单位,企业内部部门之间和员工之间的团队合作方式得到肯定和发展,这种团队还跨越企业本身的界限与企业外部的其他团队组成联合体。无边界企业联合体的成员会不断发生变化,但是整个团队的目标可以得到保持和发展。

优点:具有极大的灵活性,可以更好地适应企业国际业务多样化发展的需要;可以利用企业不同团队的优势,加快新产品研发和开拓市场的速度;可以通过加强企业内外部人际的沟通与交往,促进劳动效率的提高;可以减少管理层次,降低管理成本。

缺点:目前缺乏有效的跨企业的团队管理方法,这种组织结构通常更适以产品和市场为导向的企业,难以形成企业的全球战略和实行全球一体化经营。

第二节 跨国公司组织结构形式

一、法律组织形式

企业在国际化经营过程中,经过对外直接投资,到海外设立分支机构,从法律形式上看,形成了母公司、分公司、子公司等结构。

(一) 母公司

一家公司如果拥有另一家公司的股权,并足以控制后者的业务活动,则该公司就是母公司,而另一家公司或其他几家公司就称为子公司。母公司的形成与控股公司的发展有关。一般来说,各国法律都规定,控股公司必须掌握其他公司的控制权。控股公司通过掌握其他公司的股权,就能以较少的资本控制许多公司的生产经营活动,从而维持其垄断地位。这种控制其他企业的公司也就成为母公司。

控股公司按是否从事工商业经营活动可以分为纯控股公司和混合控股公司两种。纯控股公司只掌握其他公司的股权或有价证券,不再从事其他的业务活动,也不参与被控制的企业的经营管理活动。混合控股公司则既进行控股参股活动,又从事其他的工商业经营管理活动。混合控股不仅盛行于制造业,在金融业也十分流行。

一般来说,跨国公司的母公司是一种混合控股公司,母公司掌握和控制子公司的股权,通过人事参与、战略管理和大政方针的决策,将子公司的生产经营活动纳入母公司经营战略的轨道。

为了有效、全面控制海外子公司、分公司的运作,母公司必须做到:①制定整个公司的总体经营战略。②组织公司的生产、销售活动,开发公司所需的技术。③收集、处理、分析和提供各种信息。④确定母公司、分公司、子公司之间的转移价格。⑤负责海外机构的重大人事安排、培训等。⑥制定各种惯例标准、行动守则,包括公司惯例程序、仲裁标准、管理准则、评价指标体系以及晋升奖惩制度等。⑦处理与公司之间、分公司之间的各种冲突、纠纷,以保证海外机构工作的自主性、积极性与创造性。⑧向海外机构推广新的管理技术与管理方法。

(二) 分公司

分公司是指公司的直属分支机构,无独立法人地位,必须正式授权东道国的某一公民或公司担任母公司在法律上的代理人,由母公司直接领导并对其控制。

分公司的基本特征是:①使用总公司名称,没有自己独立的名称;②股份资本完全属于母公司;③没有独立的资产负债表;④以总公司名义,受其委托进行业务活动;⑤其清偿责任不限于分公司的资产,而是整个母公司的资产。

企业在国外设置分公司的有利方面,主要体现在以下三点:①设置程序简单。分公司不是独立的法人,在设置上只需以母公司的名义向所在国的有关管理部门申报即可。②管理机构精练。分公司在所有的经营决策上均服从于母公司,不需要过多的管理部门与层次,只需保证顺利地执行母公司的决策即可。③直接参与母公司的资产负债。分公司自己不具有资产负债表,其收益与亏损都反映在母公司的资产负债表上,而且直接分摊母公司的管理费用。

企业在海外设立分公司也有不利的方面,主要体现在以下三点:①母公司要为分公司清偿全部债务。在特殊情况下,所在国的法院还可以通过诉讼代理人对母公司实行审判权。②母公司在设置分公司时,所在国的有关部门往往会要求其公开全部的经营状况,这不利于母公司保守其财务秘密。③所在国往往关心自己本国的企业,一般很少关心国外分公司的经营状况。

(三) 子公司

子公司是指那些资产全部或部分为母公司所拥有,但根据所在国的法律在当地登记注册的独立的法人组织。子公司在法律上的独立性主要表现在:①有自己的公司名称、公司章程和资产负债表。②可以独立地召开股东大会和董事会。③以自己的名义开展各种经营活动,有诉讼的权利。从经营形式上看,子公司可以是母公司的独资企业,也可以是母公司的合资企业。

企业在海外设置子公司有利的方面是:①子公司可以使母公司以相同的资本额控制更多的企业,即母公司原用于控制分公司的百分之百的股份,可以分成若干部分分别控制不同的子公司。②子公司独立承担债务责任,减小母公司的资本风险。③子公司可以有较多的资金来源渠道,充分利用所在国的资金市场。④子公司可以享受所在国的税收优惠政策,同时,子公司之间、子公司与母公司之间可以充分利用转移价格、转移利润达到少纳税或不纳税的目的。⑤子公司具有所在国企业的形象,可以被当地接受,在经营业务上也很少受到限制。

企业在海外设置子公司不利的方面是:①子公司在国外注册登记的手续比较复杂,需要经过严格的审查程序。②子公司在所在国除了缴纳所得税以外,还必须缴纳利润汇出税、预提税。③子公司不能直接分摊母公司的管理费用。

二、管理组织形式

跨国公司的组织管理模式是指跨国公司的管理制度和管理方法,包括管理机构的设置、管理权限的划分和管理形式等。控制模式有分权模式、集权模式、集中控制与分权相结合的混合模式三种。

(一) 分权模式

分权模式是以子公司及分支机构为中心的管理模式。在这种模式下,总公司通常只对重大的方针、政策及战略等作出规划,而对各子公司及分支机构的生产、销售及财务等不直接控制,只是给予必要的监督和调控。子公司是实现利润的独立核算单位,对产品设计、原料采购、成本核算、产品制造和销售有独立决策权,在完成总公司规定指标外,可以自行增加生产任务,子公司之间允许进行竞争。

促使企业采取分权与自主决策的组织结构原因是多方面的,主要有以下几个方面。

1. 当地市场需求的差异

从事国际经营的企业在东道国进行竞争,如果当地竞争者采取本土化的战略,提供的产品极富地方特色,那么对采取集权化的外国公司来说,提供的是全球一致的产品,就很难与其竞争,并占据一席之地。为了适应当地市场的需求,企业常需要建立迎合当地需求的本土化战略,掌握当地的消费偏好,调整产品与经营。总部集权的公司提供标准化的产品,即使成功地进入一个国家,也不能获得较好的收益。对于食品、饮料、化妆品、日用品等产业在调整产品适应当地偏好方面尤为重要。像食品需要有口味方面的调整,以满足当地消费者的要求。

2. 当地渠道设置与配送

当地渠道建设对国际经营至关重要,但渠道具有明显的当地特色。对于市场运作规则不太健全、市场成熟度不高的国家来说,跨国公司最感困惑的可能是对流通渠道的把握。在当地市场,外来的公司常常有"强龙斗不过地头蛇"的感觉,当地市场的地区分割、极大的地区差异、不同城市的差别以及中间商的短期利益驱动、信誉、道德、能力、素质、中间商之间的争夺等因素,使外国公司、厂家深感分销通道运营的困难。有些发达国家在分销渠道上的特殊性也会造成进入市场的困难。例如,日本独特的多层分销体系、流通体系与制造企业和银行之间的关系,使外国企业要想进入日本市场,只能采取与日本企业合作的方式。应该说,分销配送是极具当地色彩的业务。

3. 政府保护与贸易壁垒

当一国进口品增加超过政府所能容忍的数量时,东道国会采取相应的保护国内市场与企业的做法。对于一些重要的产业,东道国也会对外国资本有所限制,这些产业不对外开放。对本国市场的保护,政府除了用关税等手段外,还会使用进口许可、数量限制、政府补贴等非关税壁垒。在这种情况下,进入东道国市场可能只剩下合资方式了。

4. 文化因素

当地文化、习俗、消费习惯、价值取向、经营惯例、市场风格等方面也会影响外国企业在当地开展经营的形式。外国家电企业在中国市场经营10多年,几起几落,积累了相当的经验、教训。外国企业终于认识到,中国市场虽然巨大,但绝非一个统一的市场,不同地区的区域文化、经营惯例和市场风格以及地方分割与保护,造成了中国市场的分割状况。菲利普·科特勒(Philip Kotler)的《营销管理》(亚洲版)一书告诫跨国经营者:要注重权利与公共关系;可口可乐推行"思考本土化、行动本土化";摩托罗拉的要以中国为家,比中国公司更中国;飞利浦说不要视我为外国公司。外国企业认识到,在中国这样的市场,要成功,就要做成一个地地道道的中国公司,把洋品牌做土。这充分表明了国际经营本土化的重要性。

(二) 集权模式

集权模式是一种以母公司为中心的管理体制。在这种模式下,公司总部是最高的统一指挥机构,规定子公司的经营目标和策略;总部听取子公司汇报,发布指示;总部定期、不定期检查子公司计划执行情况,协调各子公司业务活动。

集权与掌控组织结构的决定因素也有许多,主要包括以下几方面。

1. 规模经济 在全球经营背景下追求组织的高效率,在很大程度上与规模经济相关

企业在某些特定的区位进行大批量生产,形成规模经济而最终获得效益。在研究与开发方面,集中于一个或少数几个地点,也可形成规模效益。企业的研究与开发费用通常有限,把企业研发活动集中起来,可获得相互协调合作的好处,知识可共享。从总体上说,

生产制造、研究开发的地点越少,企业就越能控制质量、速度、成本、供应等成功的关键因素。在各产品线相似、产品多样化程度低、市场需求相似、各业务单位相互依赖程度高的情况下,规模经济成为提高效率的关键,企业必将采取集权的方式来保证规模经济的实现。

2. 需求同质化趋势

当产品处于生命周期的成熟阶段,用户对产品的需求趋于同质化,此时多半从产品的质量、价格及性价比角度来考虑选购。在这种情况下,集权与强化的控制组织形式常常是首选的结构形式。随着信息化的发展,网络拉近了时空距离,厂商与用户的距离更近了。广告带来大量信息的同时,也改变了不同地区的习俗与消费方式,人们更易通过学习来采取趋同的生活方式。例如,人们习惯于在大型超市里购买日常生活用品。

3. 生产投入品的全球筹供

随着竞争的日益激烈,为保持竞争力,企业需要以最符合成本效益的方法来获得高品质产品的投入供应品。有些企业生产的关键投入品如矿石因高额的运输成本而必须把生产地设在靠近原材料生产地的地方。对劳动密集型产品的生产以及想获得低廉能源的企业来说,也都必须把生产地设在靠近该投入品的产地的地方。生产投入品的全球筹供,可以通过筹供工作的整合,大幅度地降低供应成本。许多跨国公司为此设立了公司集中的采购机构,负责全公司的大宗投入品的购买。

4. 目标市场的全球化

跨国公司在确定全球经营战略时,服务于全球用户是其重要的立足点。全球竞争必然导致本国市场对本公司产品的有效需求不足,公司将不得不在国际市场上寻求新的市场空间。

5. 竞争对手的全球化

以全球化为目标的跨国公司,不断地开拓全球各地的不同市场,这对只为国内市场服务的企业来说是一个巨大的威胁。不论是子公司还是母公司,都需要全球协调、联合行动,以应对国际竞争。在全球化的压力下,集权是企业调动内部与外部全部可用资源,组织力量开展竞争的有效途径。

(三)集中控制与分权相结合的混合模式

混合模式是一种集权与分权相结合的管理模式。在这种模式下,重点决策权和管理权集中于公司董事会与总经理,具体安排和业务经营权分散于各个子公司。

集权与分权的决策各有利弊,所以企业在组织机构设置和决策管理制度的确立上采取混合模式,可以充分利用集中决策的各种优势,如协调各部门和子公司的活动、降低成本、节约开支,从战略和全局的高度制订企业总的战略和目标,实现企业整体最优。同时,也可以运用分散决策的有利一面,如灵活、及时地处理千变万化的国际经营活动,当机立断地作出决策,激发下属机构或部门的经营主动性和积极性,能使公司总部管理层从繁杂的具体工作中解脱出来,专注于全盘战略和发展方向方面的思考与决策。

第三节　跨国公司组织结构的设计与选择

一、设计原则

一个有效率的组织必须遵循"战略决定结构"的基本原则。美国学者迈克尔·杜尔(Michael Duerr)和约翰·罗奇(John Roach)曾指出,一家跨国公司的组织结构设计一般取决于企业对三个战略问题的考虑。这三个问题是:如何促使以国内市场为主的企业充分利用国外的发展机会?如何在协调全球业务方面将产品知识与地理地区知识最有效地结合起来?如何协调好在许多国家内的附属机构的业务活动,同时允许这些附属机构保持其相对独立性?

(一)国际化与本地化平衡原则

跨国公司总部应当是多中心的,其内部可以形成多元化的网络状中心,使不同国家的分公司在网络状结构中有效发挥其独具特色的作用,并能在不同的下属分公司间进行高效的资源配置与转移,以产生"黑了南方有北方"的一体效益,实现跨国公司全球运作的最优化。

(二)合理化与灵活性原则

合理化是指跨国公司的结构必须能够对成本、技术、市场进行最优化组合,对于每个产品合理地确定生产地点和市场营销策略,以获得规模经济。所谓灵活性,是指跨国公司必须使其结构能够自动地快速地适应国际市场竞争态势,具有自我调整功能,同时也具有显示跨国公司结构变革需要的早期预警机制。

(三)扁平化原则

扁平化原则的基本思想是:一个组织的管理层次越少越好、越简单越好,管理者的"管理幅度"将被拓宽。

(四)文化适应性原则

一个组织结构必须与它的环境相适应,这里的环境包含组织所在国家的民族文化这一内涵。由于文化具有差异性,人们对组织的理解及组织权力分配的态度、对组织内部人际关系的想法,以及人们在组织中的活动方式等都是具有差异性的。

二、跨国公司组织结构的设计

企业的组织结构设计与企业的生命周期的长短有着密切的关系。在激烈的国际竞争中,企业不进则退,只有不断创新,形成自己的组织优势,才能在竞争中生存和发展。世界上一些大型和超大型跨国公司之所以能够历经百年而长盛不衰,重要的原因之一就在于其组织不断地创新、滚动地发展,如在半导体和通信领域久负盛名的美国摩托罗拉公司从当年750美元、5名雇员起家,发展到一个全球性的跨国公司,它的发展过程就是企业组织结构不断创新的典范。

(一)跨国公司的生命周期与组织结构

企业种类繁多、差异很大,不同企业的生命周期差别也很大。有的企业昙花一现,尚没有形成大的规模就夭折了;有的企业虽然形成了一定的规模,但在建立现代企业制度、以科学的管理手段持续发展的路上败下阵来;而有的企业却经久不衰,规模越来越大,如荷兰飞利浦公司、美国通用电气公司等。企业的生命周期大致可以归纳为创业、规范化、成熟和衰退四个阶段。在不同的发展阶段,企业组织结构各不相同,采取的调整策略也不相同。

创业阶段是企业的幼年时期。在这一阶段,企业规模小、人心齐、关系简单,一切由投资者指挥,高层管理者直接设计企业结构和控制系统。企业能否生存、发展,完全取决于高层管理者的素质能力。

规范化阶段是企业的青年时期。在这一阶段,企业在市场上初步获得成功,人员迅速增多、企业不断壮大。投资者经过不断的磨炼成为管理专家,或者引进有管理企业才能的专门人才,重新确立发展目标,按照权力等级建立各个部门,职工情绪饱满,对企业有很强的归属感和自豪感。企业系统内沟通和控制机制还基本上是非正式的,仍由具有很高权威的领导者主宰一切。

成熟阶段是企业的中年时期。在这一阶段,企业已经有相当规模,增加了许多参谋和辅助机构,制定了一系列加强管理的规章制度,高层与中下层管理者建立了正式的协调控制系统,有明确的分工,按规范化、程序化的模式进行工作,秩序井然。这时企业容易出现惰性,随着时间的推移,企业可能会出现信息失真、指挥不灵、工效不高等"大企业病"。

衰退阶段是企业的没落时期。在这一阶段,企业管理不善,员工人心涣散,利润大幅度下降,出现严重亏损,难以生存。

(二)跨国公司的组织设计

前面已经讨论了现有组织结构的构成。一个有效率的组织必须遵循"战略决定结构"的基本原则。由此,企业必须首先制定国际经营战略,然后在战略的指导下,实施战略目标目标,确定能有效实施这一战略的组织结构。一般情况下,我们需要考虑多种关键因素,组织结构必须根据多个因素的相互作用而设计,但在某些特定情况下,有些关键因素会起到至关重要的作用,组织将依此设计。

(1)国际经营在企业经营中的地位,企业要分析当前与未来国际市场的相对重要性。如果企业目前只有不到10%的国际业务,也许一个出口部的设立就可以完成业务工作,因此企业采取出口部结构能适应经营上的需要。如果企业预计在未来几年内国际业务将增长到总业务量的25%以上,企业就需要考虑建立国际化结构或全球结构,否则企业将难以处理由业务快速增长所带来的组织结构问题。总之,企业要根据国内市场和国外市场的相对重要性与企业发展战略来进行结构的设计。

(2)企业从事国际经营的历史与经验。如果一个企业只进行很少的国际经营活动,它就应该选择容易理解的和简单的组织结构。如果企业在国际市场中经营了几十年,积累了丰富的经验并配备了熟练的经营者,企业就有条件选择较为复杂的结构。一般在企业国际经营的初级阶段,企业常把国际经营从国内经营中分离出来,设立基本的组织来集中处理业务。而在高级阶段,企业国际经营活动日益广泛与复杂,组织结构的考虑与设置将更多地从如何协调企业内部之间的关系与活动,以充分发挥企业内部潜力的方向着手。

(3) 企业经营性质与产品战略。选择企业结构形式,也要考虑企业经营的性质与产品战略。如果企业只生产少数几种产品,市场相对集中,产品的市场调整不太多,那么全球职能结构将会十分有效,是企业的首选结构,当企业产品线不多,最终用户市场、营销手段与渠道具有相似性,那么,全球地区结构比较适合。当企业产品线多、最终用户分散、涉及高技术领域,那么全球产品结构就具有较大的优势。

(4) 企业管理特色与经营哲学。有些企业成长较快,又愿意冒经营的风险和不断调整组织结构,而有些企业比较小心谨慎,只有在迫不得已的情况下,才改变其结构。同样,国内总部对海外经营保持严格控制的公司与那些给予地方子公司自主权,鼓励它们自主决策,以保持在当地竞争力的公司相比,会采取不同的组织结构。欧洲一些跨国公司其经营哲学使企业更倾向于选择有利于实行集中管理的结构形式,职能结构比较广泛地被使用;而美国的跨国公司倾向于采取分权决策的结构,为使这种结构更有效地运行,常设立某些控制机构,如设置利润中心来实施控制、监督与协调职能。因此,许多美国公司在产品结构和地区结构的基础上建立公司的组织结构。另外,企业对业务经营的控制方式也有差异。例如,日本跨国公司乐于采用非正式的控制方式,而美国跨国公司则更倾向于使用预算、财务数据以及其他正式的管理工具。

(5) 企业对重大组织结构变动的适应能力。企业在国际经营中随着销售量的不断增长,将不断调整组织结构以与之相适应。但组织结构的较大调整都会打破原有的结构与内部工作关系,如国际业务的增加将会要求国内部分经理放弃一部分权力,国内经营业绩对整个企业的影响力也会下降,如果他们不愿意这样做,有时则会用业绩来阻止变动。一些经理在不愿意放弃自己的权力时,他们往往会建立一个属于自己的小独立王国。当企业调整能力有限,主观上又不想做大的调整时,有时会不得不采取一些非正式的局部结构变动,以获得一个重大变化所可能带来的益处。

企业组织结构的最终选择,属于企业最高决策层。但是,在实践中,最高决策层一般很少把一个重大变动的决策强加给那些直接受到这一决策影响的人,而是反复考虑人事安排问题,最终将出台一个企业与个人均能接受的方案,其应是一个既考虑组织变动要求又人性化的组织结构形式。有时候这个结构并非理论上的最佳方案,而是一个妥协折中的产物。

三、影响跨国公司组织结构选择的因素

选择合理的组织结构是跨国公司的一项重要任务。但现实情况表明,任何组织结构都不是完美无缺的。因此,跨国公司要实现组织结构上的"完美",就要根据自身的特点和条件,选择自己需要的组织结构;同时还要随着企业战略及经营环境的变化,及时对组织

结构进行调整。在选择组织形式的过程中,主要考虑如下四方面因素。

(一)企业战略

企业战略是企业选择组织结构的依据。组织结构要适应企业战略的需要,保证企业战略目标的实现。美国经济学家艾尔弗雷德·D.钱德勒(Alfred D. Chandler)曾经提出"结构跟随战略",他在研究美国企业组织结构和经营战略的演变过程时发现,企业组织结构是随着经营战略的变化而变化的,也就是说,企业组织结构不仅具有多样性特征,还具有动态适应性特征。企业的经营战略决定着企业组织结构模式的设计与选择,反过来,企业经营战略的实施过程及效果又受到所采取的组织结构模式的制约。两者的关系类似经济基础与上层建筑的关系:战略重点决定着组织结构,战略重点的转移决定着组织结构的调整,组织结构制约着战略重点的实施。随着企业涉外业务的增长和国际化程度的加深,企业内部的组织结构也会相应发生变化。

(二)企业规模

一般来说,规模较大的公司比中小型企业的组织结构要复杂,因为随着企业规模的扩大,企业内部需要更具体的专业化分工,必然需要组织结构在设计上有利于企业内部信息传输、收集和整理,以方便管理和控制。随着企业国外规模的扩大,企业的组织结构也趋于复杂。

(三)企业技术

在组织结构与企业所采用的技术之间的关系方面,伍德沃德(J. Woodward)和他的助手们曾经进行过许多专门的研究。他们分析了美国100家公司,并按生产方法的"技术复杂性"标准将公司分类。这一研究鉴别出下列三种生产技术方法:单件或小批量生产,如顾客定制的产品;大规模或大量生产,如装配线式生产;连续性生产,如化工或炼油厂。单件生产技术方法位于技术复杂程度的低端,而连续性生产方法则位于技术复杂程度的高端。根据上述的三种生产技术方法,有24家公司划为单件或小批量生产;31家被划为大规模或大量生产;25家从事连续生产。这项研究表明对于每一类型的技术来说,都有一个最佳的组织结构。

(四)环境状况

环境对组织结构的影响主要表现在对企业职务和部门设计、各部门关系、组织总体特征的影响上。环境是组织变革的动因,外部环境包括整个宏观社会经济环境变化、科技进步及资源变化的影响和竞争观念的改变,内部环境包括组织机构适时调整、保障信息畅通、克服组织低效率、快速决策、提高组织整体管理水平的要求。组织变革就是组织根据内外环境的变化,及时对组织中的要素及其关系进行调整,以适应组织未来发展的要求。目前在环境和组织结构方面有许多研究,大多数研究结论表明,对于一个特定的企业组织来说,最有效的组织结构在某种程度上取决于它所处的环境状况。

即测即练

第七章 跨国公司的人力资源管理

第一节 跨国公司人力资源管理的概念

一、跨国公司人力资源管理的定义

随着世界经济的全球化,更具全球性的跨国战略正日益受到欢迎,而成功实施跨国战略的一个关键因素是运用适当的人力资源管理政策。因此,在国际企业管理中,人力资源的管理是一个极其重要的方面。合格的、有知识的人员是一个组织中最基本的资源。企业所拥有的设备、技术、资金和信息,归根到底要由人来发挥它们的作用。企业的竞争实际上是人才的竞争。安排合适的人选在适当的工作岗位上,并最大限度地发挥他们的积极性,是国际企业取得成功的关键所在。人力资源管理对国际企业而言尤为重要。国际企业人力资源管理与一般企业相比,在管理上涉及的面更广。

一般的人力资源管理职能可分为人力资源规划、组织设计与工作分析、员工招聘、培训开发、绩效考核、薪酬激励、人力退出等部分。但是,跨国公司人力资源管理至少还需要包括另外两个方面内容,即关注外部环境的多变性(比如国与国之间文化的冲突等相关因素)和内部条件的差异性(比如雇员之间在国籍种群、需求类型等方面的多样性因素)。

跨国公司人力资源管理和一般人力资源管理之间的差异性,要求企业必须克服在跨国环境下管理人力资源的困难,在国际运营上实行更有效的人力资源战略。在跨国多元的环境下,国际人力资源管理需要对当地语言、文化、政治和法律的差异十分敏感,及时地发展出不同的政策来应对不同族群以及不同文化的需要;尤其当跨国公司在不断地扩张边界时,要求跨国公司具备更加开阔包容的胸怀和灵活应变的手段来加强各种不同人力资源的功能。

二、跨国公司人力资源管理的支持内容

许多跨国公司将人才战略和人力资源管理看成其重要的资产,但是要顺利完成其使命却十分艰难。因为真正专业化的跨国公司人力资源管理应该包括以下方面的支持内容。

(1) 从市场上是否能够吸引到足够的适合本企业需要的员工?
(2) 是否能够找到最好的国际人力资源管理专家并发挥他们重要的作用?
(3) 企业的软、硬件环境是否适应实施跨国人力资源管理工作的需要?

（4）企业战略能否适应人力资源管理本地化模式的需要？
（5）能否发挥母国的优势以适应跨国人力资源管理创新模式的发展？
（6）是否能够消除语言的障碍并熟悉不同国家之间的文化差异？

三、跨国公司人力资源管理的指导思想

跨国企业管理工作的调查报告显示，跨国公司人力资源管理在企业跨国经营中扮演了战略伙伴、人力资源专家、员工代言人和变革代言人四个主要角色。战略伙伴是指建立与跨国企业战略一致的人力资源战略，用实实在在的人力资源计划来体现跨国企业的经营方向；人力资源专家是指每个跨国企业都具备一些主要的让个人在跨国企业中成长，通过跨国企业的组织层次不断提高的人力资源管理程序；员工代言人是指跨国企业人力资源管理人员应与员工进行经常的沟通，讨论他们关注的问题，使跨国企业的人力资源政策和工作程序能被公平地、持续不断地贯彻下去，同时也使高层管理者了解、知悉员工的心声，从而使员工的权利得到保障；变革代言人是指跨国企业人力资源管理部门应着眼于企业内的任何变革的建议，向参与变革的人告知和解释人员及企业文化的影响，使变革发生并评估变革的成功与否。由以上四个主要角色可以看到，跨国公司人力资源管理的指导思想或原则应是如下几点。

（1）必须确保企业人力资源战略与跨国公司经营战略的一致。
（2）必须聘用适当的人使他们在恰当的职位上发挥最大的效能，同时使他们获得恰当的奖励和个人发展机会。
（3）必须成为员工与管理层之间沟通的桥梁，确保管理决策意图下达，同时使下情上达。
（4）必须成为跨国企业变革的支持者和监护人。

第二节　跨国公司人力资源管理基本模式

一、民族中心主义

民族中心主义，即人员管理模式偏向母国模式，从母公司选拔或在母公司公开招聘人员，经过必要的培训后派往海外公司担任经理或其他重要管理岗位。在"民族中心"模式中，本国的文化、价值观和商业活动占主导地位，由总部制定出一套管理和安置员工的制度并在全世界范围内统一推广。采用这种模式的公司遵循如下假设：本国的模式是最好的，所有的子公司都可以并应当通用。来自总部的经理负责关键决策并占据子公司中的重要管理职位以保证该模式的执行。

民族中心主义有它的优点，具体如下。

（1）有利于母公司与子公司之间的有效沟通。母国派出的经理熟悉母公司的情况、习惯做法以及人事状况等。同时他们了解母公司的战略、目标、政策和经营观念等，因而较容易与母公司进行有效的沟通，而从东道国或第三国中选拔就很难做到这一点。

（2）有利于母公司对海外子公司的控制。派母公司员工，尤其是母公司人员担任海

外子公司经理,他们与母公司可以保持紧密联系,并忠于母公司,从而加强母公司对子公司的控制。

(3) 有利于母公司的新产品和新技术引入海外子公司。一般来说,跨国企业的生产技术大多是由母公司发展起来的,因而母公司人员比东道国人员更了解母公司的生产技术,这就有利于将新产品、新技术引入海外子公司。

(4) 有利于保护海外子公司的利益。当海外子公司的利益同东道国的利益发生冲突时,如果东道国公民担任子公司经理,他可能把自己的民族利益放在首位。而母国人员在同样情况下则倾向于母公司的利益。

(5) 有利于母公司培养自己的国际经营管理人才,扩大自身国际经营管理人才队伍,提高管理人员的素质。

民族中心法也有许多缺点,主要问题包括如下几方面。

(1) 若被派遣人员不了解东道国的语言、文化、政治、经济和法律制度,就会遇到很多障碍或感到极不适应,驻外经理适应所在国的环境需要很长一段时间。在此期间,母国人员对子公司的日常经营活动可能会作出错误或不当的决策。

(2) 母国人员和东道国政府及各部门,以及同公司上下级难以进行有效沟通。特别是母国成员同子公司的当地员工之间,由于价值观念、处事态度差异以及语言上的障碍,很难进行合作与沟通。

(3) 母国人员和所在国人员的待遇差距过大时,所在国人员可能认为是不公平的。

(4) 这种政策限制了所在国人员的晋升机会,可能引起士气的下降和人员流动频繁。

(5) 派遣本国人经营海外子公司,他们往往忽视东道国环境条件的重要性,而盲目将本国的管理方法搬到海外的子公司去实践。

(6) 民族中心法也和东道国政府关于管理人员本土化的希望相矛盾,不利于改善同当地政府的关系。

(7) 派遣母国人员的费用可能大大高于雇用本地人员的费用。跨国企业不但用于选择和培训海外子公司经理的费用高,而且还要负担这些经理及其家属在海外生活的大额支出,因而造成人事成本过高。

二、地区中心主义

地区中心主义的国际人员配备方法主要反映跨国公司战略的结构。希南(Heenan)和帕尔默特(Perlmutter)将此方式定义为多国基础上的功能合理化组合。具体组合随公司商务和产品战略性质而变化。但对跨国公司来说,方法之一是把它的经营按地理区域划分,人员在地区间流动。如一家美国公司可能形成三个地区:欧洲地区、美洲地区和亚太地区。欧洲人员将在整个欧洲范围内流动,如英国人到德国、法国人到比利时、德国人到西班牙。从欧洲地区调到亚太地区的人员很少,这些地区的人员调到美国总部的情况同样也很少。

在地区中心模式中,并购企业沿用母公司原来的高管人员设置模式,没有完全本土化。

跨国公司在实施地区中心主义人力资源战略时,采用了多种多样的方案来支持这一战略的实施。

(1) 直接聘用本土员工。高薪直接聘用中国本土的员工是跨国公司实施人才本土化的最基本的战略。另外，规范的管理制度、公平的发展环境、完备的职业生涯开发设计、先进的人力资源管理方法都成为吸引本土人才的亮点。正是这些措施的实施，使得外企特别是大型跨国公司成为本土优秀人才就业的首选。

(2) 开设研究院。高素质的技术人员、研究人员、管理人员是跨国公司的主要猎取目标。通过在中国设立研究院，跨国公司一方面可以对中国市场有更好的研究理解，另一方面可以吸引更加高端的本土人才。因此，跨国企业纷纷在华设立研究院，并扩大研究院的规模。如大众汽车集团就于2019年在华成立了"亚洲未来中心"；2021年奔驰公司在北京设立的中国研发技术中心启用，2022年3月，奔驰宣布在上海成立研发中心，进一步扩大在华布局，截至2023年年底，奔驰两大研发中心研究人员已达到2 000人。

(3) 设立培训中心。很多跨国公司通过设立"管理学院"或"培训中心"来加快人才本土化进程。如摩托罗拉组建了摩托罗拉大学，开设了通信技术、工商管理、市场营销等专业，每年该公司都要挑选一批本土大学生进行培训，学习有关业务知识及公司的企业文化，培训的短期目标是使他们成为中高级管理人员，长远目标是成为高级管理人才。另外，一些跨国公司还积极与国内高校合作，共同建立培训基地，如清华大学就与丰田汽车、微软、英特尔、西门子、日立、BP、宝洁、日产、通力电梯、大金等知名跨国企业和机构有密切合作，并设立了为跨国企业全球高管定制中国营商研修项目。

地区中心法的人员配备政策是招聘所在国人员管理其当地的子公司，而母国人员在母国总部任职。这种方法的主要优点包括以下几方面。

(1) 消除语言障碍，避免驻外经理人员及其家庭的适应问题，并免除昂贵的文化适应等培训开支。

(2) 避免一些敏感的政治风险。

(3) 费用不高，即使使用额外一些费用吸引高层次的人才，费用也不高。

(4) 保持子公司管理的连续性。这种方法可以避免像民族中心法那样使重要的经理离职。

其缺点有如下几方面。

(1) 子公司与母公司缩短距离上的困难。语言障碍和国家忠诚的冲突以及一些文化差异，如个人价值观、管理态度的差别等，都会使总部与子公司产生隔阂，结果可能会使总部难以控制子公司。

(2) 所在国和母国经理人员的职业生涯问题。子公司的经理很少有机会到国外获得国际经验，也无法晋升至子公司之外的更高层。母国经理也只是很有限地获得国际经验，高级经理人员很少从事国际经营，长期下去将制约战略决策和资源分配。

(3) 在地区内可能形成"联邦主义"，而不是以国家为基础，从而限制了组织的全球立场。

三、全球中心主义

通用电气公司前CEO杰克·韦尔奇(Jack Welch)曾说："全球化已经成为不容忽视

的现实。衡量企业(业绩)成功与否的标准只有一个：国际市场占有率。成功的企业通常依靠在全球各地找到市场而获胜。"随着世界经济全球化进程的不断加快,市场已不再是某一个国家内部的市场,客户也不再是某一个国家内部的消费者,企业所面对的外部经营环境已经变成了世界的、超越国界的。企业只有在世界市场上取得成功,才能称得上真正的成功。企业"走出去",开展全球化管理已成为一个必然的发展趋势。

全球化的人力资源管理模式,也称为全球中心模式,是指在全球范围内配置母国人员、东道国人员和第三国人员,即在整个组织中选择最佳人选来担任关键职位而不考虑其国别。

法塔克(Phatak)认为执行这种人力资源管理模式的可行性基于如下五种相关假设。

(1) 无论是总部还是子公司都会获得高素质的员工。

(2) 国际经验是高层管理者成功的条件。

(3) 有很强潜在能力和晋升愿望的经理可以随时从一个国家调到另一个国家。

(4) 高素质和流动性的人具有开放的思维与很强的适应能力。

(5) 那些开始不具备开放和适应能力的人到国外工作后可以积累国际经验。

显然,与其他两种人力资源管理模式不同,人力资源全球化的实施者认为只有不同文化的融合才可能真正减少文化差异带来的副作用而激发文化差异对组织效率的促进。

全球中心的人力资源管理模式,从全球范围内选取最合适的人,而不考虑其国别,这无疑是基于战略的综合型的人力资源管理模式。它满足了跨国公司对人才的多元化需求,利于公司打造一支国际高层管理队伍,并为公司的不断成长注入最合适、最优秀的人才。但是,真正实现全球化人力资源管理模式的跨国公司并不多,随着管理实践的不断深入,跨国经营的人力资源管理越来越重视人力资源的本土化。

可口可乐公司的全球中心模式是在世界范围内招聘和选拔雇员,满足当地对高管人员的需求,同时在全球范围内培养和配备人才。可口可乐公司将人力资源管理的重点放在协调全球目标与当地反应能力上,将文化差异转化为企业经营的机会,使用不同国家的高管人员来提高企业的创造力和灵活性,并为有潜质的管理人员提供成长的机会。与可口可乐公司相似,爱立信公司也是采取全球化的人才配置策略。

十几年前,在华跨国公司中,员工特别是高层管理人员绝大部分是外籍人员的现象已不复存在,取而代之的是跨国公司人才本地化战略。在这一战略的实施过程中,我们可以清晰地看到本土人才在跨国公司中扮演了越来越重要的角色。

(1) 本土化程度迅速提高。总部外派人员在跨国公司雇员人数中所占比例相对于企业建立初期呈下降趋势,在招聘中本土人才的比率却在大幅增加。美中商业与贸易发展委员会发布的"在华外企人力资源状况分析"调查报告显示,早在2008年,在华跨国公司和外资企业本地化平均程度就已超过90%。沃尔玛中国官方数据显示,全球最大的零售商沃尔玛在中国已基本实现了员工的本地化,中国公司中已经有超过99.9%的员工来自当地,并且所有的商店全部都由中方员工直接管理。饮料巨头可口可乐公司在中国的本土员工则达到了1.5万人,占据了可口可乐(中国)总员工的99.5%。

(2) 本土化层次不断提高。在跨国公司人力资源本土化的过程中,高层本土化趋势明显增强。其中,管理人员和研发科技人员的比例提高很快。据联合利华中国官网数据显示,联合利华中国区工作的管理团队中,90%的管理人员来自中国本地的招募和培训。同样的,医疗器械生产企业荷兰皇家飞利浦公司的中国子公司中也有超过九成的管理人员是中国本土的人才。而在2021年,快消巨头宝洁则迎来了中国区史上第一位本土CEO。

全球中心模式是在整个组织中选择最佳人员来担任关键职位而不考虑其国别。这种方法的主要优点包括:跨国公司能组建一支国际高层管理人员队伍,并克服多中心法"联邦式"的缺点。

其缺点是:首先,所在国政府很想使本国居民被聘用,即使没有足够的拥有技能的人可录用,政府也将使用移民限制以促使本国人员被聘用。其次,陪同的配偶获取工作许可的困难性。再次,由于培训和重新安置成本的增加,全球中心模式的政策实施起来很昂贵,一个相关因素是需要根据标准的国际基本工资设计薪酬计划,这可能比许多国家的本国工资水平高得多。最后,大量的母国人员、其他国人员和所在国人员需被派遣至国外以建立和维护国际管理人员队伍,从而实施全球中心人员配置政策。

越来越多的跨国公司选择人才本土化的战略,其好处是显而易见的。

(1) 减少了因文化差异而造成的损失。跨国公司将生产经营范围扩大到母国之外,这就必然会面对文化差异,不能很好地处理必然会给公司带来巨大损失。如在对当地员工进行管理时,处理不好文化差异,会极大地挫伤员工的积极性,导致生产水平的降低;在相应的公司、政府部门进行公关交涉时,文化差异就会直接影响公司的社会关系,影响到公司的战略发展。本土人才在当地文化的处理上具有先天的优势,再加上他们通常有着西方教育的背景经历,这就使他们身兼两长,既能很好地和当地员工沟通,有效率地同当地机构交涉,又能充分领悟总公司的战略,并将其同当地实际结合起来,更好地推动战略的实行。

(2) 更熟悉当地的经济法律制度。这些宏观环境对跨国公司在当地的发展具有很大制约作用,而本土人才的加入有助于公司更好地把握这些制度,并在这些制度范围内更好地运作,从而提高公司整体在当地商业环境中的运行效率。

(3) 降低了人力资源使用成本。由于跨国公司是在全球范围内寻求资源的最佳配置,因此,子公司使用所在地的人力资源成本往往低于使用母公司外派人员的成本,这一点在中国更是显而易见。使用比母国人力资源远低的资金成本就能吸引当地员工的加入,这给公司带来人力成本很大的降低。同时,随着中国高等教育的普及、劳动力市场的开放,充足数量并且优秀的人力资源在劳动力市场的自由流动也为跨国公司聘用本土人员提供了条件。

(4) 提升了企业形象,也使本土员工队伍更加稳定。跨国公司使用当地员工,充分表现出对当地市场的信任和依赖,也表现出对当地人民的尊重,从而在当地人民和政府社会眼中树立了好的形象。跨国公司人力资源本土化的进程中,会有更多的当地人员加入高层管理队伍当中去,这就给员工提供了更好的发展前景,从而打破了职业"天花板"。这有利于吸引更多的优秀人才的加入,并能留住更多优秀人才,在激励员工方面也起了很大的作用,从而使整个本土员工队伍更加稳定。否则,在劳动力市场流动加快和信息充分共享的今天,缺乏职业发展前景的员工必会流出企业而寻找更有吸引力的薪酬和职业发展,而原公司对其所进行的培训成本就难以收回,并且由于技术的适用性,员工往往会选择同原公司竞争的企业就职,这更加不利于公司的发展。

可口可乐公司在其100多年的发展历史中,绝大多数时期都是作为国际化公司在全球范围内开展经营活动。可口可乐官网数据显示,截至2022年,该公司在200多个国家拥有分公司,全球员工超过70万人。可口可乐公司的名言之一是:我们不仅需要对资金的投入,而且需要对人的投资。可口可乐公司国际人力资源管理战略的核心是,雇用全球最优秀的管理人才,以保证公司的全球经营绩效。为适应全球化发展的要求,可口可乐公司每年都要将大量专业人员及管理人员从一个国家调往另一个国家,而且这种跨国调动的人数正在逐年增加。

可口可乐公司的一位人力资源管理部门的经理对公司的这种战略做了如下评价:"最近我们得出的结论是,我们的人才必须多国化,再多国化……"为保证公司拥有足够的、可以适应全球竞争的优秀管理人才,可口可乐公司建立了自己独具特色的管理人才"蓄水池"。公司要求其业务部门中的每个部门都必须寻找、招聘和开发这样的管理人才,即使他们现在可能并不是公司所急需的,但未来他们必然是公司最需要的管理精英。一旦在全球某一个地区,由于业务发展的特殊要求,公司需要这些管理人才,就可以马上将他们安排到所需要的管理岗位上去。可口可乐公司的人力资源管理经理这样说:"用一句体育界的行话来说,我们公司必须有大量强有力的'板凳队员',他们随时可以被委以重任。"在可口可乐公司的经营战略中,对未来人力资源来源状况的预测是整个战略的重要组成部分,其中也包括公司制定的人员招聘与雇佣甄选(selection)标准。例如,公司一般期望应聘者能熟练掌握两门以上的语言。因为公司认为,这样的雇员可以随时被调往其他国家或地区工作。这种对国际化的强调,在可口可乐高层管理机构中也表现得非常明显。

第三节 跨国公司的招聘、甄选与配备

一、招聘与甄选的一般概念

一个组织在填补职位空缺之前,必须去找到这样一类人:能够胜任这个职位而且也是想要这份工作的人。

招聘是企业获取所需人才的主要手段和渠道,是企业为了生存和发展的需要,根据工作分析和人力资源战略规划的数量、质量与结构要求,通过信息的发布和科学的甄选,获得本企业所需要的合格人才,并安排他们到企业相关岗位上工作的过程。

员工招聘建立在企业人力资源规划和工作分析两项基础工作之上。人力资源规划决定了需要招聘的职位、部门、数量、时限、类型等因素,工作分析则对企业中各职位的任务、职责和所需的能力、素质、要求等进行分析,为招聘提供了主要的参考依据,同时也为应聘

者提供关于该职位的详细信息。

尽管招聘有时可能会非常花钱,但是很多企业已经把招聘看成和其他人力资源相关职能(如薪酬、考核等)一样重要和系统化。在未来几年,招聘的重要性和紧迫性将会越来越突出。随着知识经济的发展和企业之间竞争的加剧,争夺人才尤其是争夺那些对企业核心竞争力有重要意义的人才,将是企业人力资源部门的主要工作之一。从近些年的企业招聘实践可以看到,不仅在高科技人才领域,而且在一般制造业的高技能人才领域,都会出现劳动力短缺的问题,而这与同时存在的包括高校应届毕业生在内的大量人才的"供过于求"并不矛盾。这种现象说明,招聘与甄选对企业人力资源工作提出了更高的要求。不同国家(地区)或企业对人才甄选的标准和程序有很大的差异:更多强调个人主义的国家,如英国、澳大利亚、加拿大等,将工作面试、技能和工作经验作为最重要的甄选标准,这主要是关注现有能力。

近些年来,随着人力资源管理科学的发展,人才甄选技术不断进步。一般不同的职位候选人需要运用不同的甄选技术,实行分层分类的管理方法。比如最新流行的评价中心技术,主要运用于对中高级管理者或核心技术人员的甄选,并不是对所有候选人都适用。甄选方法的运用不仅要考虑到适应的对象,同时还有一个成本的考虑,等等。

无论如何,招聘与甄选必须关注企业的目标主要有四个。

(1) 填补企业内部短期的职位空缺,在质量、数量上满足业务运行的需要。

(2) 根据企业长期的发展要求,为企业未来发展提供适当的人才储备。如技术部门需要招一个技术人员,那就要考虑这个职位是否会长期发展、以后将发展到什么程度。

(3) 适应企业外部竞争的需要,把人力资源招聘与甄选作为企业竞争的一个重要手段。

(4) 实现最经济的人力资源获得方式,要考虑是否最经济、值不值得、投入产出如何。

二、跨国公司人力资源招聘与甄选的特点

一个企业从创立到发展壮大直至走出国门发展成为一个跨国企业,在一个复杂的国际环境下面临着更大挑战,它对精明的雇员的需求是越来越迫切的,而它所面临的选择也是多元化的。它可以选择本国人员、所在国人员,还可以选择其他国人员。

跨国公司的人力资源配置问题是比较复杂的,如前所述,它不仅要考虑到企业经营战略,还要考虑到企业的地区战略、人才战略、文化战略,甚至政治和法律问题。跨国公司人员配备的各种决定方法有:纵向统合型、地区中心主义、全球中心主义,或者所谓的民族中心法、地区中心法、全球中心法等,均各有其优、缺点。但是所有策略方法都不可避免地会影响到跨国公司人力资源的招聘与甄选。

尽管东西方文化传统或价值观有重要的差异,但是一般地讲,在人力资源招聘和甄选问题上,跨国公司仍然会坚持四项基本的核心价值观:好的公民、对人的尊严的尊重、对基本权利的尊重和对财产的尊重。比如几年前贝尔实验室在北京的校园招聘的最后一个环节(前提是应聘者并不清楚这也是一项考核),是经过逐层淘汰所剩不多的几个应聘者

去吃饭,看看他们在饭桌上的表现。除了对礼貌、俭朴几个道德素质的评估外,更主要是观察他们的人际交往能力和群体适应能力。这时候,应聘者精神放松,观察结果也更加准确、客观。有一家跨国公司在中国进行招聘面试时,则要求应聘者冒雨到附近指定地点然后返回,但只有一半的应聘者发到伞。应聘者在这场面试中出现这样的情况:有的发到伞的应聘者主动与无伞的应聘者搭档,风雨同伞;有的无伞的应聘者则与有伞的应聘者协商合用一把伞;还有的有伞的应聘者只顾自己、不顾别人,独自撑一把伞。显然这家公司考察的是应聘者的团队合作意识。

有一家外企招聘员工面试时,出了这样一道题,要求应聘者把一盒蛋糕切成8份,分给8个人,但蛋糕盒里还必须留有一份。面对这样的怪题,有些应聘者绞尽脑汁也无法分成;而有些应聘者却感到此题实际很简单,把切成的8份蛋糕先拿出7份分给7人,剩下的1份连蛋糕盒一起分给第8个人。应聘者的创造性思维能力这就显而易见了。2002年12月,一家企业招聘时出了这样一道题,请应聘者画出一种植物或动物来描述自己。这也是一道测试创造力、反应能力和应对挑战能力的题目,关键并不是看你会不会画、画得好不好,而是想看看应聘者敢于画、画得恰当、得体、形象甚至幽默。

还有一些跨国企业在招聘员工时,组织应聘者先参观本企业,然后要求应聘者谈观后感。测试中,有的应聘者谈不出什么感想,或只讲本企业的好话;而有的应聘者,则能对本企业不足之处提出意见,并提出改进的建议,如如何加强安全防控措施等。显然,后一种应聘者更懂得观察,有学习能力,合理的建议更体现了其业务素质。

根据学者们的研究,近20年来,虽然各个国家在跨国经营的人力资源管理战略的选择上各有特点,但仍有一个共同而又明显的特征,即人力资源本土化。就目前经济发展水平来说,聘用所在国人员有很大的优势,从跨国公司发展来看,近年来,跨国公司为了缓和与东道国的关系,纷纷实施本土化经营战略,他们在其东道国的子公司中任用当地管理人员,沿袭当地文化传统,最终形成适应当地经营环境的跨国公司经营模式。随着中国经济在近几年高速发展,很多跨国公司已经把中国看作一个重要的战略市场,对于如何吸引中国的高级人才,跨国公司可谓煞费苦心。

三、招聘与甄选的一般内容

一般来说,有效的招聘程序需要注意以下几个环节的工作。

(1) 人员来源及渠道选择。职位申请人通常只会对他们来说有吸引力的企业产生兴趣并进而决定是否愿意来该企业工作,而企业对职位申请人的吸引力来自其对公司的了解,最终被录用员工的决定则来自公司对员工的了解以及招聘渠道的宽窄。因此,招聘渠道和甄选技术的正确选择对有效的招聘程序来说就尤为重要。常见的招聘渠道有以下几种:熟人引荐、专门机构推荐、广告招聘、同业推荐、校园招聘、网络招聘等。

(2) 招聘地点的选择。由于企业的招聘是要花费成本的,因此招聘地点的正确选择对企业缩减招聘成本尤为重要,如果招聘地域选择太窄,则无法吸引到合格的应聘者;相反,如果招聘地域选择太广,则会增加招聘成本。影响招聘地域的因素主要有人才分布规律、求职者活动范围、劳动力供求关系等。一般来说,高级管理人员和专家适合在全国范围或跨国范围内招聘;专业人员则适合跨地区招聘;办事人员及蓝领工人则一般采用就近原则在组织所在地招聘。

（3）招聘中的公共关系策略。由于招聘同时也是企业的招聘人员走出办公室直接和公众接触,企业招聘人员的形象和素质将直接影响企业在公众尤其是应聘者心目中的形象和地位。因此,为了吸引高素质的应聘者,提高招聘效率和质量,美国企业在招聘时比较注意公共关系策略的运用,它们不仅把招聘看作填补组织职位空缺的一个有效途径,而且把招聘看作一项扩大企业知名度、提升企业形象的公关活动。

四、跨国公司招聘与甄选的特殊内容

当代跨国企业在选聘海外高层经理时,越来越重视海外工作经验和跨国经营管理的才能。现在许多跨国企业往往把有前途的年轻经理人员派遣到国外工作,使他们及时获得跨文化的管理经验,以便使他们在年富力强时能担任需要这种经验的高级管理职务。

具体来说,在母国或者第三国选聘人员时,影响跨国企业外派成功与否的关键因素有以下几项。

（1）专业技术技能。它包括技术技能、行政技能和领导技能。

（2）交际能力。它包括文化容忍力和接受力、沟通能力、对模棱两可的容忍度、适应新行为和态度的灵活性、对紧张的适应能力等。

（3）国际动力。它包括外派职位与原职位的对比程度、对派遣区位的兴趣、对国际任务的责任感、与职业发展阶段的吻合程度等。

（4）家庭状况。它包括配偶愿意到国外生活的程度、配偶的交际能力、配偶的职业目标、子女的教育要求等。

（5）语言技能。它包括口头和非口头的语言交流技能。

对所有的外派任职而言,令外派成功的因素并非同等重要,每个成功因素的重要性取决于四个方面的任职条件。这些条件是任职时间的长短、文化的相似性、需要与东道国雇员沟通的程度、工作复杂度和工作责任的大小。例如,相对于美国与法国和沙特阿拉伯之间的文化相似性,日本与韩国之间的文化相似性更高。因此,在选派前往中东或亚洲的法国或美国外派人员时,更需要强调家庭因素、交际能力和语言技能。

五、国际企业人员的配备

发达工业国家国际企业配备人员的经验表明,它们是从三个方面来挑选配备国际企业的人员的：①经过本国母公司教育和培训,并且取得经验的本国公民。②经过东道国的分公司教育和培训,并取得经验的东道国的人才。③从第三国中选拔的人才。国际企业的上层主管一般由母公司派出,中下层管理者从东道国或第三国中选拔,其他所有人员则从东道国配备。

（一）从母公司派驻外人员

由母公司派出驻外管理人员到子公司工作,这对公司在国外开设分公司之初非常重要,也是最理想的,因为他们对母公司的意图和兴趣都很了解,而从东道国或第三国中选

拔就很难做到这一点。但如果所有驻外人员都从母公司派出也有困难：第一，不可能有那么多人才，尤其是如果母公司在国外发展了许多子公司或分公司，就更满足不了这一要求。第二，都从母公司派，开销非常大，而且他们往往会盲目地将本国的管理方法搬到子公司去实践。第三，世界上有些国家有法律方面的规定，要求必须招聘东道国的人员。

（二）从东道国招聘人员

从东道国招聘人员有许多好处，能克服语言上的障碍，减少培训费用，解决经理人员及其家庭其他成员适应文化差异的问题；还能使跨国公司充分利用当地工资水平较低的条件，花较少的钱招聘高质量的工作人员。同时，因为帮助东道国解决了就业问题，从而与东道国建立了良好的政治、外交关系。通过母公司与当地员工的交往，相互了解不同文化背景，能提高员工的士气。此外，可以促进当地的购买力，从而提高公司产品的需求量。但是招聘东道国的人不免有些不足之处，如当地的经理人员往往很难在母公司和子公司之间起到桥梁作用。他们早已习惯于自己本国的工作方式，有时难以达到总公司的要求。

（三）从第三国选择人员

使用第三国人员的好处是：他们精通外语，了解其他国家的文化，因此他们从一个国家到另一个国家工作不受多大影响。从第三国或其他国家招聘经理或其他工作人员，这是符合跨国公司的经营原则的。但是，需要花大笔费用和大量时间。

第四节　跨国公司人力资源的培训与管理开发

一、人力资源培训

不同的管理学者对人力资源培训与管理开发有着不同的定义，培训和管理开发也是有区别的概念。关于人力资源培训，迄今已发现有以下一些不同的定义。

定义1：企业按照一定系统目标，有计划、系统地组织员工进行知识和技能等方面的更新、补充过程。

定义2：通过短期的、以掌握某种或某些较专门的知识和技巧为目的的指导活动，使培训对象具有完成某项工作所必需的技能。

定义3：英国全面培训调查认为，通过正式的、有组织的或有指导的方式，而不是一般监督、工作革新或经验，获得与工作要求相关的知识和技能的过程。

定义4：公司有计划地实施有助于雇员学习与工作相关能力的活动，这些能力包括知识、技能或对工作绩效起关键作用的行为[美国俄亥俄州大学管理学教授雷蒙德·A.诺伊(Raymond A. Noe)]。

定义5：企业为了使培训对象，包括总经理、部门主管与一般员工，获得与改进和其职务相关的知识、技能、动机、态度和行为，从而提高绩效，最终使企业与员工共同发展的一种成本与投资因素兼有的努力。通俗地讲,就是对员工和企业都有好处的再学习行为。

二、人力资源管理开发

人力资源的管理即本章第一节所讨论的内容。最后,关于人力资源开发,也有以下两种不同的定义。

定义1:组织在结合员工个人发展目标的基础上,通过向员工提供持续不断且有阶段性重点的有计划的培训、发展或教育等活动,对人力资源的磨损进行补偿或使员工获得或改进与工作有关的知识、技能、动机、态度和行为等,以提高自身的绩效、实现自己的目标的各种能力。其中,培训指与现在具体工作有关的活动;发展指与未来可能从事的具体工作或个人专业相联系的活动;教育是指向精神的有目的的行为,目的是使员工的精神境界与社会的先进价值观念和企业发展保持动态而和谐的统一。

定义2:意义较为广泛,可以是针对目前工作所需要的知识、技能,也可以着眼于未来企业的工作需要,从长远角度来考虑,它是一种人力资本的投资。

第五节 跨国公司人力资源的绩效考核与薪酬管理

一、跨国公司人力资源的绩效考核

绩效考核是对员工在一个既定时期内对组织的贡献作出评价的过程。绩效考核往往又称为绩效考评、绩效评估(performance evaluation)。在西方文献中,最早它被定义为"对员工个人在职的绩效和行为作出评估的过程,其目的在于评估其培训需求,确定合格的留任者,进行薪水调整以及晋升"。

绩效评估通常指的是一套正式的、结构化的制度,用来衡量、评估及影响与员工工作有关的特性、行为及结果,发现员工的工作成效,了解未来该员工是否能有更好的表现。绩效考评的结果可以直接影响到薪酬调整、奖金发放及职务升降等诸多员工的切身利益。

结合绩效考核理论研究与实践的发展情况,本书将绩效考核概念界定为:绩效考核是企业通过对部门、员工或所属单位与个体的投入产出状况进行考查、衡量或比较,从而确定其行为价值,提高企业竞争力的一个重要过程。所谓投入产出状况,指的是投入、产出及其转化过程。

绩效考核一般需要明确以下问题,即考核的目的、考核的对象、考核的标准、考核的方法、考核的周期、评价者的选择、考核结果的运用等。通俗地说,就是要回答为什么考、考谁、考什么、谁来考、怎么考、何时考、考了会怎么样等。员工绩效考核体系的设计和实施必须与考核的目的相一致。不同的考核目的需要不同的考核标准、评价者和考评方法。

通常认为,绩效考核的目的主要有三个方面。

(1) 改进组织与员工个人绩效。绩效考核可以为员工提供反馈信息,帮助员工认识自己的优势和不足,发现自己的潜在能力并在实际工作中加以发挥,改进个人工作绩效,同时也就改进了组织绩效。

(2) 为薪酬与激励管理提供依据。绩效考核的结果可以为甄别高绩效员工和低绩效员工提供标准,为组织的奖惩系统提供依据,从而确定奖金和晋升机会在员工个人之间的分配。

(3)为组织的各项人事决策提供依据。通过绩效考核建立员工业绩档案资料,便于组织进行人事决策,包括人事异动、薪酬调整、培训计划的制订、员工招聘,以及确定再招聘员工时应该重点考查的知识、能力和其他品质等。

本书认为,任何一项人力资源开发和管理活动都离不开绩效考核与绩效管理。根据长期的管理咨询实践及研究成果,我们发现,绩效考核的目的和目标可以集中表述为以下五个具体的方面,它们具有内在的逻辑关系,而且是可以实际操作的:①检验员工聘任上岗表现及其工作业绩;②促进发展战略的逐步分解和可操作化;③促进压力传递激发员工高昂竞争意识;④实现价值评价和价值分配机制的优化;⑤培育使优秀人才脱颖而出的企业文化。

我们认为,深刻把握好绩效考核的目的和目标,并在实践中能够合理地、灵活地运用,对于成功地做好绩效考核与绩效管理具有相当重要的意义。进一步说,事先设定好的绩效考核的目标和目的,其实也是判断和衡量绩效考核是否成功的主要标准。

按绩效考核目的和标准类型,绩效考核方法可分为员工特征导向、员工行为导向和员工工作结果导向三种绩效考核方法。

员工特征导向的考核方法,就是衡量员工个人特性,如对公司的忠诚、人际沟通技巧和决策能力、工作的主动性等方面。它主要考察员工"人"怎么样,而不重视员工的"事"做得如何。

员工行为导向的考核方法,分为主观评价和客观评价两类。主观评价就是在对员工进行相互比较的基础上对员工进行排序,提供一个员工工作的相对优劣的考核结果。客观评价就是对员工的行为按照评价的客观标准给出一个量化的分数和程度判断,然后再对员工在各个方面的得分进行加总,得到一个员工业绩的综合评价结果。

员工工作结果导向的考核方法,是为员工设定一个最低的工作业绩标准,然后将员工的工作结果与这一明确的标准相比较。业绩标准包括两种信息:一是员工应该做什么,包括工作任务量、工作职责和工作的关键因素等;二是员工应该做到什么程度,即工作标准。这种方法所依据的是目标管理过程,关注的是每位员工为组织的成功所做的贡献大小,实施的关键是目标制订,即组织、组织内的各个部门、各个部门的主管人员以及每一位员工都制订有具体的工作目标。

二、跨国公司人力资源的薪酬管理

薪酬是一个比较宽泛的概念,包含企业给予员工的多种形式的回报。薪酬可分为外在薪酬和内在薪酬。外在薪酬是指员工从生产劳动和职务之外所获得的货币性与非货币性报酬,包括工资、奖金、福利、住房、有薪假期等;内在薪酬是员工从企业生产劳动和职务过程本身所获得的利益,如有兴趣的工作、挑战性与责任感、个人成长、参与决策、弹性工作时间、工作环境、社会地位等。这里主要讨论外在薪酬。

国际企业能否按国际标准结合本国的实际提供给跨国企业人员适当的工资待遇,对跨国企业能否充分发挥国际人力资源的作用、调动驻外人员的积极性起着重要的作用,而且也是国际企业在国际市场能否增强竞争力的关键性问题。韦恩·卡肖(Wayne Cascio)

就认为:"在国际人力资源管理方面,没有哪一个问题能像工资待遇问题这样引起高层管理人员的重视。"

(一)国际企业薪酬政策的特点

根据一些学者的研究,有效的工资待遇政策应该具有以下几个特点。

(1) 使海外跨国分公司的工作对人们有吸引力,并能留住合格的人才。

(2) 使跨国企业的人员能十分便利地在母公司与子公司之间或者子公司与子公司之间进行调动。

(3) 使各子公司的工资制度之间有一个稳定的关系。

(4) 使本跨国企业的工资制度与其主要竞争者的工资制度相比有较强的竞争力。

(二)国际企业制定薪酬制度的方法

实际上,各国的跨国企业都有不同的工资待遇制度。每一家跨国企业都应该有自己的一套世界范围内的工资待遇制度,只有这样,才能正确处理国与国之间的工资差异问题。许多发达工业国家的跨国企业一般采取两种方法来制定其世界范围内的工资制度。

(1) 本国标准法。也就是说,所有的驻外人员,无论在哪一国分公司工作,均按本国的工资标准拿工资。这使驻外人员能用其本国的标准去衡量自己的工资收入的高低,使他们在回国时不至于感到差别太大。这种方法对高工资国家的跨国企业人员比较适用,而对低工资国家的跨国企业人员就很难适用,因为按照他们本国的工资水平到海外根本无法生活。因此,跨国企业必须根据所派人员要去的国家的工资福利水平来考虑工资福利制度。

(2) 系数法。这种方法也是发达国家跨国企业所采用的方法,它将跨国人员的工资分解为一些"工资因素",然后根据本国和所在国的有关法律条文对工资因素进行调整,使驻外人员的工资水平保持一致。最后用"工资系数"的数值对整个工资进行综合平衡调整。采用系数法的目的是使驻外人员在国内的购买、消费能力不变。

第六节 跨国公司多国籍人员管理

一、员工的选聘和晋升

(一)过程尽可能系统化和正式化

系统化和正式化是指整个过程有规定的程序和客观、明确的标准。而特殊化、非正式化的现象,即在海外子公司经营管理中没有明确规定的程序和标准,这样的情况在海外企业可能会常常发生,应注意克服以使整个跨国公司,从母国到东道国都实现员工选聘和晋升的标准化。

(二)注意与当地劳动立法和社会环境相一致

许多国家制定了相对宽松、更加自由的劳动法规,同时支持工会的活动,维护本国工人的权利,一定程度上扩大了工会的权力。这可能导致工人的期望增加、话语权提升,要求有较高的工资和福利。跨国公司在选聘和晋升员工时,应注意当地的劳动法和工会的权力,尽量做到与两者协调统一。跨国公司在海外子公司招收、选聘和晋升员工时,往往会发现当地劳动力虽多,但缺乏技术工人和熟练工人,非熟练工人又供过于求。同时员工的个人能力和社会地位往往是不同的,它是员工家庭背景、财富、性别、教育、种族、国籍、宗教和政治等各种复杂因素的综合。因此,在强调系统性和正式化的同时,跨国公司也应把东道国的劳动立法和社会环境等因素考虑进去,尽可能实现两者的统一。

(三) 应注意雇用和提拔当地人

几乎所有国家的法律都要求雇用和提拔当地人。东道国政府很想使本国居民被聘用,为东道国提供广泛的就业机会,即使没有足够的拥有技能的人可录用,政府也将使用移民限制以促使本国人员被聘用,并且鼓励跨国公司培训、发展当地的员工,特别是管理和技术型员工,大多数国家都要求外国企业开始必须雇用一定比例的当地人,经过一段时间后,则必须百分之百地雇用当地人。例如,欧盟国家允许工人自由流动,但对欧盟外国家的移民,则要求有居留许可证或工作证。日本也对除技师和管理人员以外的外国人的入境加以限制。

此外,在东道国的员工选聘过程中,公司必须明白如何去获取一个等价的劳动力群体。教育体制的不同导致很难估计出谁具有合适的背景。例如,大学毕业生的年龄可能因为规定受教育时间的长短具有很大的差别。德国的大学毕业生因为大学课程的漫长、附加学习时间和为国家服务的义务,可能28岁才能步入劳动力市场,而在英国和日本的毕业生可能只有22岁。此外,不同的国家对教育赋予的含义也是不同的,无论是学科或学时都大不一样。对不同的教育体制的误解可能在招聘新员工时造成障碍。在当地选聘员工,除了要注意他们的能力经验以外,还要特别注意各个国家不同的文化背景因素。如美国很注重员工的技术能力,而印度、韩国、拉丁美洲等国家和地区则常常出现重裙带关系、轻技术的现象。按照西方人的观点,积极主动、毛遂自荐的申请人可能得到比较高的评价,但在一个高集体主义的文化里,这种行为则使其与其他员工很难融洽相处。

二、员工的训练和发展

由于必须雇用当地人以及受东道国经济技术发展水平的限制,尽管海外子公司对员工进行严格的选拔,但绝大多数员工仍无法一开始就胜任跨国公司的工作。尤其是发展中国家的员工技能可能达不到雇用的要求,选拔时需要投入相当的时间和精力。跨国公司对东道国人员的培训主要侧重于生产技术和管理技术的培训。有关生产技术的培训,一般侧重于从母公司或第三国转移到东道国的生产技术。培训对象多数是生产部门和质量控制部门的管理人员。有关管理技能的培训,通常按管理的职能进行分类。例如,对营销部门管理人员的培训侧重于各种营销、分销广告和市场调查的管理技能,对财会部门管理人员的培训侧重于母国和东道国会计准则的差异、会计电算化方法、财务报表分析和外汇风险分析等。在多数大型跨国公司中,培训与管理人员的晋升联系在一起。不同等级的管理人员接受不同类型的培训。所以,管理人员晋升到新的岗位时,往往要通过新的培训计划增加所需要的技能。

此外,在培训东道国管理人员时需考虑到他们自小接受的教育、经历和文化熏陶,在管理活动中容易偏向民族利益,因此,必须加强对他们的忠诚度培训,力图使他们站在较公正的立场上考虑与决策公司事务,使公司能实现跨国经营活动整体利益最大化的目标。在培训和发展过程中,对员工的激励也相当重要。激励主要是设法满足员工生理上、社会上或精神上的需要。但激励方式很难统一,甚至一种方式在某一国家或地区对某些人能取得成效,但在另一个国家或地区对另外一些人则毫无成效。在培训和开发领域,国际人力资源管理的重心由针对海外派出人员的预备性培训转向建立面向子公司全体管理人员的国际管理开发体系,其目的在于提高管理人员的业绩水平、拓宽其全球视角。培训与开发涉及的活动十分广泛:管理人员通过培训了解组织状况、具体工作职责和需要的工作技能,了解工作场所的社会、文化及法律环境,开发管理人员在特定社会文化背景下的人际技能。研究表明,当培训与开发成为海外派出人员的特权时,企业文化的统一性、当地管理人员管理视角的拓展以及跨国公司的整体利益都将受到损害。因此,目前的趋势是将培训与开发拓展到整个管理层,以推动多文化、多国籍管理团队的形成。

三、工资和福利

跨国公司在为各国子公司制定报酬政策时,必须考虑到当地劳动力市场的工资行为、有关的劳动报酬方面的法律法规和当地的文化倾向,同时还要与母公司的整体经营战略相一致。在工资方面,跨国公司既可以采取固定岗位工资制,也可以采取计时、计件工资制,使工资额随劳动量的变化而变化。国际企业的工资水平通常高于国内企业,否则它无法吸引到优秀的人才。企业决定是否发放奖金及发放数额多少,有多个依据,如个人表现、团体表现及整个企业的经营状况等,跨文化环境中这些依据又同跨文化企业的企业文化有关。

在福利津贴方面,不同国家对于员工的养老金、社会保障、医疗保险和其他各种福利的管理规定存在很大的差异,跨国企业得视情况而定。

 即测即练

第八章 跨国公司的生产管理

第一节 全球生产网络与供应链

一、全球生产网络的概念

所谓全球生产网络,是源于国际商业研究者提出和发展起来的生产价值链理论。20世纪80年代中期,美国经济学家波特(1985)把市场竞争因素纳入企业经营管理的分析中。他着眼于对企业内部劳动分工的分析,在《竞争优势》一书中提出了价值链的概念。它分解为从设计开发到加工制造,再到产品销售等不同阶段,把这些阶段看作连续的过程,就产生了价值链条的概念。为了将价值链理论直接接到全球经济或产业网络组织中去,20世纪90年代,美国杜克大学的社会学教授加里·格里芬(Gary Gereffi)把波特的价值链条概念应用于全球范围的企业之间的关系。

全球生产网络包括两层含义:一是业务的跨国界扩展即单个企业(主要指跨国公司)的全球生产向纵深推进,其跨国经营的分支机构在数量上和地域上极大地扩展,在组织安排和管理体制上跨国延伸。例如,某一产品的价值链由设计开发、加工制造和营销三个部分组成,其中,设计开发在A国完成,加工制造在B国和C国完成,营销则在D国完成。二是业务跨国界外包,指以价值增值链为纽带的跨国生产网络中,跨国经营企业只负责企业间价值链的某几个环节,其他环节则由位于不同国家的其他企业完成。目前进行全球化制造的跨国经营企业相当多数只负责产品的设计开发与营销,而不进行加工制造。例如,作为经营运动鞋的著名企业——美国耐克公司并不生产运动鞋,只负责鞋的设计开发与营销,其产品全部由供应商加工制造。

全球化制造的常见方式是在不同国家或地区建立工厂,以接近市场、获得资源、节约成本、降低风险、发挥跨区域生产的优势。例如,欧洲空中客车公司生产的A300和A310宽体客机,由德国负责生产机身,英国负责生产机翼,西班牙负责生产尾翼,而在法国总装,把欧洲各国飞机制造的优势结合在一起,取得了成功。

二、全球供应链的概念

面临市场竞争的全球化,单个企业难以在产品的所有生产和流通环节都有最强的竞争能力。未来的市场高端竞争,将是供应链与供应链之间的竞争,全球供应链将成为未来企业的重要发展方向。

从广义上看,全球供应链就是在全球范围内组合供应链,它要求以全球化的视野,将供应链系统延伸至整个世界范围,根据企业的需要在世界各地选取最有竞争力的合作伙伴。全球供应链管理强调在全面、迅速地了解世界各地消费者需求的同时,对其进行计划、协调、操作、控制和优化,在供应链中的核心企业与其供应商以及供应商的供应商、核心企业与其销售商乃至最终消费者之间,依靠现代网络信息技术支撑,实现供应链的一体化和快速反应,达到商流、物流、资金流和信息流的协调通畅,以满足全球消费者需求。全球供应链是实现一系列分散在全球各地的相互关联的商业活动,包括采购原料和零件、处理并得到最终产品、产品增值、对零售商和消费者的配送、在各个商业主体之间交换信息等,其主要目的是降低成本、扩大收益。从狭义上看,全球供应链是指特定企业面向全球的供应市场、需求市场和物流服务市场,在全球范围内选择合适的供货商、销售商和物流服务商,以组建和整合企业的供应链。将企业的供应网络或分销网络不断向国外延伸,以覆盖全球供应市场获取资源或提高全球需求市场的响应速度等方式增加销售。

全球化供应链管理范畴较宽,是一种综合性、跨国界的集成化管理模式,也是适应全球化环境的企业跨国经营的管理模式。

三、全球供应链的特点

(一)物流的国际性

国际性是指全球供应链网络跨越国界,涉及多个国家,网络覆盖的地理范围大,在不同国家或地区间进行物流活动。国际物流活动不仅仅跨越不同国家和地区,甚至跨越海洋和大陆。因此,供应链物流系统范围更广,物流成本更高,风险也更大。

(二)关系的复杂性

由于各国社会制度、自然环境、经营方法、生产技术和民族习惯不同,物流环境存在差异,环境适应性要求高,供应链节点企业之间的关系复杂,合作难度大。

(三)运营高风险性

全球供应链涉及的风险主要包括运输风险、财务风险和政治风险。国际运输一般要跨越地区、海洋和大陆,存在远洋、航空、联运等多种运输方式,运输时间长、运转困难、装卸频繁、基础设施差异等,造成较高的运输风险。财务风险可分为汇率风险和利率风险,主要指全球供应链运营中有关的资金由于汇率和利率的变动以及通货膨胀而产生的风险,全球供应链的财务风险一般较高。政治风险是特殊外来风险,因军事、政治、国家政策法令以及行政措施等特殊外来原因所造成的风险,主要指由于链中节点企业所在国或产品运输所经过国家的政局动荡,如罢工、战争、货物被有关当局拒绝进口或没收、船舶被扣导致交货不到等原因造成的经营损失。

(四)标准化要求高

国际物流信息具有分布广、数量多、品种多、时效性强、双向反馈动态追踪等特征,信息技术应用涉及条码技术、数据仓库、自动分拣、自动配货、优化配送、自动收费、动态监控、全球卫星定位、互联网信息网络等物流领域,物流和信息技术含量高。要保证跨国物流的畅通性,提高整个链条运行的效率,必须要有先进且兼容的国际化信息系统和规格标准化的物流工具与设施。

四、全球供应链体系构建

在构建全球供应链体系过程中,应主要处理好以下几个问题。

(一)集中化生产

集中化生产主要是找到合适的工厂和产品,生产能够满足整个市场需要的产品。解决这个问题需要经过大量的调查和详细的系统分析,一般而言,集中化生产主要安排在劳动力成本低的国家。

(二)结构的管理

全球供应链使得企业结构系统更加复杂,给管理者带来了更具挑战性的问题。企业的核心竞争力在什么地方、哪些部分需要外包、哪些地方需要设立配送中心、库存需要如何控制、应设立怎样的全球化信息系统等,都需要管理者拿出更新颖、灵活的解决方案。

(三)本土化

不同国家(地区)的文化、消费习惯等有很大的差别,许多产品不能都采用标准化的大批量生产,这就需要在集中化生产的基础上,运用延迟处理和本土化改造相结合的策略解决这些后顾之忧。

第二节 国际采购

一、采购与自制决策

(一)生产整合程度

生产整合(integration)程度是指某种产品由一个企业制造的百分比,即一个企业产品自制而非依赖供应商供应原料的程度,也称为生产一体化程度。某一特定产品生产的整合程度可以看作从一端的百分之百外部购买到另一端的百分之百自己制造的连续统一体,包括两端之间供应及装配的程度。自己生产的该产品越多,整合程度越高。整合程度的高低取决于自制部分增加值占产品总价值的比例。

在某一特定的国家市场内部,各种政治因素可能会阻碍工厂或企业的一体化,特别是在该工厂或公司占有东道国国家或地方经济某一行业中很大部分的情况下。有些企业努力使自己成为地方经济的组成部分,具体做法就是与当地企业联合,即承包当地技术所不具备的所有工序及服务,有时甚至向当地企业提供培训、资金及技术援助。这里还包括由其他独立的地方企业所承担的合作制造及装配。国际企业所能采取的最好战略就是有计划、有步骤地改变自己在原材料和部件供应或生产方面的形象。

(二) 影响采购与自制决策的因素

对所需的各种生产投入或产品可以通过对外采购即从企业外部来源获得,也可以通过企业内部自制取得。选择自制还是采购,涉及成本收益分析。除此之外,还要考虑其他相关因素。具体来说,国际企业在决定自制还是外购时,应考虑以下诸多因素。

1. 采购与自制的成本比较

如果采购的成本低于自制的成本,从经济角度出发,应选择采购;反之,则选择自制。例如,某种零件如采购,每件采购成本3元,如改为自己生产,需增加一些设备,设备购置和安装总投资10万元。按使用期10年计算,每年折旧费1万元。生产该零件每件所用原材料、动力、工资等成本2.8元。我们很容易计算出,当零件产量每年50 000件时,自制与采购的经济效益相等;当年产量达不到50 000件时,自制零件的成本高于采购零件的成本,因而应选择采购;当年产量超过50 000件时,应选择自制。

2. 供应商的可靠性

国际企业在决定自制还是采购时,除了考虑经济合理性外,还应考虑其他的经济因素。能否不间断地供应企业所需的原材料、半成品、成品,对于企业的生存和盈利能力有很大影响。这是决定自制还是采购的另一个重要因素。

3. 技术

在资本密集行业以及使用连续过程型生产技术的领域,国际企业很可能利用内部资源取得所需材料;否则,可能会形成生产的瓶颈。

4. 管理者的偏好

管理者的偏好有时对采购与自制的选择也有很大影响。一般来说,美国和欧洲的跨国企业比日本的跨国企业更喜欢利用内部资源和选择自制的方式,但日本企业通常以长期合同方式与外部的供应商保持密切的联系。

5. 政治

有关国家特别是东道国的有关出口政策、当地化政策、民族感情等因素都有可能影响企业对自制还是采购的选择。

6. 国际企业整体运转的需要

在生产一体化程度高的国际企业中,各子公司或分支机构可以进行广泛的分工与协作,相互提供部件与半成品(水平联合),或相互在生产阶段上形成生产流水线(垂直联合),由总部协调或安排它们之间的物流,从而也就决定了有关公司或分支机构的内部采购。即使某一子公司所产零部件的质量、成本在市场上缺乏竞争力,或者这些零部件需求的季节性较强,总部为了维持公司整体的正常运营,也有可能要求其他子公司采购该子公司的零部件,以保证该子公司的均衡运营。

（三）采购方式

国际企业的采购方式主要有集中采购、自主采购和混合式采购三种。集中采购指由母公司统一建立基地，通过企业内部交易取得所需的生产投入或产品。自主采购则由国外子公司或工厂自主地从企业外部获取所需的生产投入或产品。实际上，集中采购和自主采购只是两种极端的方式。国际企业常常将两者结合起来，采用混合的方式，即在一些国家，对一定的产品采用集中采购的方式；在另一些国家，对另外的产品采用自主采购的方式。

国际企业建立集中的供货来源，目的是进行理性的生产和销售，即把特定的生产过程或整个产品的生产集中在某个地区的几个工厂，然后分销到各地，以求最高的效率。

集中采购方式的主要优点是：有利于实现规模经济，降低生产成本；有利于快速开发新产品；有利于减少库存。但这种方式也有缺点，主要是：不能满足东道国政府就地生产的要求，因而有失去该国市场的危险；对市场和消费者偏好变化的适应性弱；主要基地所在国如发生社会经济和政治事件，国际企业容易受到损害。国际企业采用自主采购方式的优缺点正好与集中采购的优缺点相反。

国际企业采用集中采购方式要有一定的条件。从行业角度看，最好是产量与单位成本高度相关的行业。产量越高、单位产品成本越低，采用集中采购方式就越能取得规模经济。从技术角度看，生产系统最好能运用连续过程型的制造技术。从地区角度看，一些国家对出口采取鼓励政策，有利于集中采购方式的采用。例如，世界各地有许多出口加工区，它们成为美国、欧洲、日本跨国公司的供应来源基地。其部分原因是当地政府有出口补贴，且劳动成本较低。但是，在关税和运输成本高、外汇汇率波动的条件下，采取自主采购方式是适宜的。

混合方式的采用往往受下列因素的影响：第一，技术。例如，在资本密集型行业，随着产量的增加，单位产品的间接费用减少，可以取得规模经济。在这种情况下，很有可能选择理性生产，实行集中采购。第二，市场竞争。如果某个市场竞争激烈，则要求企业尽可能降低单位产品成本。在这种情况下，理性生产和销售也就显得十分必要。第三，零部件的互换性。产品要标准化，零部件才能互换；否则，所谓实行理性生产以提供零部件是不可能的。因此，产品在其生命周期的成熟阶段，很可能会实现理性生产。第四，东道国政府的要求和压力。一些发展中国家如印度、印度尼西亚、马来西亚、巴西等，为了自力更生发展本国经济，不但要求跨国公司在当地生产制造产品，而且对商品进口课以高额的关税和罚款。在这种情况下，实行自主采购方式是适宜的。

从总体上看，欧洲和日本的跨国企业，其供应来源的集中程度高于美国的跨国企业。

二、进口与当地采购决策

国际企业国外生产与国内企业生产相比，还需要作出一个重要抉择，即是在当地市场采购物资，还是到其他市场采购。

(一)进口与当地采购决策的影响因素

从总的情况来看,国际企业国外生产单位的物资供应来源的选择是多种因素综合作用的结果。进口与当地采购决策的影响因素主要有以下几个方面。

(1)当地货源情况。当地货源的各种短缺(如持续性短缺、季节性短缺、周期性短缺等)使得国际企业采取相应的进口方式。

(2)外汇管制。在外汇管制下,当地公司(即使是外国公司的子公司)必须获得官方许可证方能进口货物,买进支付所需的外汇。因此,在需要进口许可证及外汇许可证的情况下,企业要维持进口部件的连续性是不可能的。结果可能是有些部件大量积压、有些部件供不应求,生产因而时断时续。与当地采购相比,进口需要更长的订货间隔期,因而就必须作出更周密的计划。

(3)差异成本。进口决策会导致关税和非关税壁垒、出口补贴、保险、运费等的发生,从而使进口成本与当地采购的成本产生差异。这种差异成本的大小是国际企业在制定进口或当地采购决策时要考虑的一个重要因素。

(4)公司之间或公司内部协议情况。

(二)国际采购存在的问题

国际采购中存在许多问题值得重视,其中主要有:对海外声誉好的卖主的地点选择与评价,订货与交货的间隔时间,加快发货和与外国人员直接接触存在困难,政治与劳工问题,汇率波动,付款方式,商品质量,拒收与退货问题,关税,货物结关需要额外文件的成本,法律问题,运输,语言,社会文化习俗。如果国际采购来自非联属企业,上述许多问题会更为突出,因为本企业不能像对待联属企业那样对非连属企业施加影响。

(三)国际采购的技巧

现代化生产推进了准时生产制,要求配件收到后迅速投入制造过程,使得企业更加注重采购品的质量,迅速交货,残次品少。由于与当地采购相比,到国际市场采购需要更长的备运时间,因而必须采取一定的采购技巧。为此,企业需要把握以下几点。

(1)寻找可靠的供应商。供应商的可靠性不仅表现在能力上,而且表现在意愿上。只有那些有能力并愿意以合理价格按时、按质、按量供本企业所需要的部件或其他投入物的供应商才是可靠的。在存在卖方垄断的情况下,企业需要注意适当分散供应来源,以免陷入被动地位。

(2)周密预测供应线上可能出现的短缺或阻塞,如罢工、运输能力不足等造成的阻塞。

(3)建议供应商使用合适的喷头、文件、包装和运输工具。

(4)如果企业选择离岸价(FOB)而非到岸价(CIF),则需采用低成本运输方式。

(5)越过关税壁垒,即确定货物的价值,尽量将其归类于低税档,预测最后的征税情况(最后征税可能在实际进口几个月之后进行)。

(6)维持当地制造竞争产品与进口的平衡,以避免国内生产者通过价格大战或指控倾销等手段进行报复。

（7）随着当地进口限制和外汇管制的变化而调整国际采购策略。

国际采购所需要的技巧与企业对外国资源的渗入程度有关。如果通过企业外的进口商、出口商、国外卖方驻当地代理、进口经纪人或当地经销商进口，进口的专业技巧可以低一些；但如果企业直接向当地出口代理商、出口商或本企业在国外的分公司、子公司、代理商自行采购，所需要的采购技巧就要高得多。如同出口一样，国际采购渠道的选择在很大程度上取决于采购量、法律规定、竞争者对现有渠道的控制程度、企业的国际结构以及企业所拥有的采购技能。

三、国际分包

国际分包（international subcontracting）是从国外取得外部投入来源的重要途径，大致有工业分包和商业分包两大类。前者是委托人将部件和某些工序转包给分承包人生产；后者是委托人将产品的制造转包给分承包人，最后由委托人用自己的商标组织产品销售。工业分包委托人总是大型制造公司，而商业分包委托人则通常是大型百货商店或连锁店。

20世纪60年代中期以后，发达国家的跨国公司认识到了国际分包的成本优势，与依赖国内部件来源相比，向要素成本特别是劳工成本低廉的国家的分承包商购买部件可以节约大量成本支出。国际分包中的成本节约来自以下几个方面：第一，分承包商使用低廉的生产要素。第二，受本企业生产范围和规模的限制，有些部件本企业不能生产；否则，就需要另行投资，增添设备。第三，在生产机械化程度高的情况下，产品的工业集中已达到经济规模的极限，超过这一规模，则会产生收益递减。这也是许多企业将那些不再可望有规模经济的产品进行分包的重要原因。当然，国际分包加长了部件产地与使用地的距离，由此带来额外的运输和关税等成本。因此，计算国际分包的比较成本时需考虑这类因素的反向作用。

除了节约成本以外，国际企业利用国际分包还可以获得以下三个方面的优势。

（1）灵活性。经济的周期波动会影响企业产品的市场供求状况与要素成本。在经济繁荣时，订单大增，会超过企业的生产能力，通过国际分包能够使企业产量满足市场需要。在经济萎缩时订单减少，企业可减少国际分包数量，自行承担主要生产活动，从而避免生产能力闲置。此外，在出现罢工、运输不畅等梗阻时，国际分包也能保证订单的完成。

（2）获得一些政府优惠条件。发展中国家设立的免税区、出口加工区等利于外向经济活动的区域为外国企业进行国际分包提供了便利的场所。

（3）降低或防范风险。在某种意义上，国际分包是海外直接投资的替代形式，它利用了东道国的生产要素，又不需要进行实际投资，不需要增加新的生产设施，避免了投资风险。同时，东道国即使征用外资企业，或者对外资企业实施其他政治干预，也不会影响国际分包业务。

对分承包人而言，国际分包为其提供了发展的良机。我国台湾地区和韩国的许多国际企业的成长都得益于它们曾成功地进行国际分包业务，包括运动鞋、运动器材、汽车、家用电器等产品的分包制造。待到海外投资发展以后，这些企业就努力减少对分包的依赖，更多地依靠出售带自身品牌的产品，同时，它们也慢慢变成委托人，利用其他成本更低的国家的分承包人进行部件与产品的生产。

国际企业的分包决策与管理的重点有以下三个方面。

（1）是否进行国际分包。企业进行国际分包主要是为了获得国际分包带来的优势，因而对外分包的动因主要有降低成本、跟上需求波动、满足专业性生产需求以及降低风险等。在某些行业，劳工成本在总制造成本中所占的比例很小，因而节约劳工成本的意义不大，这时，企业选择分包的积极性就不高。有时，企业需要在短时间内取得大量的高质量产品，分包就往往成了捷径。

（2）在何处进行分包。就总体情况而言，理想的分包地点是劳工成本低廉而又具备必要的生产技术水平的国家和地区。这也是韩国、中国台湾地区等新兴工业化国家和地区曾是跨国理想分包地的原因。然而，随着这些国家和地区工业化的实现，劳工成本每年以20%的幅度上升[①]，与发达国家的劳工成本差异日益缩小，同时，这些国家与地区的经济发展也使其货币不断升值，使其出口竞争力逐渐削弱，这时，发达国家的跨国公司就将眼光移到了那些劳工成本更为低廉的国家和地区。例如，美国的跨国公司曾一度对韩国和中国台湾地区进行大量分包，而现在则转向墨西哥，这主要是由于墨西哥有政府鼓励、低廉的劳工成本且又成为北美自由贸易区成员国。

（3）合理选择分承包人。不同行业、不同类型的国际分包对分承包人的要求不完全相同，企业应根据将进行转包的部件或产品的生产特征和发包目的，结合自身的实力状况，确定此项分包在数量、质量、成本、交货时间等方面的基本要求，进而确定合格的分承包人应具备的生产技术水平、生产能力、管理水平、获得合格投入要素的能力以及应有的信誉，在选择分承包人时，还要防止培植潜在的竞争对手。

第三节　跨国公司的公司内贸易

一、跨国公司内部贸易的含义

跨国公司的公司内贸易（intra-firm trade）是指跨国公司内部展开的国际贸易，即跨国公司母公司与分支机构之间以及同一体系子公司之间产生的贸易关系。跨国公司内部贸易主要由货物交易和广义劳务交易两部分组成，前者为生产中的原材料、零部件、中间产品、制成品和机器设备等有形物品的内部贸易；后者既包括专有技术、专利技术、商标的内部转让、补偿贸易、生产合作、加工装配和国际分包等，又包括跨国公司母公司与分支机构之间以及同一体系子公司之间在技术指导、公共关系、法律和会计咨询等各个方面的相互提供。跨国公司内部贸易之所以称其为"内部交易"，是因为这种交易虽然导致商品跨越国界运动，但是交易行为主体实际上是同一个所有者。它既具有国际贸易的特征，又具有公司内部商品调拨的特征。因此，它是一种特殊形式下的国际贸易。在当代国际贸易中，跨国公司的内部交易已占世界贸易额的1/3以上，随着跨国公司的发展，这种内部

---

① 数据来源于Trading Economics。

交易在世界贸易中所占的比重将越来越大。

跨国公司内部交易在交易方式和交易动机上与正常的国际贸易交换大相径庭。公司内部交易的利益原则即获利动机并不一定是以一次性交易为基础,而往往以综合交易为基础。从这个意义上讲,跨国公司内部交易是公司内部经营管理的一种形式,是把世界市场通过企业跨国化的组织机构内部化了。这种内部化的市场为跨国公司专业化分工、资金的融通调拨和技术的转让提供了便利,也有助于克服由国别限制所造成的障碍。

这种跨国公司的内部交易具有传统国际贸易的某些特征,如它是一种跨越国境的商品流通,是两个经济实体的商品和劳务的交易,这种交易的结果会影响两国的国际收支等。同时它又具有一般国际贸易所没有的特点,如交易价格不是由国际市场供需关系所决定的,而是由公司内部自定的。公司内部贸易在同一所有权企业内部进行,创造一个内部一体化的市场。在这一市场中,交易的动机主要是实现企业内部的经营与管理,使经营过程中各构成要素实现正常的运动。传统国际贸易的国别和地区市场的界限在这里消失了。从这个意义上说,公司内部市场是一种理想的真正的国际一体化市场。

公司内部一体化市场不是一个完全封闭的市场,公司内部市场与外部市场的联系机制包括以下三种形态:母公司所在国与子公司所在国的纵向关系;各子公司所在国之间的横向关系;纵向与横向交叉的交织关系。因此,当这种联系机制链条上的某一环发生变化时,就会使其余环节产生"共振"或传递。跨国公司内部经济关系即指跨国公司内部母公司与子公司以及子公司与子公司之间经济关系的总和,这种关系是跨国公司内部经济关系的核心部分,跨国公司与东道国市场的联系则构成跨国公司内部经济关系的外围。

跨国公司内部贸易与国际分工紧密关联。跨国公司实行内部国际分工,一则能使跨国公司通过专业化分工,提高劳动生成率,进而取得规模经济的效益。二则通过把一种产品的全部生产技术分割成为各个零部件的生产技术,而转让给相应的子公司,有利于母公司对整个生产技术的垄断和对海外子公司的控制。因此,跨国公司内部的国际分工必然会引起跨国公司内部交换,没有分工就没有内部交换;反过来,没有内部交换,内部分工也无法存在。

二、跨国公司内部贸易的特征

跨国公司内部贸易不同于一般国际贸易。一般国际贸易标的物所有权发生转移,而跨国公司内部贸易标的物所有权不发生转移,商品和劳务并没有流向其所有权之外的企业。跨国公司内部贸易价格不同于一般国际贸易价格。一般国际贸易价格以成本为基础,而跨国公司内部贸易价格并不以成本为基础,一般采取的是"转移价格"的定价策略。从企业整体角度看,商品的价格并不重要。由于转移定价在一定程度上不受市场供求的影响,而是根据子公司所在国的具体情况和母公司在全球的战略目标与经营管理需要而人为制定的,因此,转移定价不仅成为企业内部交易和偿付的方法,而且成为企业调节内部经济关系、避开公开市场缺陷、扩大企业总体利益、追求利润最大化的手段。实际上,转移价格策略只是跨国公司内部的一种会计手段,其目的在于使整个公司的长期利益极大化。一家跨国公司由其在世界范围内的子公司和附属机构构成内部交易体系,将公开市场上的交易转化为公司内部交易,就可以避免由于各国环境的差异,造成企业面临不完全竞争或有缺陷公开市场而难以通过公开市场交易实现其全球利益最大化的情况。内部交易和转移定价为跨国公司克服贸易障碍、减轻税收负担、降低交易风险、提高经济效益提供了合法的有效手段,使跨国公司在市场中获得竞争优势。跨国公司内部贸易是跨国公司全球战略规划的一个组成部分,贸易商品的数量、结构、流向受母公司控制,而一般国际贸易是公司之间独立的交易活动。

三、跨国公司内部贸易的影响

从宏观角度看,跨国公司内部贸易对国际贸易的影响主要有:①跨国公司内部贸易改变了各国贸易顺差或逆差的含义与影响,子公司回销到母公司的商品在账面上为逆差,但通过子公司利润汇回而流回,这种逆差常常是顺差的迂回方式。②跨国公司内部贸易的发展掩盖了国际贸易中各国真实的贸易关系,同属于一家跨国公司在各国分支机构的贸易表现为国际贸易,但实质上为同一所有者,或者同属于一家跨国公司在各国分支机构的贸易表现为东道国进出口,实质上与东道国无关。③跨国公司内部贸易使得东道国在制定国际贸易政策方面处于两难境地,跨国公司内部贸易的逃税和利润转移等行为需要加以限制,但这与鼓励引进外资相矛盾。跨国公司内部贸易对于投资国和东道国的影响是不同的。

(一)内部贸易对投资国经济的影响

跨国公司内部贸易对于投资国的影响主要是积极的。跨国公司的内部贸易直接带动了投资国的贸易发展,使投资国的进出口规模扩大,从而带动其整个经济的发展。内部贸易的发展保证了跨国公司在全球范围内进行一体化经营的实现,从中所得的益处进一步刺激了企业对外投资的欲望。在对外投资规模一定的条件下,若内部贸易的进出口结构合理,将有助于改善投资国的国际收支状况。海外子公司的大量返销行为,尤其是大量中间产品的进口,促进了国内相关产业的发展。同时,内部贸易的存在与发展,促进了国内产业结构的升级。对于传统的产业,本国可只保留核心技术,而将常规性的下游业务及技术移至海外,国内的需求靠海外子公司的返销来满足。对于投资国是发达国家而言,随着环保与"绿色"意识的加强,发达国家将一些污染严重或对自然资源破坏严重的行业逐渐转移至海外,通过内部贸易,既满足了国内的需求,又保护了环境和资源,从而推动了社会的发展。

(二)内部贸易对东道国经济的影响

1. 积极影响

不管是投资性内部贸易还是经营性内部贸易,也不管是内部贸易的出口还是内部贸易的进口,跨国公司在东道国境内所发生的内部贸易,直接成为东道国对外贸易的组成部分,这无疑会扩大东道国的对外贸易量。

(1)带动国民经济增长。既然内部贸易仅仅是对外贸易的一种特殊形式,因而,它与一般对外贸易共同发挥对国民经济增长的带动作用。尤其是外商投资企业的出口像国内的投资需求和消费需求一样,将直接刺激经济的发展。

(2) 完善东道国的产业结构。跨国公司通过投资性内部贸易,将大量的先进技术及相关设备和物品带入东道国,通过经营性内部贸易,进口大量的东道国短缺的先进的中间产品,将有利于东道国产业结构的完善与升级。

(3) 提升东道国的产业国际竞争力。跨国公司通过投资性内部贸易,将大量的先进技术及相关设备带入东道国境内,并通过日后的消化、吸收和创新,直接提升东道国相关产业和产品的国际竞争力。

(4) 带动东道国国内企业的发展。外商投资企业从海外关联企业进口中间产品供应东道国市场,与其示范作用、连带作用所形成的竞争压力一道,直接或间接刺激了国内企业的发展。

(5) 繁荣了东道国市场。外商投资企业通过横向内部贸易和与海外关联企业的交叉销售,进口大量多样性的最终产品,直接繁荣了东道国市场,满足了消费者各式各样的需求。

2. 消极影响

(1) 对东道国国际贸易的影响。外商投资企业会冲击民族企业的发展和其在对外贸易中的地位。东道国的企业一般集中于劳动密集型产业或资本密集型产业中的劳动密集环节,因而,跨国公司技术、相关设备和原材料的大量进口及产成品的大量出口,都不利于东道国贸易结构的快速提升,从而也不利于产业结构的调整和优化。从整个国际市场来看,劳动密集型行业处于价值链比较低端的部分,而且市场竞争也相对激烈,因而,外商投资企业加工贸易的发展,弱化了东道国在国际贸易中的比较优势,进一步恶化了贸易条件。

(2) 对东道国国际收支平衡的影响。外商直接投资企业通过资本流入、进出口贸易及利润汇出三个方面影响着一国的国际收支状况。撇开其他两个方面不说,从进出口贸易方面来看,投资理论告诉我们,当跨国公司投资于东道国的出口导向型企业和进口替代型企业时,将有利于东道国的国际收支状况的改善。一旦东道国以加工贸易为主,如我国,由于加工贸易是一种大进大出的投资方式,它的发展并不利于国际收支状况的改善:一是加工贸易所引起的大量贸易逆差,会冲击东道国的国际收支平衡;二是低增值率的加工贸易使对外贸易被带入粗放经营的模式,从而使外贸宏观效益低下,不利于东道国国际收支状况的改善;三是加工贸易中转移价格的存在,使外商投资企业的加工贸易增值率更低,大量的利润被转移到国外,这也冲击着东道国的国际收支状况。

(3) 对东道国国际产业竞争力的影响。一般而言,东道国的企业在国际分工中位次低下,而且加工贸易与其他行业的相关度低,无法推动和拉动前向与后向产业的发展,从而影响东道国国际产业竞争力的提高。并且,由于相同的原因,它对经济增长的拉动作用也受到了限制。

(4) 对东道国自然环境的影响。投资国可以将高污染、高耗能的夕阳企业转移到东道国,利用内部贸易满足本国的产品需求,会给东道国带来一定的环境污染。

第四节　国际技术转移

技术的创新与进步是世界经济增长的重要因素,先进技术在生产中的应用常常会带来巨大的经济效益,并且日益成为国际竞争的主要动力,技术优势成为国际企业保持垄断优势的重要部分。跨国公司对世界技术的进步和发展具有举足轻重的作用,跨国公司不仅是先进技术的主要发源地,而且在高精尖技术上占有垄断地位。世界上先进的生产技术绝大多数由跨国公司开发、拥有和控制,世界上最大的 500 家跨国公司垄断和控制了世界技术贸易的 90%,美国目前的技术转移收入中有逾八成来自本国跨国公司向海外子公司的技术转移。因此,跨国公司被称为国际技术转移(international technology transfer)的"重量级选手"。

一、技术转移的含义

"技术"在不同的场合和不同的研究领域,含义不尽相同。世界知识产权组织(WIPO)对"技术"的定义为:"技术是指制造一种产品或提供一项服务的系统的知识。这种知识可能是一项产品或工艺的发明、一项外观设计、一种实用新型、一种动植物品种,也可能是一种设计、布局、维修和管理的专门技能。"而在国际企业海外投资中所涉及的技术,主要是指把投入转化为产出过程,完成某项任务所需的方法或技能。

技术转移是指拥有技术的一方通过某种方式把一项技术让渡给另一方的活动。技术转移的行为,从技术供应方的角度来看,是技术的输出;从技术接受方的角度来看,是技术的引进。

技术转移可以发生在一国范围内,也可以发生在不同国家之间。一般来说,跨越国界的技术转移被称为国际技术转移。其中,跨越国界包含两个层面的含义:一是转移的技术必须是跨越国界而传递的;二是技术转移的供应方和接受方不在同一国内。将这种跨越国界的技术转移行为视为国际技术转移,无论是在发达国家还是在发展中国家,观点上都是一致的。

从事国际经营活动的跨国企业为了取得竞争优势,时常要设法从国际上引进先进技术;同时,为了谋取最大利益,也可能考虑将本企业所拥有的技术让渡出去。因此,国际技术转移是企业国际经营活动的重要内容,是企业家必须重点关注的事项之一。

需要指出的是,技术的国际流动不是完全自由的,各国政府均设有政策限制。首先,技术转移要受母国政策的影响。任何国家为了保证自己某些技术在世界上的领先地位,总是对先进技术的输出制定种种限制性规定。其次,技术转移也要受东道国政策的影响。任何国家都会根据自己的国情,制定对技术的引进或限制政策。

二、技术转移的类型

国际技术转移可以从不同的角度分为以下几种类型。

(一)贸易方式转移与非贸易方式转移

贸易方式转移是通过市场渠道的技术转移,即把技术作为商品,按一定的交易方式与条件有偿转移给国外的交易对象。非贸易方式转移一般是通过技术交流、技术援助、技术情报交换等多种形式无偿进行的技术转移。随着技术商品化趋势的加速，通过市场渠道进行的有偿的技术转移在国际技术转移中越来越起到主要作用。

（二）垂直转移与水平转移

技术可以沿着两个方向转移：一是垂直方向，二是水平方向。垂直方向的转移是指从基础研究部门向应用研究部门，进而向工业生产经营部门的技术转移；水平方向的转移主要是指工业企业之间的技术转移。由于企业的技术开发活动更接近于市场，提供的技术也更实用，因此，多数企业更喜欢从其他企业获得技术，这就使国际水平技术转移比垂直技术转移要活跃得多。

（三）内部转移与外部转移

当技术是在国际企业本系统内部的母公司与子公司、子公司与子公司之间进行时，称为内部技术转移；相反，发生在国际企业系统之外的企业之间的技术转移则称为外部技术转移。一般来说，内部技术转移比外部技术转移更便宜，转移速度也更快。

国际企业在内部转移技术的方式有两种：一种为纵向转移，即指国际企业内部母公司与子公司之间，以及母公司统率其子公司按其全球战略运营时发生的技术转移。这种技术转移一般通过技术培训方法进行。另一种为横向转移，即通过各地子公司将本公司的某种技术转让给当地民族企业。比如，通过子公司直接投资建立新的产业，通过子公司输出技术，以及参与技术合作，在合作中进行技术转移等。外部技术转移有多种方式，具体方式的选择需要符合技术转让双方的利益，特别是国际企业的利益。

三、技术转移的实施方式

拥有技术的企业一般通过技术专利、专有技术、商标、版权和商业秘密五种方式保持其对某项技术的产权。技术转移就是对上述五种产权的转让。国际技术转移由于所转移的具体项目的性质、水平、渠道不同而采取不同的实施方式。转移的具体实施方式很多，但可分为两大类：一类是单纯的技术转让，这就是通常所说的技术许可证；另一类是通过贸易或投资方式附带进行的技术转让。

（一）技术许可证

与普通商品的交易不同，技术转让是使用权的转让。因此，在利用许可证进行技术转移时，必须在许可证合同中对技术使用权的权限、时间期限、地域范围和处理纠纷的程序、办法等进行确认。

1. 使用权限

在技术许可证合同中，使用权限的限定是最重要的条款。技术使用权限的大小可分为以下几种。

（1）独家使用权，是指在许可证合同中规定的许可方允许受权人在合同有效期限内，在规定的地域范围内,对所许可的技术享有独占使用权。许可方不得在所规定的期限内在该地区使用该项技术制造和销售产品,更不得把该项技术转让给第三方。独占许可证合同所规定的地域范围,实质上是转让双方就该项技术所制造的产品的销售市场进行国际划分。很显然,这种转让,卖方索价会比较高。

(2) 排他使用权,是指许可方允许受权人在规定地域范围内、在一定条件下享有使用某项技术、制造和销售产品的权利。同时,许可方自己保留在上述地域对该技术的使用权,但许诺不得再将这一技术转让给第三者。

(3) 普通使用权,是指许可方在合同规定的时间和地域内可以向多家买主转让技术,同时许可方自己也保留对该项技术的使用权和产品的销售权。

(4) 转售权,受权人有权在规定的地域范围内,将其所获得的技术使用权转售给第三者。

(5) 交叉使用权,交易双方以各自拥有的技术(专利或专有技术)进行互惠交换。因此,这种交易一般互不收费,亦即以技术换技术。双方的权利可以是独占的,也可以是非独占的。

(6) 回馈转让权,是指许可方要求受权人在使用过程中对转让的技术的改进和发展反馈给许可方的权利。

2. 地域范围

技术许可证中大都规定了明确的地域范围,在这个范围内,受权人被许可使用该技术;在这个范围之外,受权人不得使用该技术。

3. 有效期限

技术许可证合同一般都规定有效使用期限,时间的长短因技术而异。技术服务合同可以是 1 年、2 年,专利技术或版权的许可期限则要与该专利或版权的法律保护期相适应,一项商标的使用合同则可能超过 20 年。

4. 纠纷仲裁

技术许可证合同是法律文件,是依照技术交易双方所在国的法律来制定的,因此受法律保护。如果一方毁约,另一方可依法律程序寻求保护,追回受损权益。某些许可证合同还规定了处理纠纷的仲裁机构、处理程序和办法等。

(二) 依附贸易或投资的技术转让

除上述单独的技术许可证之外,技术转移也可以同其他贸易或投资安排一起进行。

(1) 在承包工程和交钥匙工程后转让操作技术。交钥匙工程是一种特殊的承包,它由承包方提供包括技术、设备、厂房在内的全部的设计、安装、调试,甚至包括产品打入市场的一揽子转让。这种方式一般由大型跨国公司承担,它们一般对这种形式比较热心,因为这种一揽子的转让不仅可以获得比纯技术转让更多的收益,而且能够保证生产技术自然、完整地掌握在自己手中。而这种方式对技术引进方来说虽然能够很快投产并形成生产能力,但花费巨大,且只是获得操作技术,由于缺乏对成套技术的了解,引进后仍有可能受到技术供应方的控制。

（2）通过合资、合作和联合开发的方式转让技术。这种方式使双方结成一个利益共同体。对于技术受让方来说，在引进技术的先进性和适用性方面比较有保证，便于很快地消化吸收，产生经济效益，而且可以节约引进费用；对于技术转让方来说，由于可以在其他方面利用对方的优势，也将有较大收益，特别是联合开发，对方的技术也是可以广泛利用的。

（3）在购买商品的同时转让全部或一部分技术。例如，在购买飞机时转让飞机操作和维修技术。

（4）在加工贸易中转让有关加工技术。

四、技术转移定价

技术是一种特殊的商品，技术转移的定价原则与一般商品的定价原则不同，技术转移一方面受价格成本、需求和利润的影响，另一方面还受技术自身特殊性的影响。

（一）技术转移中的成本与费用

国际企业常常把技术转移作为获取利润的一个基本途径，从而谋求技术转移的价格高于所转移中的技术的成本。必须考虑的技术转移中的成本与费用有以下五个方面。

1. 研究与开发成本

研究与开发是技术的生产过程。国际企业在技术的研发中，需投入人力、物力和财力进行科学试验、调查研究、理论论证、设计与优选、试制与鉴定等必要工作，于是形成了一项技术的研究与开发成本。

2. 技术转让税

国际企业技术转移通常是要纳税的。一般地，东道国政府对国际企业取得的技术转移费用要征收一定的所得税，而国际企业母公司在收到这笔收入时也可能需要向母国政府缴纳所得税。在这种情况下，国际企业通常会把这部分税负转嫁给技术接受方。

3. 交易费用

技术转移过程本身也是要付出代价的，一般包括联络沟通、项目设计和准备技术资料等方面的费用。一部分交易费用是由技术提供方支付的，随着技术提供方责任的增加，这部分交易费用也会增加。

4. 产权保护费

技术转移中最大的风险就是产权失去保护，如专利技术被盗用、商标被假冒、专有技术被泄密，这些都会削弱国际企业的技术优势。国际企业要设法进行产权保护，如在多个国家申请专利和注册商标，并且广泛收集信息、检查是否存在侵权现象、在技术转移过程中强调保密条款等，为此需付出一定的产权保护费。

5. 市场机会成本

技术转移大多在同行业内进行。国际企业向东道国企业转让技术，实际上是要让出部分市场给对方，并把对方培养成强劲的竞争对手。因此，国际企业要计算出让市场的机会成本。

(二) 技术作价原则

技术转移价格实质上是技术引进方从应用技术而获得的新增利润中分配给技术供应方的份额。由于信息的不完全性,准确评估技术的价值很困难,因此,国际上认为应采用利润分成(Licensor's Share on Licensee's Profit, LSLP)原则来制定技术的转移价格,即技术的价格应当来自对应用技术而新增的利润的分成,其核心是确定利润分成率,计算公式为

利润分成率(LSLP%)=(许可方得到的费用/接受方得到的增值利润)×100%

技术价格=接受方的利润总额×利润分成率

根据联合国工业发展组织对印度等发展中国家引进技术价格的分析结论,利润分成率为16%~27%比较合适。但不同国家、不同行业以及不同适用性和先进性的技术,采用的利润分成率不尽相同。

五、技术转移的战略选择

技术转移战略规定企业技术转移的方向,安排技术转移的领域、任务、目标和内容。国际技术转移不仅对国际企业是一个重要的收入来源,而且会对国际贸易和投资格局的变化产生影响。因此,无论对于技术许可方还是对于技术接受方来说都要做好技术转移的战略选择。

(一) 延长技术生命周期战略

在技术发展日新月异的今天,产品更新换代越来越快,技术的生命周期不断缩短。如何延长技术的生命周期,从而为企业带来效益也是国际企业需要考虑的。国际企业可将在本国已处于成熟期的技术转移到还需要这种技术的国家或地区。这种策略对双方都有利。对于技术让渡国来说,这种战略延长了所拥有的某项技术的生命,实际上等于延长了依靠这种技术获取利润的时间;同时,还可以为更新的技术腾出时间和空间,从而取得更大的利益。因此,这种技术转移不但不会影响母国在国际上的竞争地位,反而因促进更新技术的发展而增强了实力地位。对技术输入国来说,由于费时较短,没有研制风险,又能填补国内空白、缩短技术差距,因而有利于经济和技术的发展。

(二) 扩大技术效用战略

这种战略是指国际企业在一项新技术问世之初,就立即以高价向外转移。采取这种战略的目的在于:①新技术可以索取高价,从而在更大范围内取得更多收益,及时回收研制成本。②可迅速占领技术市场,并可将利润转化为下一轮研制开发的资本,在技术领域保持领先一步的地位。但这种战略要冒被仿制的风险,且要得到母国政府的许可。这种战略只适用于梯度相同或相近的国家,这是因为在技术差距很大的国家之间,最先进的技术有时难以被东道国接受。不过,对于技术梯度相近的国家,这种战略有利于缩短技术差距、获取竞争优势。

(三) 寻找出路战略

有些国际企业发现其拥有的技术在本国、本地区暂时无法转化为生产力。在技术更新换代日益迅速的年代,若不尽快转化为生产力,技术有可能在"闲置"过程中被淘汰。在这种情况下,不如尽快出手,收回研制成本,获得报酬,进入新一轮的研究开发。当然,这种技术转移的前提是对母国的经济、政治发展没有不利影响。

第五节 跨国公司的研发管理

一、研究与开发的概念

首先,基础研究是为了获得关于现象和可观察事实的基本原理的新知识而进行的实验性或理论性研究。应用研究是为获得新知识而进行的创造性研究,主要针对某一特定的目的或目标。而试验性开发是利用从基础研究、应用研究和实验所获得的现有知识,为产生新的产品建立新的工艺、系统和服务及改进各项活动而进行的系统性工作。

二、跨国公司研发的特点

(一) 全球研发的驱动者

1996年以来,全球研发开支增长迅速,根据联合国教科文组织的统计,全球研发支出由1996年的5 565.2亿美元增长到2018年的2.23万亿美元(按购买力平价)。从研发投入的地理分布看,2018年美国占全球研发支出总额的26%;中国占20.8%,居第2位;日本(7.6%)和德国(6.3%)分列第3位和第4位。研发工作在南北之间的全球性分布正在迅速改变。

(二) 技术合作日益增加

跨国公司的技术创新活动,正朝着分散化、国际化的方向发展。跨国公司研发的国际化,主要体现在不同国家跨国公司之间的技术合作日益增强。造成跨国公司之间国际研发国际化协作的因素主要包括跨国公司国外扩张的需要、国际技术竞争加剧、技术研发的高成本、长周期和高风险、部门间日益广泛的技术联系以及跨国公司经营结构的多样化。

(三) 是一个全球技术流动网络

技术信息流动不是单一地从母公司流向国外子公司,国外子公司或研发机构的技术信息也要向母公司回流或反馈。母公司还鼓励子公司高价收买或招聘外国的优秀人才,并严格规定子公司的任何重大科研成果必须交回母公司,不准霸占或转让。

(四) 对新技术的控制将成为对子公司非股权控制的重要手段

由于发展中国家民族主义的政策特性以及与发达国家相比其市场的不完善、投资环境的不足等原因,发达国家企业越来越多地使用非股权投资方式,如技术授权和管理合同。

(五)研发的绩效水平各异

各国创新和获益于研发国际化进程的能力差异很大。此外,研发是否能随时间的推移而深化,能够在何种程度上向各种不同的活动扩散,是跨国公司与本地行为者之间在东道经济体内互动进程的结果,而这一进程又反过来受到东道国的体制框架和政府政策的影响。

三、跨国公司 R&D 的组织结构的类型

(一)母国集权型

母国集权型(ethnocentric centralized R&D)将所有的研发活动集中在母国基地手中,不在海外进行任何研发活动。这种类型的优点与缺点如下。

(1)除有利于保护核心技术外,母国集权型研发还可以为企业带来研发规模化和专业化方面的优势,从而降低研发成本、缩短研发周期。

(2)研发人员在地理位置上的集中,有利于信息在不同科学家之间的交流。

(3)对来自海外的市场信号和外国技术缺乏敏感性。

(4)对海外市场的需求缺乏足够的考虑。

(5)经常会发生创新缺失综合征。

(6)组织结构容易发生僵化。

(二)多国集权型

多国集权型(geocentric centralized R&D)将大部分的研发活动集中在母国,但根据需要在海外设立一定的研发机构。这种方法要求跨国公司母国的研发人员根据国际市场的需求变化不断地调整自己的价值观和行为方式,如果海外研发机构定位不准确,可能会带来负面的影响。

(三)多国分权型

多国分权型(polycentric decentralized R&D)在空间分布上具有多个平行的中心,各个分散、独立的研发地点结成联盟。没有集中监管的母公司研发中心,具有高度自主权,同母国基地之间的信息流动非常有限。这种类型的优点与缺点如下。

(1)跨国公司在当地设立海外研发中心,突出当地市场导向,适应当地环境提高市场敏感度,推动产品当地化。

(2)注重市场特殊性甚于产品标准化,当地有效性甚至比全球效率更重要。

(3)各个区域性研发中心协调困难,并且多个研发机构的研究内容可能出现重复,导致研发资源的浪费以及组织上的低效。

（四）核心型

核心型（R&D hub model）将母国研发组织作为轴心从事主要技术的研发，海外研发机构进行有限的技术创新活动。这种类型的优点与缺点如下。

（1）设有严格的控制中心，对分散在海外的研发机构进行统一协调，控制中心的母国国内导向和分散中心的全球导向兼而有之，呈现出节点层级结构特征。

（2）通过与各个次级中心的密集的信息交流实现全球研发一体化，提高研发效率，避免重复开发，利用全球优势创造发展合力。

（3）协调成本较高，在信息交流方面存在时间成本。

（4）母国核心研发机构可能压制海外研发机构进行技术创新的积极性，影响其创新性效率和灵活性。

（五）网络化整合型

网络化整合型（integrated R&D network）是母国基地的研发中心与其他研发机构相互依赖，加强分工合作，优化效率。母国基地的研发中心与其他众多研发机构互相依赖，通过各种协调机制和沟通渠道形成全球协同、灵活高效的系统化网络结构，张扬地方优势，加强分工合作，提高全球效率。

第九章 跨国经营的营销管理

第一节 跨国公司市场营销战略的类型与选择

一、企业全球化营销

(一) 企业全球化营销的内涵

企业全球化营销是指跨国公司在进行营销活动时,将全球看成一个统一的大市场,忽略各国市场之间存在的差异,突出全球市场中的共性,运用标准化的营销策略服务于全球的目标客户。国际化企业在进行全球化营销过程中,可选择进入国际市场的方式主要包括三种:国际贸易、国际合作、对外直接投资。

1. 国际贸易

国际贸易是指货物产品或者服务产品在不同国境内企业之间的流动。国际贸易的主要优点在于简单,它可以使企业用有限的努力和成本在一个海外国家开展商业活动,可以使公司在发生问题时把损失控制在一个有限范围内。与进行海外投资相比,它可以使公司快速获得回报。国际贸易模式下,企业不用制定和实施国际营销战略就开始介入国际市场,只需由进出口商签订的合同就可以开始从事贸易活动。但采用国际贸易也有缺点,主要是在对竞争优势的控制方面。由于运输成本、贸易壁垒的存在,除非企业的产品具有很强的竞争优势,否则出口的产品难以和东道国当地生产的产品进行竞争。

2. 国际合作

国际合作是指不同国境内的企业共同完成货物产品、服务产品、工程项目等的提供。企业在经营活动中,刚开始时对海外市场还缺乏足够的了解,国际化经营还缺乏经验,所以贸然在海外建厂投资必然存在较大风险。解决这一矛盾的有效办法除了利用国际贸易方式进军国际市场外,还可以通过国际合作的方式,谋求和国外企业合作生产和销售,以整合国内外企业价值链的方式打开国际经营的局面,并在合作过程中逐渐积累国际经营的经验。这样做既减少风险,又逐步培养自己的人才,为以后独立进入海外市场打好基础。而采用国际合作的方式也有缺点,一方面可能面临东道国贸易壁垒等限制;另一方面远离东道国市场,无法获取更多的当地信息或者利用当地的资源。

3. 对外直接投资

对外直接投资是指一国境内企业在另一国境内设立分支机构。采用对外直接投资的优点就在于对竞争优势的控制方面,通过在国外制造产品,公司可以避开贸易壁垒,同时由于消除了运输成本和进口关税,可以降低单位产品的价格。在某些情况下,国外直接投资可以使公司从当地的廉价劳动力和原材料中受益。而且公司可以参与运营,增强公司对重要事务的控制能力。采用国外直接投资的主要缺点是它需要更多资本和更高的参与度,而且也使公司面临更大的损失风险。

(二)企业全球化营销的特点

1. 突出内容和过程的标准化

全球化营销战略首先是营销内容的标准化即产品、价格、渠道、促销等营销要素的标准化,形成全球统一的品牌、统一的产品形象;其次是营销过程的标准化,如营销决策过程、问题解决过程、业绩评估方式等。实施全球化营销除了有利于降低营销成本,取得规模经济效应之外,还有利于提高客户对公司的认知度和偏好度,培养更多忠实的消费者。

2. 开发世界性产品

跨国公司在进行产品开发时,着重关注各国消费者的共同需求,生产全球性的"标准化产品",以促使跨国公司更有效地进行产品研究,在提高质量的同时降低成本。跨国公司在标准化的营销战略下,将价值链中的研发创新、采购供应、生产装配等各个具体环节安排在全球具有比较优势的区域,通过规模经济可以降低成本,获得竞争优势,实现收益的最大化。

(三)实施企业全球化营销战略的动因

1. 降低成本

全球化营销可以通过产品设计、采购、制造、营销等环节的一体化实现规模经济而降低成本。在全球市场或整个区域市场采取相似的营销策略比多个针对不同市场进行本土化的策略花费的成本更低。总部设在瑞典的伊莱克斯公司,为满足欧洲不同国家法规和消费者的需要,生产的电冰箱曾经达到数百种。随着欧洲产品标准的统一和消费者偏好的趋同,伊莱克斯公司生产的电冰箱种类减少到十几种,并可以在全球范围内合并生产设施,集中力量开展新的研发活动。

2. 增强控制力

全球化营销可以为多个国家提供高度标准化的统一方案,使跨国公司简化管理程序和质量控制,减少零部件的库存数量,加强国际市场营销活动的控制力与计划性。

3. 提升品牌在全球的影响力

全球化营销便于跨国公司在全球合理定位,便于跨国公司采取统一的品牌、统一的质量、统一的包装,呈现统一的形象,有助于提高顾客的兴趣,避免由于多种本土化方案的实施引起消费者对品牌认知的混乱。

二、企业本土化营销

(一) 企业本土化营销的内涵

本土化营销战略也称当地化营销战略、适应性营销战略,是指跨国公司在世界范围内进行市场营销时,从不同国家、地区市场需求的差异性出发,根据消费者需求偏好和各个国家的风俗文化,采取具有本土化特色的营销策略来满足消费者的多样化需求。

(二) 企业本土化营销的特点

1. 细分市场

跨国公司在确定本土化营销战略之后,会对世界范围内不同地区市场的特点进行研究,根据不同地区市场消费者需求偏好的差异进行市场的重新划分。

2. 产品本土化

由于不同国家和地区的风俗习惯、宗教信仰的不同,各国消费者对于同种产品的需求也存在差异。这就要求跨国公司根据目标市场的不同特点,设计出适合不同市场的产品。跨国公司通常的做法是对企业的核心产品进行适度的改良,以此来满足消费者的不同需求,提升产品的竞争力,赢得消费者的喜爱并提升企业形象。例如,麦当劳在进驻印度后,对其核心产品汉堡包进行相应的改良,发明了印度版的巨无霸——邦主汉堡,这是用羊肉做的一种汉堡。同时菜单上的一些其他产品也与当地人的情感相吻合。这些都是麦当劳为了适应印度饮食习惯、特点对产品进行的创新,它改变了产品的味觉,获得了印度消费者的喜爱。

3. 价格本土化

定价是跨国公司在制定海外营销策略时最敏感也最复杂的决策。跨国公司在进行价格决策时,除了要注重与企业长远的目标相契合,还必须分析进入市场的其他竞争者的价格策略,并以此来确定合适的价格。

4. 促销本土化

在促销领域,跨国公司注意到各国消费者的风俗习惯、文化特点、宗教信仰等方面的差异,在广告等促销方式中插入本土化的元素。例如,潘婷洗发水广告在中国的形象代言人有汤唯、高圆圆、郭碧婷等中国一线女星,而在泰国则选用了泰国明星Aom,在韩国是韩国女星韩佳人和金雅中。

5. 分销渠道本土化

跨国公司在海外市场选择分销渠道时,尽量考虑到不同市场消费者的需求习惯,选择长短、宽窄都相适应的分销渠道,并使用本地营销资源、营销网络、经销商等,将产品快速送到消费者手中。

(三) 实施企业本土化营销战略的动因

1. 更加准确地满足当地消费者的需求

不同国家的文化传统、风俗习惯不同,这对于跨国公司进入目标市场可以说是一道无形的壁垒。跨国公司只有在营销策略上充分迎合不同国家的消费需求,在产品设计上体现不同的文化理念,才能消除因文化而产生的障碍,精准满足当地消费者的需求。

2. 遵守当地政府的法规

各国在产品质量与标准、包装、广告等方面均有不同的规定。在德国、挪威、瑞士等一些国家,针对儿童的广告受到限制。另外,德国的食品包装要求配有多种文字标识,包括英语、法语、德语和西班牙语。加拿大的魁北克是法语省,当地法律要求所有产品都要有英语和法语两种语言的包装。实施本土化战略便于充分了解相关国家与政府的法律和法规并加以贯彻执行。

3. 在与当地竞争者及全球竞争者的对抗中获得更大的成功

本土竞争者对本地市场非常熟悉,有良好的渠道,同时与当地政府保持了良好关系,在竞争中具有得天独厚的优势。全球其他竞争者往往也具有产品、品牌等方面的优势。在高手如林的竞争者中,实施本土化战略,有利于跨国公司强化特色、创造独特的需求,在激烈竞争中获胜。

三、企业全球本土化营销

（一）企业全球本土化营销的内涵

完全的本土化营销战略的成本高昂,而完全的标准化营销战略在全球范围内实施也十分困难。一种介乎于二者之间的折中方案——全球本土化营销战略应运而生。全球本土化营销战略将标准化营销战略与本土化营销战略有机结合起来。全球本土化营销战略是从全球视角出发,采取全球一致的思维或主题来制定战略,同时注重以顾客为导向来适应当地文化。这一战略注重宏观和整体上的统一性,突出战略元素如产品定位、品牌培育、形象塑造上的共性和标准化,强调具体策略实施要与当地环境相适应。在营销战略选择的实践中,不同的跨国公司对于全球本土化战略中标准化和本土化的侧重有所不同。各个企业会根据东道国的市场状况、企业发展目标和战略、产品自身的特点等进行决策与选择。通常,大多数跨国公司会先运用标准化策略,以标准化商品和服务打入东道国,占有一定的市场份额,打响品牌的知名度。随后,再根据东道国的实际需求特点,逐步进行本土化的升级。

（二）实施企业全球本土化营销战略的动因

纯粹的本土化营销战略实施初期,生产和销售规模较小,因而成本较高,不能产生规模经济效应,难以扩大海外市场。而实施全球化营销战略虽然可以降低成本,却忽略了不同市场需求的差异。对各国需求不同的忽视将直接影响跨国公司的经营业绩和形象,降低企业的竞争力。而全球本土化营销战略兼容了全球标准化和本土适应性二者的优点,有效克服了二者的不足。全球本土化营销战略不仅可以降低企业营销的成本,而且可以满足不同国家消费不同需求,提升跨国公司进入目标市场的效果,加强跨国公司的竞争实力。

四、企业国际营销战略选择

(一) 产品的技术特点

如果跨国公司从事生产制造的产品属于高科技产品,那么企业就应该选择全球化的营销战略。这是因为:第一,科技含量高的科技产品对产品的生产环境、制造工艺要求高。第二,高科技产品往往引领消费潮流,不必根据各地消费者的特点进行本土化的改良。第三,高科技产品往往前期投资比较高,企业急于收回资金。而全球化生产,有利于扩大生产规模、回收资金,以及降低成本和获取高额利润。相反,如果产品的技术水平、制造投入成本不高,企业通常会考虑本土化战略,更好地吸引东道国的消费者。

(二) 消费者需求的差异程度

如果跨国公司所进入的东道国风俗文化与母国市场差异不大,同时消费者的需求比较同质,那么跨国公司就不需要对产品、渠道、促销方式等进行过多的调整,可以直接采用标准化营销战略,通过规模效应来获得收益。但如果东道国的文化背景、市场需求与母国相差太多,跨国公司就应实施本土化战略,对营销组合进行适当调整,以迎合东道国的消费者。

(三) 市场结构与竞争态势

如果目标国的竞争者集中度不高且竞争激烈,应当实施本土化营销战略,并以此来赢得消费者的喜爱,快速打入东道国市场。

(四) 母国及东道国政府的法律法规

母国及东道国政府对于跨国公司经营管理均有相关条例、法规的限制。例如,有的国家政府要求跨国公司使用本国员工的比例不低于相应的百分比,迫使企业采取本土化的营销战略。

第二节 跨国公司市场营销的 STP 分析

跨国公司为了成功开拓海外市场,其首要问题是选择正确的目标市场。目标市场的选择需借助必要的市场调研,并在大量信息的整理、分析基础上进行市场的宏观细分与微观细分。

一、国际营销调研

国际营销调研比国内调研可能更困难、更复杂,这是因为有些信息在国内很容易得到,在国外却难以获得甚至根本不可能获得,尤其是发展中国家常常缺乏必要的、可靠的统计资料。由于统计方法、统计时间的差异以及汇率的变动,所获得的信息往往缺乏国与国之间的可比性。营销调研的方法也需要因国别、地区环境不同而不同,其成本当然也远远高于国内调研。如果跨国企业需要在多国市场上进行同一内容的调研,则调研的组织工作更会复杂。

国际营销调研中总会遇到一些国内调研时不会碰到的问题:①问卷的准确翻译问题;②在有些文化背景下一些被调查的对象可能不愿意与陌生人交流,或不愿透露其真实情况;③在一些发展中国家缺乏必要的基础设施支持,如邮电通信系统效率低、普及率低,缺少有资格的市场调研公司协助在当地调研等。要解决这些问题,必须重视取得当地专家的帮助,并加强对调研人员的培训,问卷翻译可采用循环翻译方法以确保其准确性。

二、国际市场细分

(一) 国际市场细分的内涵

美国市场学家温德尔·史密斯(Wendell Smith)于20世纪50年代中期提出:市场细分就是指按照消费者欲望与需求把一个总体市场划分成若干个具有共同特征的子市场的过程。作为跨国公司,其目标不可能为全世界所有的人服务。因为世界市场是广大的,而且消费者的要求、偏好和消费习惯相差甚远。也就是说,不论跨国公司的生产能力和适应能力如何强,都不可能满足世界上每一个消费者的需求。即使是对某一特定的国家和地区,也只可能为某一部分消费者服务,即一个市场可以分解为若干细分市场。

市场细分有利于跨国公司分析市场机会,选准目标市场,有利于跨国公司制定和执行营销计划,提高应变能力,有利于跨国公司合理配置资源,取得最佳营销效果。例如,日本钟表行业通过调查得知,美国市场对手表的需求有三类不同的消费者群:23%的人对于手表的要求是能计时、价格低廉;46%的人要求计时准确、耐用、价格适中;31%的人要求手表名贵、计时精确。其又得知美国享有盛名的钟表厂商和瑞士手表商一向注重第三类市场,这样第一类市场和第二类市场的近70%的消费者的需求得不到满足。日本钟表厂商迅速打入这两个细分市场,尤其是日本精工电子表,款式新颖,售价比较便宜,并提供方便的免费保修,这样很快占领了美国手表市场。由此可见,市场细分在跨国公司的营销管理中发挥着重要的作用。

(二) 国际市场细分的原则

科学和有效的市场细分要在各种市场之间保持明显的差异性及各种市场内部具有一定的同质性,便于跨国公司认识市场,发现市场机会。因此,进行市场细分应遵循以下原则。

1. 差异性

细分的市场必须有明显的特征,各细分市场要有明显的区别,不同的细分市场应具不同的需求特征。

2. 同质性

各细分市场内部的消费者应具有共同的需求特征,表现出类似的购买行为。

3. 有效性

细分市场的规模必须足以使跨国公司盈利,因为跨国公司为满足目标市场的需求,需要付出相当的成本来调整产品和营销策略,如果细分市场的购买力过小,就会导致亏损。

4. 可接受性

细分的市场必须使跨国公司和消费者都能接受。一方面,跨国公司以某细分市场作为目标市场,能够通过营销活动使产品进入目标市场;另一方面,目标市场的消费者乐于接受,并能通过一定渠道买到所提供的产品。

5. 稳定性

细分市场必须保持相对稳定,以便跨国公司制定或调整营销策略,从而有效地开拓目标市场,获得预期利润。

(三) 国际市场细分的标准

国际市场细分具有两个层次的含义,即宏观细分与微观细分。宏观细分是要决定在世界市场上应选择哪个国家或地区作为拟进入的市场。这就需要根据一定的标准将整个世界市场划分为若干子市场。每一个子市场具有基本相同的营销环境,企业可以选择某一组或某几个国家作为目标市场。

国际市场宏观细分的标准有地理标准、经济标准、文化标准和组合法。其中,地理标准是宏观细分最常用的标准,这是因为地理上接近易于跨国公司进行国际业务管理,同时处于同一地理区域的国家具有相似的文化背景。特别是第二次世界大战后,区域性贸易和经济上一体化发展迅速,从而使地理接近的市场更可能具有同质性。日本本田公司对全球摩托车的市场细分采用的就是这一变量。组合法是从国家潜量、竞争力、风险三个方面来综合分析世界各国市场,以选择潜量大、企业竞争力强、市场风险小的国家作为目标市场。

微观细分类似于国内市场细分,即当企业决定进入某一海外市场后,它会发现当地市场顾客需求仍有差异,需进一步细分成若干市场,以期选择其中之一或几个子市场为目标市场。一般跨国公司在对市场细分时可采用的微观变量有人文变量、心理变量、行为变量等。

(1) 根据人文变量细分。例如,出口玩具不仅要研究玩具的对象是男是女、大约几岁、已受过几年教育,还要想到玩具的直接选购者是大人还是孩子、收入多少的家庭才能承受、造型和色彩适合哪个民族的爱好等。

(2) 根据心理变量细分。例如,英国一家公司在出口高级呢绒时,同样花式在每个城市只供应有限几段,从而抓住一些人"独树一帜"的心理特征,赢得了成功。又如,美国人好奇心强、乐于尝试,因而只要产品不断创新并善于广告宣传,无不利市百倍。而西欧国家则比较保守,新奇产品往往难以招徕顾客,名牌产品却具有吸引力,所以在西欧应注重培养品牌。

(3) 根据行为变量标准细分。例如,发达国家一些人的着装不断变换和更新,总是给人以新的感觉,穿几次也就丢掉了,并不要求服装的耐穿。相比之下,发展中国家的消费者则更加重视服装的耐穿与否,对于款式翻新的兴趣较低。针对这两个消费者群体不同的行为方式,生产者就要采取不同的策略。

(四)国际市场细分的策略

跨国公司在选择目标市场进行营销活动时,通常可以采用以下三种营销策略。

1. 无差异性策略

无差异营销的跨国公司把整个市场视为一个整体,并不进行市场细分,试图推出标准化的产品,采用标准化的营销策略来满足消费者的需求。可口可乐公司在相当长的时间里就是采用这种策略,只生产一种口味的可口可乐,包装和广告在各地都是一样的。无差异性营销可降低成本,生产、管理、储运、推销、市场调研、广告等费用都比较低,但这种策略的营销效果较差。

2. 差异性策略

跨国公司通过对消费者需求差异的分析,将总体市场划分为若干个细分市场,针对不同的目标市场采取不同的营销策略。美国通用汽车公司就是采用这种策略,推行针对每一个"钱包、目的、个性"生产一种车。差异性策略能够较好地满足不同消费者的需求,扩大市场影响,提高销售总额。但它不可避免地使生产成本和销售费用增加。

3. 集中性策略

跨国公司在市场细分的基础上,力争全部或大部分占领一个或少数几个细分市场,福斯公司倾全力发展小型汽车便是采用这种策略的一例。集中性策略由于营销对象比较集中,对特定细分市场易于深入了解,容易取得特定市场的有利地位。但是由于市场狭小、风险较大,一旦市场发生变化,则容易陷入困境。

三、国际目标市场选择

国际市场营销中选择目标市场有两层含义:一是基于宏观细分,在众多国家选择某个或某几个作为目标市场;二是通过微观细分,在一国众多的子市场中选择某个或某些作为目标市场。其选择战略有本土化、全球化及全球本土化。

(一)目标市场选择的标准

1. 有一定的规模和发展潜力

企业进入某一市场是期望有利可图。如果市场规模狭小或者趋于萎缩状态,企业进入后难以获得发展。如我国实施改革开放之初,有很多跨国公司将目光转向中国,就在于中国是一个拥有十几亿人口的庞大市场。

2. 细分市场结构的吸引力

细分市场可能具备理想的规模和发展特征,然而从盈利的观点来看,它未必有吸引力。竞争战略专家波特为我们提供了一个系统的分析框架,考察细分市场的长期的内在吸引力的五个群体是:同行业竞争者、潜在的新竞争者、替代产品、购买者和供应商。

3. 符合企业目标和能力

（1）能否推动企业实现发展目标，若分散企业精力，使之无法完成其主要目标，这样的市场应考虑放弃。

（2）企业的资源条件是否适合在某一细分市场经营。只有选择那些企业有条件进入、能充分发挥其资源优势的市场作为目标市场，企业才会立于不败之地。

（二）目标市场选择的分析

1. 初步筛选

初步筛选是确定对一个国际企业的产品和服务有潜在需求的国家或地区市场的过程。其要确定哪个或哪些国家或地区会需要本企业提供的产品和服务。国际企业在初步筛选阶段，往往先要对多个国家和地区的相关信息进行收集，通过比较和分析，确定首选国家或地区。在初步筛选过程中，应注意三个方面的问题：一是要认真对待市场容量大的国家和地区；二是要极为关注桥梁式国家市场；三是应避免在发展前景不好的国家市场调研上花费太多的精力，尽量减少初步筛选工作的过程成本。

2. 潜在的市场规模和增长率评估

潜在的市场规模指细分市场中消费者对产品的潜在需求量。潜在的市场规模大小决定了该细分市场的发展性和企业今后的发展空间。企业应该选择一个与自身发展相适应的适度规模。一般来说，大公司倾向于可产生较大销售额的子市场，而放弃相对较小的子市场。小公司则因为自己的资源技术等限制，一般避开大的细分市场，选择相对较小的细分市场。细分市场的增长率也是一个描述性的特征，选择一个具有增长势头的细分市场就意味着企业可能在这个市场中逐步增加销售，获得持续高利润。同时，应注意到一个处于上升期的细分市场也会吸引众多的竞争者与自己争夺有限的利润。

3. 竞争状况分析

在选择目标市场时，要正确估计各细分市场的竞争状况以及企业自身的竞争地位，应选择那些竞争对手少而企业具有较大竞争优势的细分市场作为目标市场。根据波特的竞争优势理论，可以从以下五个方面来分析：一是同行业的竞争者威胁，如果某个细分市场已经有了众多强大或者竞争意识强烈的竞争者，那该细分市场就失去吸引力。二是新竞争者的威胁，如果是进入壁垒高、退出壁垒低的市场，则可以考虑进入；反之，则不进。三是替代品的威胁，如果某个细分市场存在替代品或有潜在替代产品，那么该细分市场就失去了吸引力。四是购买者讨价还价能力加强的威胁，如果某个细分市场中购买者讨价还价的能力很强或正在加强，该细分市场就没有吸引力了。五是供应商讨价还价能力加强的威胁，如果公司的供应商能够提价或者降低供应的产品和服务的质量或减少供应数量，那么该公司所在的细分市场就会没有吸引力。

4. 企业自身的目标和资源优势分析

企业在目标市场上能否具有较强的竞争力，取决于积累的资源在该市场上是否具有明显的优势，以及这种资源优势在该市场上是否能得到充分的利用和发挥。有些颇具吸引力的细分市场在这一阶段被放弃,就是因为它与企业自身的长远目标不符合,有时这些细分市场虽有利可图,但企业将其作为目标市场并不利于企业实现自己的目标,甚至会浪费企业的资源,对企业目标的实现或许会起反作用。假如企业不能在竞争中取得一定的优势地位,那么企业要在一个细分市场中胜出,就必须扩展自己独特的竞争优势。如不能形成独特的优势,这样的细分市场还是不可取的。

5. 国际市场选择

当企业完成国际市场调查、分析与细分后,就应该在总结前面研究的基础上进行目标市场的选择。

(三) 目标市场选择的模式

公司在对不同细分市场进行评估后,就必须对进入哪些市场和为多少个细分市场服务作出决策。总的来说,企业有以下几种可供选择的模式。

1. 密集单一市场

它是指企业把国际市场细分为若干个子市场后,选择一个细分市场集中营销,以特定的产品满足这个市场的需求。例如,大众汽车公司集中经营小汽车市场,公司通过密集营销,更加了解本细分市场的需要,并树立了特别的声誉,因此便可在该细分市场建立巩固的市场地位。它的优点是由于生产、销售、配送等的专业化分工,可以节约不少开支,降低成本,使企业获得许多经济效益,同时目标市场集中,可以使企业更好地了解顾客的需求,提高产品的竞争力。它的缺点是密集市场营销比一般情况风险大。如果消费者对该产品的需求发生了变化,或者公司在产品质量、外形方面的设计出现了失误,公司的利润就会出现大幅下降,甚至出现亏损;同时,如果有强大的竞争者进入同一细分市场,以此细分市场作为唯一目标市场的企业就会面临严重威胁。

2. 有选择的专门化

有选择的专门化就是指选择若干个细分市场,其中每个细分市场在客观上都有吸引力,并且符合公司的目标和资源,但在各细分市场之间很少或者根本没有任何联系,然而每个细分市场都有可能盈利。它的优点是由于分散经营,并且各细分市场之间很少或根本没有联系,所以即使某个细分市场失去吸引力,公司仍可在其他市场上获得利润,有利于分散企业的风险。

3. 市场专门化

市场专门化是指企业专门为满足某个顾客群体的需要而服务。比如企业选择儿童为目标群体,不但生产儿童食品,还生产儿童玩具、儿童服装。它的优点是企业可以在这个顾客群中建立良好声誉,并成为这个顾客群体所需要的各种新产品的销售代理商。它的缺点是会给企业带来风险。当这个顾客群体的需求突然下降时,企业的产品销售就会陷入困境。

4. 产品专门化

产品专门化是指企业集中生产一种产品,并选择这种产品的若干细分市场作为目标市场。例如,显微镜生产商向大学实验室、政府实验室和工商企业实验室销售显微镜。公司准备向不同的顾客群体销售不同种类的显微镜,而不去生产实验室可能需要的其他仪器。它的优点是公司通过集中销售某种产品,可以提升产品的知名度,在这个产品上树立起很高的声誉。它的缺点是集中生产一种产品,产品一旦过时或被新技术代替,企业就会面临危机。

5. 完全覆盖市场

完全覆盖市场是指公司用各种产品满足各种顾客群体的需求。只有大公司才能采用完全市场覆盖战略,如通用汽车公司(汽车市场)、国际商用机器公司(计算机市场)和可口可乐公司(饮料市场)等。

(四)目标市场选择的动因

1. 消费者需求多样化

跨国公司实行全球市场营销,是为了实现生产力和消费者的有效结合。然而在国际市场上,往往出现两者结合不良的现象,究其原因,是消费者的需求在不断变化。消费者的需求是多方面的。就个人生活需要来说,其分布范围包括衣、食、住、行、用等许多方面。绝大多数的个人需要属于社会性需要,即这些需要来自社会实践,以及学习与模仿。随着社会实践的不断丰富和人们收入水平的不断提高,可以形成市场需求的社会性需要正变得内容更多、范围更广,而且在不断更新。跨国公司总是为较多的消费者(包括多国的消费者)服务的。由于人们的个性、爱好、看法、动机、生活方式、经济状况及家庭、生理状况有差异,因此个人之间的需求内容和范围也不相同,即使对于同一类产品,不同的消费者也会有不同的需要。这就使消费者需求呈现出多样化、差异化的趋势,而且使跨国公司的产品、价格、销售地点及促销要因人而异。国外服装制造业,通常根据消费者穿着服装的时间、场所和要求的差异,将服装市场细分为家庭服装市场、旅游服装市场、社交礼服市场、运动服装市场、学生服装市场、流行时装市场等。每一市场又包括对多种款式、布料、颜色、规格的服装的需要。为进入这些市场,跨国公司必须有适合每一类需要的产品及其市场营销策略。

2. 面临激烈的国际市场竞争

随着生产力和科学技术的发展,国际市场竞争日益激烈化。对于一定的消费者需求,经常会出现众多竞争性企业同时提供商品给予满足的情况。在满足某种消费需要的市场上,虽然有可能由最先提供商品的企业所垄断,但只要提供新颖的产品或以较低价格销售,或者提供更周到的服务或更可靠的质量保证,竞争对手进入市场的可能性越来越高,原垄断者占有垄断地位的周期越来越短。在跨国公司选择服务对象时,往往会出现与其他跨国公司或竞争对手的选择相雷同的情况。然而,服务对象过分集中必然会引起过度竞争,使跨国公司的生产能力或资源得不到有效利用。为避免不必要的资源浪费,跨国公司必须弄清楚哪些是尚未被满足的消费者需求,评价选择有服务价值的未满足的消费者需求作为服务对象。

3. 企业资源的有限性

即使跨国公司发现多种消费者需求尚未被满足,也不可能将这些消费者需求都作为服务对象,因为受到企业资源拥有量的限制。对于某些消费者需求,跨国公司可能缺乏必要的、有效的技术去生产相应的产品;对于另外一些消费者需求,跨国公司又可能缺乏资金和人力、物力。资源的限制使得跨国公司只能选择少数几种消费者需要作为服务对象。因此,服务对象的选择是否正确,将直接影响到跨国公司的成败。要使资源得到充分利用,对于服务对象的选择就一定要遵循"技术上可行,经济上合理,竞争上见长,发展上有利"的原则,既能发挥跨国公司的竞争优势,又能给企业带来利润。

4. 规模经济规律的要求

跨国公司如何选择服务对象,事实上意味着有限的资源如何配置使用。不同配置中都存在不同的成本变动规律、销售变动规律和竞争性变动规律,这些都会改变公司的营利性。一般来说,劳动密集型生产方式下,一种产品的单位成本很少随着产量变化而变化;但资本密集型或技术密集型生产方式下单位产品成本多与产品产量成反比关系,即随着产量的增加,单位成本会不断降低。资本密集型或技术密集型生产方式下成本递减现象,通常称作规模经济规律。这意味着,如果跨国公司能够集中资源从事这一类产品的生产,而且能扩大市场吸收量的话,那么,公司就可以由规模经济规律自然地增强盈利能力。利用规模经济规律需要借助消费者需求的可扩张性。在可扩张性较大的商品市场上,通常随着人们收入或购买力的增加、企业的广告与促销的加强及人际影响的强化,销售量会逐渐增加。对于跨国公司来说,只要一种商品的边际促销费用不高于边际生产成本节约,那么扩大该商品的供应仍可使公司盈利能力增强。这种吸引力往往诱导跨国公司集中资源于少数几种商品上来谋求规模经济效益。从竞争性方面看,资源与市场集中化是有利有弊的。有利的一面是集中资源扩大个别商品的市场供应力,可以形成较大的市场竞争优势,抬高企业形象;有弊的一面是容易遭受市场需求变动的挫折。如果产品生命周期较短,则跨国公司对规模经济效益的追求可能缺乏足够时空的支持。要避免遭遇不利的市场局面,就得要对所服务的市场及所需满足的消费者需求进行认真研究和合理选择。

(五)目标市场选择的影响因素

1. 企业的实力

企业的实力包括企业的资源和能力两个方面。企业的资源是指企业拥有的人力、物力、财力、技术、无形资产、市场等;企业的能力是指企业利用自己的资源所形成的生产能力、管理能力、营销能力等。

2. 产品的性能特点

对不同的产品,消费者需求具有不同的特点,可分为同质性产品和差异性产品。有些产品虽然事实上存在品质上的差异,但大多数消费者都很熟悉,认为它们之间并没有显著的差别,在购买和使用时并不加以严格的区分,如面粉、食盐、钢材、水泥等,对于这类差异性较小的同质性产品,企业可采用无差异性营销策略。而对于那些品质、性能差别大的差异性产品,消费者选购时十分注意其功能、价格等方面的差别,如服装、家用电器等,则宜采用差异性营销策略或集中性营销策略。

3. 产品的生命周期

产品的生命周期是指从产品投入市场到推出市场的全过程,一般分为投入期、成长期、成熟期和衰退期四个阶段。根据产品生命周期各阶段的特点,企业可以采取不同的策略。如果产品在该市场处在投入期或成长期,竞争者尚少,宜采用无差异性目标市场战略,以便探测市场的现实需求和潜在需求;如果立足未稳,可采用集中性目标市场战略,以便在某些细分市场上建立立足点;当产品处于生命周期中的成熟期时,应采用差异性市场策略来拉开与竞争对手的距离,充分扩大市场占有率;当产品处于衰退期时,应根据国际产品生命周期规律,实行专门产品选择,采用集中性市场策略来延长产品的生命周期。

4. 市场的同质性

如果消费者的需求和偏好接近,购买数量也大致相同,对市场营销策略的反应大致相同,即市场同质性较高,企业可实行无差异性市场营销策略,以一种或少数几种产品占领整个市场。如果各个消费者群的需求特点有较大差异,市场同质性弱时,则依据企业自身的实力与产品特点,选择差异性市场策略或集中性市场策略来占领市场。

5. 竞争对手的营销策略

企业在选择国际目标市场策略时,必须考虑竞争对手的情况,一般要以避免与竞争对手直接对抗为原则。如果企业的竞争对手采用无差异的营销策略,则企业应攻击其弱点,采用差异性或集中性营销策略与之竞争。如果竞争对手已采用差异性市场策略,而企业目前的资源积累状况还难以在各个细分市场上与竞争对手展开全面竞争,这时企业应该采取集中性市场策略,集中在某一个细分市场上,充分发挥自己的优势,在该市场取得竞争优势。

6. 竞争者的数目

一般来说,如果竞争者数目比较多,可采用差异性营销策略,以吸引顾客对本企业的注意力;如果竞争者数目比较少,甚至不存在竞争者的独占状态,则企业可采取无差异性营销策略,以满足消费者的需求。

四、国际市场定位

市场定位是 20 世纪 70 年代由美国学者阿尔·赖斯(Al Ries)提出的。所谓市场定位,就是企业根据目标市场同类产品竞争状况,针对顾客对这类产品某些特征或属性的重视程度,为本企业产品塑造强有力、与众不同的鲜明个性,并将其形象、生动地传递给顾客,求得顾客认同。如劳斯莱斯、奔驰对富豪们有巨大的吸引力,宝马则主要对富裕的女性充满魅力。通常,可采用的市场定位战略有三大类,即避强定位、迎头定位及重新定位。其中前两者是针对竞争者而言的,而后者则是根据自己现有定位的市场表现所采取的一种应对措施。

(一)避强定位

避强定位即避开强有力的竞争对手进行市场定位的模式。企业不与对手直接对抗,将自己置于某个市场"空隙",发展目前市场上没有的特色产品,可开拓新的市场领域。这种定位的优点是能够迅速地在市场上站稳脚跟,并在消费者心中尽快树立起一定形象。七喜是一种柠檬口味的饮料,1929 年上市,先后有过"消除胃部不舒服的良药""清新的家庭饮料"等定位,以至于有的消费者认为七喜是调酒用的饮料,有的消费者认为是药水。1968 年,七喜提出"非可乐"的定位,销量一度跃居美国市场第三位。

(二)迎头定位

迎头定位即企业选择与竞争对手重合的市场位置,争取同样的目标顾客,彼此在产品、价格、分销、供给等方面少有差别。在市场上居支配地位的竞争对手"对着干"的定位方式,百事可乐对其成功秘诀的回答是:我们找到了一个优秀对手,这就是可口可乐。以可口可乐为镜,百事可乐成长迅速。它们之间的每一个产品线都是针锋相对的,从可口可乐对百事可乐,到芬达对美年达,其口味、包装风格都十分类似,"你是可乐,我也是可乐",与可口可乐展开面对面的较量。实行迎头定位,企业必须做到知己知彼,应该了解市场上是否可以容纳两个或两个以上的竞争者,自己是否拥有比竞争者更多的资源和能力,是不是可以比竞争对手做得更好。否则,迎头定位可能会成为一种非常危险的战术,将企业引入歧途。

(三)重新定位

重新定位是指对那些销路少、市场反应差的产品进行二次定位。如诞生于 20 世纪 20 年代的"万宝路"女士香烟,自问世后的 20 多年间始终没有出现销售热潮。后来,利奥伯内特广告公司将这种香烟定位为男士香烟,对包装、名称的标准字、色彩进行了男性化设计,并以浑身散发出粗犷、豪气的美国牛仔为产品代言人,仅 1954 年至 1955 年间,万宝路销售量就增加了 3 倍,一跃成为全美第十大香烟品牌,1968 年,其市场占有率上升到全美同行的第二位。现在世界上每抽掉 4 支烟,其中就有 1 支是万宝路。

第三节 跨国经营企业的市场营销组合策略

一、产品策略

跨国公司产品策略是跨国公司国际市场营销组合策略中的一个关键性策略。产品策略在营销组合策略中处于核心地位,是价格策略分销策略和促销策略的基础。现代产品的含义包括三个层次:核心产品、形式产品和延伸产品。核心产品是指产品最基础的部分,产品的核心用途以及它可以给用户带来的利益;形式产品是指产品的外观因素,如商标、包装和形状等;延伸产品也被称为附加产品,是指产品本身实体以外的许多其他特质,如送货服务、维修服务、备用附件、安装服务、保修期等。

（一）跨国公司的产品开发

跨国公司针对东道国进行产品开发时，通常采取以下三种策略：第一，开发生产母国已有的产品。这种做法的好处是跨国公司可以节约研发费用，迅速将产品打入国际市场。但由于不同国家消费者的需求不同，适合于母国的产品未必受到东道国消费者的欢迎，从而影响产品的销量以及公司的形象。第二，开发生产改进后的产品。这种做法不仅投入的研发经历和经费相对较少，研发时间比较短，而且可以根据东道国消费者的喜好而改进产品，做到投其所好，设计出适合东道国消费者的产品。但是在具体实施之前，合理确定产品改进的程度是十分必要的。第三，开发生产全新的产品经过前期充分的调查研究，针对东道国市场消费者的需求状况，研发出满足消费者需求的新产品。这种策略针对性强，一旦使用得当可以迅速占领东道国市场，获得高收益。但采用这种策略投入的研发费用较高，花费的精力和时间较多，风险很大。

跨国公司进行新产品开发时，要经历构思的产生、构思的筛选、概念的发展和测试、营销规划、商业分析、产品实体开发、市场试销、商业化八个阶段。

（1）构思的产生。这是新产品开发的首要阶段。构思是创造性的思维，构思可以来自公司内部，如研发人员、市场营销人员、高层管理人员和其他部门人员；也可以来自公司的外部，如顾客、中间商、竞争对手、咨询公司等。

（2）构思的筛选。根据构思生产出来的新产品并不一定获得市场的认可。因此，要对收集到的构思进行筛选。筛选的依据是，构思的产品是否符合企业的发展目标，是否有发展前途和潜力，是否有相适应的原材料和开发能力。

（3）概念的发展和测试。新产品概念是指企业从消费者的角度对产品构思进行的详尽描述，也就是将产品构思具体化，描述出产品的性能、用途、特点、形状、包装、提供给用户的利益等。新产品测试是指调查消费者对新产品概念的反应，具体包括：产品概念的可传播性和可信度；消费者对该产品的需求强度；消费者对该产品的认知价值等。

（4）营销规划。在企业确定最佳产品概念后，要制订把产品推向市场的初步营销规划。营销规划包括目标市场与营销目标、投放初期的营销策略以及长期营销目标。

（5）商业分析。这是对新产品开发方案进行经济评价。通过预测销售额、推算成本，判断新产品能否为企业带来满意的利润。商业分析是一个初步分析，还要结合研制的情况和市场的变化不断进行分析。

（6）产品实体开发。这是将产品概念转化为新产品实体的过程。

（7）市场试销。它是对新产品的全面检验，为新产品是否大规模投放市场提供全面、系统的决策依据。

（8）商业化。如果新产品试销达到预期效果，企业就可以批量生产，全面投放市场。这一阶段，企业应对投放市场的时机、区域、目标市场的选择、营销组合等作出慎重决策。

（二）跨国公司的全球品牌建设

品牌是整体产品概念的重要组成部分，品牌策略是跨国公司产品策略的重要内容。跨国公司跨国营销的品牌策略主要有以下四种。

1. 统一品牌策略

跨国公司生产的所有产品都使用同一品牌,如知名德国运动品牌"阿迪达斯"所生产的无论是运动衣、运动裤、帽子、手套、运动鞋还是运动袜,都统一采用"阿迪达斯"这个牌子。采用这一策略可以节约品牌的设计和广告费用,有利于消除客户对新产品的不信任感。但是任何一种产品的失败都会使整个品牌蒙受损失。

2. 个别品牌策略

跨国公司根据自己旗下不同产品的特点分别采取不同的品牌。例如,全球第二大食品公司卡夫食品有限公司旗下拥有咖啡、巧克力饼干等众多食品。然而,仅仅饼干一种食品,卡夫公司就区分出了乐之、奥利奥、达能、太平苏打、鬼脸嘟嘟、趣多多等众多消费者熟知的饼干品牌。采用这一策略,有助于消费者对产品进行区分,满足不同消费者的需求;也可以帮助企业有效地分散风险,不会因为个别产品的声誉不佳影响到其他产品或整个企业的声誉。

3. 系列品牌策略

跨国公司对不同类别的产品使用不同的品牌,如美国西尔斯公司对其经营的家用电器、服务、家具等分别采用不同的品牌。这种策略兼收了统一品牌和个别品牌两种策略的好处。

4. 中间商品牌策略

中间商品牌是零售企业通过了解消费者对于某类商品需求的信息而开发出来的新产品,采用自己的注册商标在本店销售。知名的中间商品牌有屈臣氏、沃尔玛等。

跨国公司在考虑品牌策略时,除了遵循一般的品牌设计原则,如简单易懂、便于识别记忆、构思新颖等,还特别注意符合国际商标法和东道国商标的法律法规,以及东道国的传统风俗习惯。

二、价格策略

(一)跨国公司全球定价的影响因素

产品价格的制定主要受产品成本、市场需求、市场竞争、东道国政府的政策法规等方面因素的制约。

1. 产品成本

产品成本是决定产品价格的主要因素,产品成本又可以具体细分为产品生产成本、产品销售(中间商)成本、产品运输成本、产品储存成本等。当然,考虑产品全球定价的成本问题时,还应该考虑关税和其他税收的因素,不同的国家,税收种类和税率有所不同,这些都会对产品的成本产生影响。此外,还要考虑不同国家的通货膨胀因素以及汇率的波动问题。在通货膨胀严重的国家,企业计算成本时还应考虑通货膨胀及延期收款所带来的损失。

2. 市场需求

在国际市场上,各国对于同类产品的需求状况不尽相同。除了东道国的经济发展水平、消费者的收入、购买力、需求弹性等一系列可以量化的因素之外,还受东道国的文化风俗、消费者的喜好等社会文化因素的影响。

3. 市场竞争

市场竞争是影响企业定价的重要因素。在竞争激烈的国际市场上,同类产品的定价和替代品的价格都对企业产品定价有所影响。

4. 东道国政府的政策法规

东道国政府有时常会根据本国实际情况,对产品的价格作出调控,如制定价格上限和下限等。除此之外,跨国公司在制定产品的价格时还可能遭遇东道国政府反倾销、反补贴等法律的制约。因此,企业在制定价格时要充分了解所在东道国相关的法律法规。

(二) 跨国公司全球定价管理

跨国公司在进行全球定价时,首先要确定定价目标。跨国公司定价是以最大销售收入为目标,还是以获取最大限度利润为目标?是为了维持或提高市场份额,还是为了应对或防止市场竞争,维持价格的稳定?一个有实力的跨国公司进入一个新兴市场时,通常以获取较高的市场占有率为目标,因此在短期内,其价格或收益可能低于成本。跨国公司的定价决策通常有三种:母公司定价、东道国子公司定价、母公司与子公司共同定价。最常见的是母公司和子公司共同定价,这种方法既可以使母公司对子公司的价格有一定的控制,又可以赋予子公司一定的自主权,保证产品价格与当地市场环境相适应。

(三) 跨国公司全球定价的主要方法

跨国公司在给产品定价时要根据自己的定价目标来选择适合的定价方法。这种方法在公司发展的不同阶段、针对不同的目标市场可能都有所不同。跨国公司全球定价的主要方法如下。

1. 成本导向定价法

(1) 总成本加成定价法。以企业生产产品的总成本为基础,适当加上利润来确定产品的售价。其计算方法如下:

$$单位产品价格 = 单位产品成本 \times (1 + 加成率)$$

这种方法简单易用,可以确保企业的盈利当行业内企业均采取这种方法时减少行业内的竞争。但这种方法可能导致企业在定价时过多关注成本,忽略了产品的需求和竞争状况,不可能形成最佳价格。另外,加成率是一个估计数,不利于降低产品的成本。

(2) 变动成本定价法。企业定价时只考虑变动成本,不考虑固定成本。其计算方法如下:

$$单位产品价格 = 平均变动成本 \times (1 + 加成率)$$

这种定价方法使得产品的定价较低,有利于增强企业的竞争力,适合在竞争激烈的国际市场中使用。但过低的价格又可能招致竞争者的报复,有可能被指控倾销。

(3) 目标利润定价法。在成本的基础上,根据企业目标利润来确定价格。其计算方法如下:

单位产品价格＝单位产品成本＋(目标收益＋成本)÷销量

这一方法可以保证企业既定目标的实现,方便企业制订财务计划。但该方法需要企业牢牢把握住市场需求的变化。这种方法一般适用于需求弹性小、在市场上有一定影响力或具有垄断性质的企业。

2. 市场需求定价法

(1) 认知价值定价法。这一方法是根据购买者对产品的主观感受价值来制定价格。其计算方法是,先估计产品能够为购买者创造多大的价值,然后与竞争产品进行价值比较后得出价格。这种方法充分考虑了购买者的需求和市场竞争状况,是一种较为全面、可行的定价方法。但采用这一方法的难点在于如何获得消费者对产品价值认知的准确资料。

(2) 需求差别定价法。这一方法是根据消费者需求强度、购买力、购买时间、购买地点的不同而产生的需求差异,对相同的产品采用不同价格。这种方法突出了消费者的因素,能使产品价格更符合市场实际情况。但是其应用较为复杂,需要进行深入的市场调研。而要确定消费者对产品价格的认同情况,是一项相当困难的工作。

(3) 逆向定价法。这一方法依据消费者能够接受的最终消费价格,计算自己经营的成本和利润后,逆向推算出产品的批发价格和零售价格。这种以消费者接受为出发点制定的价格能反映市场需求,有利于加强与中间商的良好关系,非常有竞争力。采用这一方法,对企业成本控制的要求较高。如果企业的成本不能达到逆向定价法的要求,这种方法无异于纸上谈兵。

3. 竞争导向定价法

(1) 随行就市定价法。这是以本行业的平均价格水平为标准进行定价,其原则是使本企业产品的价格与竞争产品的平均价格保持一致。这种方法主要基于竞争者的价格,很少注意自己的成本或需求,通常适用于竞争比较激烈或同质化程度较高的行业。

(2) 密封投标定价法。这一方法是参加投标时,在预测竞争对手价格的基础上制定本企业的价格。通常本企业的价格要低于竞争对手的价格,或者当本企业提供投标的产品质量和服务明显高于对手时,可以略高于对手的价格。

4. 特殊定价法

前三种方法是传统的定价方法,与国内市场的定价大致相同。由于跨国公司面对多个国外市场,其定价存在特殊性。特殊定价法将介绍两种方法。

(1) 转移定价。转移定价是指跨国公司母公司与子公司、子公司之间提供服务、转让技术和资金借贷等活动所确定的企业集团内部价格。例如,当福特汽车公司位于南非的零部件制造厂向其位于西班牙的制造厂出售零部件时,二者交易的价格就是转移定价。转移定价往往与跨国公司向外部客户销售产品的价格不一致。转移定价的最大特点是不考虑生产成本和市场供求关系,只服从跨国公司的全球战略。采取转移定价法,可以提高跨国公司的整体收益,但也带来一些问题。首先,内部控制手段变得复杂,难以确定各子公司创造的真实利润。其次,转移定价可能影响子公司的积极性,致使一些子公司对价格操纵持消极态度。最后,东道国对转移定价的监管越来越严格,运作的难度加大。

(2) 倾销。倾销是跨国企业将产品以低于国内正常的价格或低于成本的价格出口。

这种方法虽然可以使企业迅速扩大国外市场份额,打击竞争者,但由于可能对进入国国内相关产业造成损害,易遭受反倾销的指控。

(四) 在汇率不断变动的条件下进行定价管理

由于政府干预或者市场因素的影响,一国货币的汇率可能发生变动。这种变动会对跨国公司的出口产生影响。在出口时,坚挺的本国货币会降低企业的竞争力,而疲软的本币会使企业的定价更有竞争力。跨国公司作为出口商,在本币贬值时通常采取以下策略:强调本企业低廉的价格能为国外客户带来利益;维持正常价格,尽可能地扩展产品系列或增加产品特色;在汇率有利的市场,寻找更多的出口机会;加速汇回在国外获得的收入,加速收回应收账款;最大限度地减少以外币计价的支出,如广告支出、当地运费。跨国公司作为出口商,在本币升值时通常采取以下策略:强调营销组合中的非价格竞争要素,如产品质量与服务水平;通过提高劳动生产率、降低生产成本、重新设计产品等方法降价;将出口集中在那些相对于出口商没有出现货币贬值的地区;保留在国外获得的以外币计价的收入;如果预期外币在合理期限会升值时,推迟收回国外应收账款;尽可能多地使用外币支付相关费用。

三、渠道策略

生产者完成产品制造过程后,商品还必须经过一定的销售网络送达目标市场,以方便顾客的购买。销售网络是由销售渠道和实物分配渠道组成的传送体系,对商品有很大影响,因而在市场营销组合中占有重要地位。

(一) 销售渠道类型及其选择

销售渠道是指商品权利从生产者转移到消费者手上所经过的通道。生产者和消费者分别是这个通道的两个端点,其中流转的客体是所转让商品的权利,流转过程由购销环节所构成。根据承担流转销售职能的主体情况,销售渠道可分为三种类型。

1. 直接销售渠道

直接销售渠道是指生产者直接向最终消费者销售产品的渠道。这里,生产者承担全部流通职能。一般来说,只有当涉及大宗交易、成交额很高,需要为用户提供技术性较强的服务,或者产品数量很少而且用户比较集中,或者通过销售活动来收集市场信息时,采用直接销售渠道才合理。如果运用不当,会限制销售范围和数量,也会削弱生产力量。

2. 间接销售渠道

如果在生产者和消费者之间加入经销商,由经销商来承担商品流通职能,这样的渠道被称为间接销售渠道。这里,经销商是取得商品权利,再将之转卖出去的商人或商业机构,包括批发商和零售商。采用间接销售渠道,可以利用经销商网络来扩大市场交易活动,促进生产和扩大销售。当消费者数量多、分布广,商品价格低,购买频数高,生产或销售具有季节性时,应当采用间接销售渠道。

3. 代理销售渠道

如果在生产者和消费者之间加入代理商,代理商受委托销售产品或采购产品,但并不拥有商品所有权。这样形成的渠道被称为代理销售渠道。采用代理销售渠道主要是利用代理商信息灵通、联系面广的条件扩大商品销售,并能控制商品价格。销售渠道的选择与建立关系到对经销商和代理商的利用。公司利用的全部销售渠道一起构成销售网络,其中各个中间商将构成为企业销售网络上的购销节点,一般称为分销网点,是销售渠道决策的核心问题。

(二) 分销网点密集度策略

在选择目标市场以后,跨国公司需要根据顾客的数量与分布、商品的性质与购买频率和竞争对手的分销网点分布等因素,制订覆盖目标市场的销售网络规划,并制订该网络中分销网点密集度策略。一般来说,在一定目标市场上,分销网点密集度策略有三种类型,即密集型分销策略、精选型分销策略和独家型分销策略。

1. 密集型分销策略

如果商品适用于每一个家庭或个人,公司就可以采用密集型分销策略,即利用尽可能多的商店来销售。这类商品多为家庭或个人必需的日常消费品,强调地点效用,如牙膏、冰棒、面包、干电池等,销售的商店越多越好,使分销网点的市场覆盖面达到最大,同时便利消费者购买。

2. 精选型分销策略

在目标市场上,跨国公司只选择那些有经验、信誉好、销售力量强的商店来经销其产品,所建立的销售网络就由这些商店所构成,这是精选型分销策略。这样的销售网络适合各种各样的商品,尤其适合那些选择性较强的日常消费品和专用性较强的零配件及技术服务要求较高的商品。

3. 独家型分销策略

独家型分销策略是指在目标市场上只选择一家商店来销售公司产品。这种做法大多用于推销新产品、极品或技术相当复杂、因而需要提供大量技术服务的商品。采用这种策略,让所选择的商店独立享有整个目标市场,跨国公司希望借以激励商店积极地推销产品,并且对中间商在售价、促销、信贷等方面的政策加强控制。

销售网络的疏密是直接影响到商品销售量的。这里主要需研究消费者购买商品可接受的空间范围。一个商店处于多少消费者的购货空间范围之内,决定了该商店的销售辐射范围和销售能力。分销网点密集度与每个商店平均辐射范围成反比,即如果每个商店平均辐射范围大,则分销网点可适当少些;相反,如果每个商店平均辐射范围小,则分销网点就必须多一些,因而密集度高一些。合理的分销网点密集度决策应当能选用较少的中间商使其辐射范围覆盖整个目标市场。

(三) 出口销售渠道的建立

当决定将一国生产的商品出口销往另一个国家时,跨国公司要设计和选择出口销售渠道模式。从整个商品流通过程来看,出口销售渠道由出口国部分渠道、进口国部分渠道和出口国与进口国之间的转口贸易渠道三个部分所构成。如果没有转口贸易渠道,则出口国部分渠道与进口国部分渠道两者一起又被称为直接贸易渠道。

仅就直接贸易渠道来说,可以有六种不同的模式,前三种模式中没有利用出口商,是生产者自己将商品出口销售给进口国的消费者或进口商,因而又称为直接出口方式;后三种模式都是以利用出口商为基础的,生产者只将商品销售给本国的出口商,如国际贸易公司、跨国公司、专业进出口公司、补充产品兼营公司、出口管理公司和外国企业设在本国的采购机构,具体的出口销售业务由出口商完成。这些模式一起被称为间接出口销售方式。直接出口与间接出口的主要区别在于产品制造商与国外市场有无直接联系。直接出口以直接联系为特征,公司设有出口部或国际部,向国外的中间商出口销售其产品,或与国外的零售商甚至用户直接,或在国外设立分支机构就地销售。而间接出口则缺乏这种联系。

选择国际市场中间商是一个至关重要的决策。选择中应着重考虑:中间商的可用性;中间商的服务成本费用;中间商履行职责的能力与效率;生产者对中间商活动的可控制程度。为此,在选择前必须对拟选择的中间商进行信誉调查,考核其销售能力与服务水平,掌握有关对方的必要信息,保证选择的正确性。

四、促销策略

跨国公司在进行国际市场营销时,不仅要开发出有竞争力的产品、制定合适的价格、选择合适的分销渠道,还要进行促销。也就是要将产品和服务向消费者进行宣传,使消费者了解产品的特点和优势,激发消费者的购买欲望,提高产品的销售量。国际促销的策略主要有广告宣传、公共关系、人员推销和营业推广等。

(一)广告宣传

广告宣传是跨国公司最经常使用的促销手段之一,尤其是在产品进入国际市场的初期。广告是通过有偿的形式,有计划地将各种产品和服务的信息传递给消费者,达到增强信任和扩大销售的目的。广告可以有效地激发消费者的兴趣,帮助企业树立国际形象。广告的形式多种多样,如电视广告、网络广告、纸质广告、广播广告、路牌广告、橱窗广告等。广告之所以应用如此广泛,得益于它的如下特点:①形式内容灵活多样。广告的内容多种多样,每个设计师对于同一件产品都会有不一样的属于自己的创意和想法。②广告媒体种类多,传播速度快,范围广。③费用相对低廉。由于广告的受众面大,与其他促销方式相比,平均到每个消费者身上的费用较低。

然而,在国际市场上选择广告这种促销方式,会比国内受到更多条件的制约。跨国公司通常采取以下措施:①注重广告设计。跨国公司在进行广告设计时,首先,明确广告策略,是使用标准化策略即不同国家和地区所使用的统一广告,还是针对不同的国家设计不同的广告,跨国公司会结合目标市场消费者的购买动机、社会经济发展水平、社会文化风俗以及政府法律规定等多种因素综合考虑。其次,充分运用心理学的法则,抓住目标群体的心理特点和需求,从而赢得异国消费者的青睐。②合理选择广告代理商。在国际市场上,跨国公司会选择知名度高、有业务能力和经验的广告代理商。同时也要权衡广告费用和市场覆盖面。③精心选择广告媒介。广告媒介种类繁多、特性各异。商品的性质与特点、媒介数量与质量、广告目标受众和广告费用都是选择广告媒介需要考虑的因素。④加强广告效果评估。正确地评估广告效果,有助于跨国公司降低广告费用,取得更好的效益。跨国公司会通过市场调查,建立有效的反馈系统,持续跟踪广告效果。

(二)公共关系

公共关系是指企业为改善与社会公众的关系,促进公众对企业的认识、理解及支持,树立良好的企业形象和声誉而开展的一系列公共活动。跨国公司在营销过程中,需要处理好与东道国政府、子公司、消费者、供应商、竞争者、中间商、社会组织、媒体、雇员与股东等群体的关系,了解他们对企业的建议和看法,并及时解决自身存在的问题,以避免发生冲突。

跨国公司开展国际公共关系时主要包括以下的内容:①与国内外有关社会组织特别是国际市场的公众,建立固定的公开往来制度,经常向他们说明本企业对客户、公众以及社会作出的贡献,积极答复他们提出的各种疑问。②认真收集和听取国际市场社会公众对企业的意见与建议,积极调整与改进,并及时反馈调整与改进结果。③积极参加国内外社会公益活动,通过赞助、捐款、竞赛等活动,提升跨国公司在国际市场的形象与知名度。④当企业面临较大营销问题时,要及时作出反应,做好危机公关。对不利于企业发展的社会活动或社会舆论,要运用公共关系进行反驳与纠正,以保持公众和社会对企业的信任,维护良好的企业形象。

(三)人员推销

人员推销是指跨国公司派出推销人员,直接和消费者进行谈话沟通,销售产品或服务的促销行为。由于大部分发展中国家的经济发展水平较低,人们的文化水平教育程度也偏低,人员推销在发展中国家运用广泛。推销员可从母国派往东道国,也可以由子公司在东道国直接招募。在许多情况下,推销员还有可能来自中间的经销商和代理商。

人员推销受到的环境制约因素较少,并且经过专业培训的推销人员可以直接与顾客交流了解顾客的感受和反馈,便于企业产品的改进与创新,还有利于企业了解竞争对手的信息。但是人员推销也有其劣势。首先,人员推销依赖于素质较高的专业型销售人员,这需要公司招募到优秀的人才并认真进行培训;其次,较大的覆盖面的人员推销成本较高。

(四)营业推广

营业推广是指除了广告、人员推销、公共关系以外,所有鼓励消费者购买产品、提高中间商和经销商积极性和能力的市场经营活动,如举办展销会,赠送试用品、优惠券、赠品等。

营业推广通常有以下三种类型:①面向消费者的营业推广。其主要是为了促进消费者对本公司产品的了解,刺激消费者的购买欲望,如赠送优惠券、体验卡和试用装等。②面向零售商和中间商的营业推广。其主要是为了促进零售商对本企业产品的宣传如赠送样品，提供折扣和补贴等。③面向市场推销人员的营业推广。促进推销人员更加努力地推销本企业的产品，提高推销人员工作的积极性，如开展推销竞赛、提高提成、提供生活补助等。

营业推广的优势是可以直接激发消费者、中间商和推销人员的欲望，有利于公司增加销售额，并且时效性比较强。但全球营业推广还会受到以下因素的影响：①不同国家和地区对营业推广活动的限制。如法国禁止抽奖，德国禁止使用折扣券。②经销商的合作态度。经销商的合作与支持，是国际市场营业推广取得成功的重要因素。③当地市场的竞争程度。海外市场的营业推广活动，可能受到当地竞争者的阻挠。

 即测即练

第十章 中国跨国企业的经营与管理

第一节 中国对外直接投资的发展

一、中国对外直接投资的发展过程

我国的对外直接投资是在改革开放后才逐步发展起来的。在发展初期，只有极少数外经贸公司出于自身经营发展的需要，在海外设立窗口企业。直到 1985 年，我国才出现第一次 FDI 高潮，年流出流量达到了 6.28 亿美元。① 此后，在中国经济快速发展的背景下，我国企业的对外直接投资也得到了快速的增长。《2023 年度中国对外直接投资统计公报》显示，截至 2023 年末，中国对外直接投资存量达 2.96 万亿美元，位列全球第三。纵观我国对外直接投资的发展过程，大致经历了以下三个阶段。

（一）1979—1991 年的探索起步阶段

1979 年 8 月，国务院颁布了 15 项经济改革措施，其中第 13 项明确规定允许出国办企业，第一次把对外直接投资作为一项政策确定下来。当时，我国对外开放的重点是扩大出口和利用外资，少数外经贸公司从自身经营发展的需要出发，开始在国外设立窗口企业。一些大企业逐步开始探索对外直接投资。1979 年 11 月，北京友谊商业服务公司与日本东京丸一商事株式会社在东京合作兴办了"京和股份有限公司"，成为我国改革开放后在国外开办的第一家合资企业，拉开了我国企业对外直接投资的序幕。在这一阶段，政府的政策推动对我国对外投资的起步起到很大的作用，从 1979 年开始，国家陆续制订并颁布了一系列鼓励境外投资的政策措施。但是总的来看，毕竟处于改革开放初期，由于缺乏境外投资的经验，国家外汇储备也极为紧张，外汇管理和投资项目管理等各种政策限制还没有完全放开，因此参与对外直接投资活动的企业为数不多。从事对外投资的企业仅限于拥有对外经营权的专业进出口公司和省市国际经济技术公司。这一阶段对外直接投资的流量小，企业规模也很小。

截至 1991 年，中国内地投资的 1 008 家企业虽然已经分布于全球 106 个国家和地区，但是，中国内地企业境外非贸易直接投资累计总额仅有 13.95 亿元。中国内地投资总额超过 1 亿元的国家只有加拿大、澳大利亚和美国。在这一阶段，中国内地海外直接投资的流向地域集中度最高的是北美洲，占本阶段我国对外直接投资总额的 47%；其次是大洋洲，

---

① 数据来源：中国社会科学院拉丁美洲研究所。

占23%;欧洲占6%;非洲占4%;亚洲地区也仅占16%。投资的产业选择也比较集中,以贸易型企业居多。非贸易企业也主要集中于资源开发和农业等劳动密集型行业。

(二) 1992—2001年的积极推进阶段

1992年,国家批准首钢公司扩大境外投资和经营权,这标志着中国企业的对外直接投资进入一个新的发展阶段。1992年与1993年,对外直接投资额增长迅速,但1994年后,对外直接投资流量总体有所下降。这是因为在1994—1998年期间我国经济进入宏观调控时期,开始对境外投资进行清理整顿,严格审批手续。从1998年开始,国家又出台了一系列的政策和措施,鼓励企业开展对外直接投资。1998年2月,中共十五届二中全会明确指出,"在积极扩大出口的同时,要有领导有步骤地组织和支持一批有实力有优势的国有企业走出去",并将主要目的地设置为非洲、中亚、中东、中欧和南美等地。1999年2月,国务院办公厅转发外经贸部、国家经贸委、财政部《关于鼓励企业开展境外带料加工装配业务的意见》。随后,国务院各有关部门又分别制定了具体实施的配套文件,完善对外直接投资管理体制,与此同时,在项目审批和外汇管理方面的政策也有所松动,我国对外直接投资呈现出加速增长态势。2000年10月,中共十五届五中全会首次明确提出了"走出去"战略。2001年12月,多哈会议正式通过中国成为WTO第143个成员方,为我国企业的对外直接投资开辟了更为广阔的发展空间。2001年,我国对外直接投资出现爆发性增长,投资额达68.85亿美元,是2000年的7.5倍。① 总体而言,这一时期我国的境外投资获得了突破性进展,特别是境外加工贸易和资源开发成效显著,对外直接投资主体开始多元化,一些民营企业逐步开始海外跨国经营的尝试。

(三) 2002年至今的加速发展阶段

2002年10月,国家外汇管理局启动外汇管理改革试点,放松300万美元以下的外汇审批权,同时允许境外企业保留利润,不必再调回境内。2003年,正式取消境外投资外汇风险审查和汇回利润保证金两项行政审批。2004年8月,中国商务部和外交部联合发布《对外投资国别产业导向目录》,为企业境外投资提供了方向性指导。随后,国家还制定了对外投资的信贷支持、外汇管理等一系列政策措施,这些举措都促进了企业对外直接投资活动,支持和引导中国企业的对外直接投资进入快速发展时期。与前两个阶段形成鲜明对比的是,本阶段中国企业对外直接投资呈现非常明显的快速增长特征,投资规模持续扩大。

在这一阶段,无论是投资额的流向还是境外企业的地区分布,我国对外直接投资的区域集中度都进一步上升。亚洲和拉丁美洲吸纳了我国投资总额的90%以上。此外,流向"避税地"的投资急剧增加。例如,2009年流向开曼群岛和英属维尔京群岛两大全球著名"避税天堂"的直接投资分别达到了53.7亿美元和16.1亿美元,两地区合计占我国全年对外直接投资流出总量的12.4%。而且在这一阶段,参与对外直接投资的国内企业数量不断增多,投资领域不断拓展,投资方式也在不断拓展中,出现了较大规模的跨国并购以及技术导向型对外投资等,海外营销网络开始建立。

促使这一阶段我国对外直接投资持续快速增长的原因主要是,经过多年的开放发展

---

① 周升起.中国对外直接投资:现状、趋势与政策[D].新加坡:新加坡国立大学东亚研究所,2009.

和市场竞争的洗礼,一大批民营企业和外资企业迅速发展,大中型国有企业竞争力也逐步增强,扩大市场的愿望非常强烈,对外直接投资成为越来越多的中国企业主动的长期战略诉求。另外,2001年底我国成功加入WTO,为我国企业进行对外直接投资创造了更为有利的条件,而经济全球化以及产业内国际分工的加深又迫使我国企业通过全球范围内的资源配置来提升自己的竞争力;我国政府为加快产业结构调整,推动产业升级,适时实施的"走出去"战略和政策措施的推动,也对本阶段我国对外直接投资的持续迅速增长起到了重要的促进作用。中国对外直接投资呈现出阶段性特征,经历了从2004年的起步,到2008年全球金融危机后的快速发展,再到投资过热、2016年之后的理性回调阶段。这些变化除了受到企业国际化发展的一般规律驱动外,还受到国内投资政策调整和国外投资环境变化内外因素的影响。随着中国企业国际竞争力的提高、中国经济结构的调整变化,中国积极参与全球经济治理与合作,推动构建人类命运共同体,中国对外直接投资仍有较大的发展潜力。通过计算对外直接投资存量占GDP的比重,并将中国的数据和发达国家整体、发展中国家整体、转型经济体国家整体以及主要的对外直接投资国的数据进行比较,可以发现中国对外直接投资存量占GDP的比重是最低的,只有14.76%。[①] 这显示出,中国对外直接投资仍然有非常大的增长空间。

同时,COVID-19(新冠病毒)带来了投资机遇。根据联合国贸发会议发布的《2021年世界投资报告》,2020年全球对外直接投资出现了大幅下降,发达国家平均下降了56%,发展中国家下降了7%,转型经济体下降了76%,但是中国对外直接投资却保持住韧性,中国逆势首次成为全球对外直接投资的第一大国家。除此之外,从2008年全球金融危机之后的经验来看,受到疫情影响的外国企业出于资金压力和市场开拓等方面的考虑,向中国企业敞开怀抱。而疫情的新影响在于,中国企业也更加注重增强产业链供应链弹性,更好地平衡成本节约和风险分散的战略,增加地理的多元化。

中国对共建"一带一路"地区投资的增加,也是中国在疫情期间对外直接投资得到稳步发展的重要原因。共建"一带一路"地区占中国对外直接投资的比例在2019年大约是13.7%,2020年略有增长,至大约15%。学术文献已经发现,"一带一路"倡议能够显著促进中国对外直接投资。其影响机制主要是通过促进"五通",即设施联通、政策沟通、资金融通、贸易畅通、民心相通,以及降低企业的融资约束来实现。但是,中国在"一带一路"沿线地区进行直接投资所面临的挑战也是巨大的。这包括:域外大国博弈对项目的顺利推进形成较大掣肘,域内参与国的复杂心态给在建项目的顺利推进带来较大不确定性,政治动荡、恐怖主义严重威胁我国企业和数以万计劳务人员的生命和财产安全,以及部分民营企业为了获得"一带一路"的政策红利而进行"非理性"投资。

二、中国对外直接投资现状[②]

(一)中国对外直接投资流量、存量现状

2002年以来,我国的对外直接投资总额呈爆发性增长态势。对外直接投资流量从

---

① 数据来源:中国社会科学院世界经济与政治研究所。
② 2023年中国对外直接投资数据来源于《2023年度中国对外直接投资统计公报》。

2002 年的 27 亿美元,增加到 2023 年的 1 772.9 亿美元。图 10-1 为 2010—2023 年中国对外直接投资流量占全球份额情况。

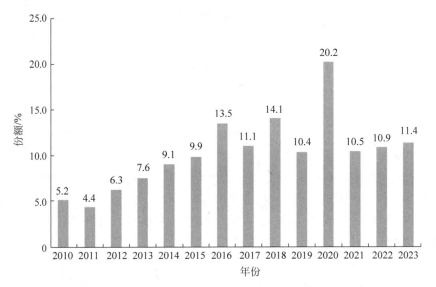

图 10-1　2010—2023 年中国对外直接投资流量占全球份额情况

对外直接投资存量也从 2002 年的 299 亿美元,迅速增加到 2023 年的 29 554 亿美元,占全球对外直接投资流出存量的份额由 2002 年的 0.4% 提升至 2023 年的 6.7%,排名由第 25 位攀升至第 3 位,仅次于美国(94 万亿美元)、荷兰(34 万亿美元)。从存量规模上看,中国与美国差距仍然较大,仅相当于美国的 31.4%。图 10-2 为 2002—2023 年中国对外直接投资存量情况。

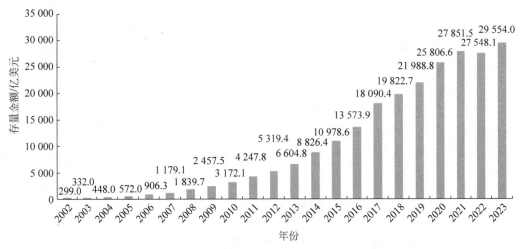

图 10-2　2002—2023 年中国对外直接投资存量情况

联合国贸发会议《2024 世界投资报告》显示,2023 年全球对外直接投资流量 1.55 万亿美元,年末存量 44.38 万亿美元,以此为基数计算,2023 年中国对外直接投资分别占全球当年流量、存量的 11.4% 和 6.7%,均列全球国家(地区)排名的第三位。截至 2023 年底,中国 3.1 万家境内投资者在境外共设立对外直接投资企业 4.8 万家,分布在全球 189 个国家(地区),年末境外企业资产总额近 9 万亿美元。表 10-1 为 2002—2023 年中国对外直接投资流量、存量情况。

表 10-1　2002—2023 年中国对外直接投资流量、存量情况

年份	流量		存量	
	金额/亿美元	全球位次	金额/亿美元	全球位次
2002	27.0	26	299.0	25
2003	28.5	21	332.0	25
2004	55.0	20	448.0	27
2005	122.6	17	572.0	24
2006	211.6	13	906.3	23
2007	265.1	17	1 179.1	22
2008	559.1	12	1 839.7	18
2009	565.3	5	2 457.5	16
2010	688.1	5	3 172.1	17
2011	746.5	6	4 247.8	13
2012	878.0	3	5 319.4	13
2013	1 078.4	3	6 604.8	11
2014	1 231.2	3	8 826.4	8
2015	1 456.7	2	10 978.6	8
2016	1 961.5	2	13 573.9	6
2017	1 582.9	3	18 090.4	2
2018	1 430.4	2	19 822.7	3
2019	1 369.1	2	21 988.8	3
2020	1 537.1	1	25 806.6	3
2021	1 788.2	2	27 851.5	3
2022	1 631.2	2	27 548.1	3
2023	1 772.9	3	29 554.0	3

(二)中国对外直接投资流量细分情况

从中国对外直接投资流量构成看,2023 年境外企业的经营情况良好,近七成企业盈利或持平,当年收益再投资(即新增留存收益)784.6 亿美元,比上年下降 2.4%,为历史第三高值,占同期中国对外直接投资流量的 44.2%。股权投资创 2016 年以来新高,2023 年新增股权 726.2 亿美元,增长 18.8%,占流量总额的 41%,较上年上升 3.5 个百分点,债务工具投资(仅涉及对外非金融类企业)为 262.1 亿美元,增长 21.3%,占流量总额的 14.8%。图 10-3 为 2006—2023 年中国对外直接投资构成情况。

2023 年,中国对外直接投资涵盖了国民经济的 18 个行业门类,其中流向租赁和商务服务、批发和零售、制造、金融领域投资均超过百亿美元。流向租赁和商务服务业的投资为 541.7 亿美元,位列行业门类之首,比上年增长 24.6%,占当年流量总额的 30.6%,投

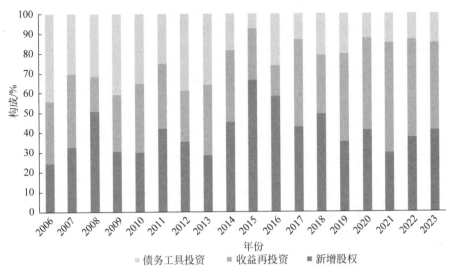

图 10-3　2006—2023 年中国对外直接投资构成情况

资主要分布在开曼群岛、英属维尔京群岛、新加坡等国家和地区。批发和零售业为 388.2 亿美元，比上年增长 83.4%，占当年流量总额的 21.9%，其中当年新增收益再投资 187.3 亿美元，占对该领域投资流量的 48.2%，增长 125.1%，主要流向新加坡、荷兰、美国、阿拉伯联合酋长国、瑞典、泰国等国家。制造业为 273.4 亿美元，比上年增长 0.7%，占当年流量总额的 15.4%，主要流向汽车制造、其他制造、计算机/通信和其他电子设备制造、通用设备制造、有色金属冶炼和压延加工、非金属矿物制品、橡胶和塑料制品、医药制造、电气机械和器材制造、化学原料和化学制品、金属制品、专用设备制造等。金融业为 182.2 亿美元，比上年下降 17.6%，占当年流量总额的 10.3%，2023 年中国金融业境内投资者对境外金融类企业的直接投资投为 174.2 亿美元，中国非金融业境内投资者投向境外金融企业的投资为 8 亿美元。上述四大领域合计投资为 1 385.5 亿美元，占当年流量总额的 78.1%。

2023 年流向亚洲的投资为 1 416.0 亿美元，比上年增长 13.9%，占当年对外直接投资流量的 79.9%，较上年提升 3.7 个百分点。其中对东盟十国的投资为 251.2 亿美元，增长 34.7%，占对亚洲投资的 17.7%。流向拉丁美洲的投资为 134.8 亿美元，比上年下降 17.6%，占当年对外直接投资流量的 7.6%。投资主要流向开曼群岛、英属维尔京群岛、墨西哥、巴西、智利、哥伦比亚、厄瓜多尔、玻利维亚等国家和地区。流向欧洲的投资为 99.7 亿美元，比上年下降 3.6%，占当年对外直接投资流量的 5.6%。投资主要流向卢森堡、英国、荷兰、瑞典、德国、俄罗斯联邦、塞尔维亚、匈牙利、瑞士、爱尔兰、意大利、捷克、格鲁吉亚等国家。流向北美洲的投资为 77.8 亿美元，比上年增长 7%，占当年对外直接投资流量的 4.4%。其中，对美国投资为 69.1 亿美元，下降 5.2%，对加拿大投资为 3.5 亿美元，增长 14.1%。流向非洲的投资为 39.6 亿美元，比上年增长 118.8%，占当年对外直接投资流量的 2.2%。投资主要流向尼日尔、南非、安哥拉、摩洛哥、刚果（布）、阿尔及利亚、埃及、肯尼亚、津巴布韦、尼日利亚、毛里求斯、刚果（金）、厄立特里亚、赞比亚等国家。流向大洋洲的投资为 5.1 亿美元，比上年下降 83.4%，占当年对外直接投资流量的

0.3%。投资主要流向澳大利亚、新西兰、所罗门群岛等国家。

2023年,中央企业和单位对外非金融类直接投资流量662.3亿美元,占非金融类流量的41.6%,比上年增长20.5%,地方企业928.4亿美元,增长7.9%,占58.4%,其中:东部地区760.5亿美元,占地方投资流量的81.9%,增长14.3%。中部地区95.9亿美元,占10.3%,增长2.2%。西部地区65.6亿美元,占地方投资流量的7.1%,下降29.8%。东北三省6.4亿美元,占地方投资流量的0.7%,下降16.9%。浙江、广东、上海、江苏、山东、海南、北京、福建、河南、河北位列地方对外直接投资流量前十位,合计771.3亿美元,占地方对外直接投资流量的83%(表10-2)。

表10-2 2023年地方对外直接投资流量前十位的省份

序号	省份	流量/亿美元	占地方比重/%
1	浙江	156.4	16.9
2	广东	148.0	15.9
3	上海	98.7	10.6
4	江苏	89.2	9.6
5	山东	69.5	7.5
6	海南	59.5	6.4
7	北京	55.1	5.9
8	福建	42.1	4.5
9	河南	27.6	3.0
10	河北	25.2	2.7

(三)中国对外直接投资存量细分情况

2023年末,中国对外直接投资覆盖了国民经济所有行业类别,存量规模上千亿美元的行业有7个,租赁和商务服务业以11 791亿美元高居榜首,占中国对外直接投资存量的39.9%,该行业以投资控股为主要目的,主要分布在英属维尔京群岛、开曼群岛、新加坡、美国、澳大利亚、英国、卢森堡等国家和地区。批发和零售业4 214亿美元,位列第二,占14.3%。金融业3 238.2亿美元,占11%。制造业2 834亿美元,占9.6%,主要分布在汽车制造、计算机/通信及其他电子设备制造、其他制造、专用设备制造、医药制造等领域,其中汽车制造业存量720.6亿美元,占制造业投资存量的25.4%。图10-4为2023年末中国对外直接投资存量行业分布。

2023年末,中国对外直接投资存量分布在全球的189个国家(地区),占全球国家(地区)总数的80.8%。2023年末,中国在亚洲的投资存量为20 148.4亿美元,占68.2%,主要分布在新加坡、印度尼西亚、越南、马来西亚、泰国、老挝等。拉丁美洲为6 008亿美元,占20.3%,主要分布在英属维尔京群岛、开曼群岛、巴西、墨西哥、秘鲁、智利、巴哈马、牙买加、巴拿马、阿根廷等,其中英属维尔京群岛和开曼群岛合计5 808亿美元,占对拉丁美洲地区投资存量的96.7%。欧洲为1 476.8亿美元,占5%,主要分布在荷兰、英国、德国、瑞典、卢森堡、俄罗斯联邦、法国、瑞士、意大利、西班牙、爱尔兰、塞尔维亚、匈牙利等,其中在中东欧17国的投资存量为53.6亿美元,占对欧投资的3.6%。北美洲为1 101.1亿

图 10-4 2023 年末中国对外直接投资存量行业分布（单位：亿美元）

美元，占 3.7%，主要分布在美国、加拿大。非洲为 421.1 亿美元，占 1.4%，主要分布在南非、刚果（金）、尼日利亚、埃塞俄比亚、安哥拉、尼日尔、毛里求斯、肯尼亚、阿尔及利亚、赞比亚、坦桑尼亚、莫桑比克、埃及、津巴布韦等。大洋洲为 398.5 亿美元，占 1.4%，主要分布在澳大利亚、新西兰、巴布亚新几内亚、萨摩亚、马绍尔群岛、斐济等。

2023 年末，在对外非金融类直接投资 26 315.8 亿美元存量中，国有企业占 52.2%，非国有企业占 47.8%。其中股份有限公司占 10.7%，有限责任公司占 11.2%，私营企业占 7%，个体经营占 4.7%，外商投资企业占 3.4%，港澳台商投资企业占 1.8%，股份合作企业占 0.4%，集体企业占 0.4%，其他占 8.2%。图 10-5 为 2023 年末中国对外非金融类直接投资存量按境内投资者注册类型分布情况。

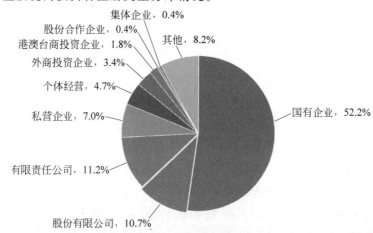

图 10-5 2023 年末中国对外非金融类直接投资存量按境内投资者注册类型分布情况

2023年末,地方企业对外非金融类直接投资存量达10 099.8亿美元,占全国非金融类存量的38.4%。其中东部地区8 349亿美元,占地方企业对外非金融类直接投资存量的82.7%;中部地区793亿美元,占7.9%;西部地区772.7亿美元,占7.6%;东北三省185.1亿美元,占1.8%。广东以1 950.5亿美元位列地方对外直接投资存量之首,其次为上海、浙江、北京、山东、江苏、福建、天津、安徽、河南等。表10-3为2023年末对外直接投资存量前十位的省份。

表10-3 2023年末对外直接投资存量前十位的省份

序号	省份	存量/亿美元	占地方比重/%
1	广东	1 950.5	19.3
2	上海	1 671.2	16.5
3	浙江	1 191.0	11.8
4	北京	1 045.8	10.4
5	山东	774.3	7.7
6	江苏	755.0	7.5
7	福建	304.8	3.0
8	天津	271.3	2.7
9	安徽	217.2	2.2
10	河南	214.2	2.1

(四)中国对世界主要经济体的直接投资

1. 中国对东盟的投资

2023年,中国对东盟的直接投资流量为251.2亿美元,比上年增长34.7%,占当年流量总额的14.2%,占当年对亚洲投资流量的17.7%;年末存量为1 756.2亿美元,占存量总额的5.9%,占对亚洲投资存量的8.7%。2023年末,中国共在东盟设立直接投资企业超7 400家,雇用外方员工超72万人。从流向的主要国家看,新加坡居首位,流量达131亿美元,比上年增长57.9%,占对东盟投资流量的52.1%。从存量的国别构成看,中国对新加坡直接投资存量居首位,达864.5亿美元,占对东盟投资存量的49.2%,主要投向批发和零售业、租赁和商务服务业、制造业、金融业等。表10-4为2023年中国对东盟直接投资的前五行业。

表10-4 2023年中国对东盟直接投资的前五行业

行业	流量/万美元	比重/%	行业	存量/万美元	比重/%
制造业	914 796	36.4	制造业	5 685 567	32.4
批发和零售业	481 487	19.2	批发和零售业	2 993 058	17.0
租赁和商务服务业	318 083	12.7	租赁和商务服务业	2 673 270	15.2
电力、热力、燃气及水的生产和供应业	182 962	7.3	电力、热力、燃气及水的生产和供应业	1 607 407	9.1
交通运输、仓储和邮政业	139 736	5.6	建筑业	880 634	5.0

2. 中国对欧盟的投资

2023年,中国对欧盟的投资流量为64.8亿美元,比上年下降6.1%,占流量总额的3.7%。2023年末,中国共在欧盟设立直接投资企业超2 800家,覆盖欧盟的全部27个成员国,雇用外方员工超27万人。从流向的主要国家看,卢森堡居首位,流量达23.3亿美元,比上年下降28.3%,占对欧盟投资流量的36%,主要投向金融业、居民服务/修理和其他服务业、信息传输/软件和信息技术服务业、科学研究和技术服务业等。2023年末,中国对欧盟直接投资存量为1 024.2亿美元,占中国对外直接投资存量的3.5%,存量上百亿美元的国家为荷兰、卢森堡、德国、瑞典,其中对荷兰直接投资存量居首位,达318.9亿美元,占对欧盟投资存量的31.1%,主要投向采矿业、制造业、信息传输/软件和信息技术服务业、批发和零售业等。表10-5为2023年中国对欧盟直接投资的前五行业。

表10-5 2023年中国对欧盟直接投资的前五行业

行业	流量/万美元	比重/%	行业	存量/万美元	比重/%
金融业	252 215	38.9	制造业	3 606 621	35.2
制造业	186 592	28.8	采矿业	1 836 708	17.9
批发和零售业	173 064	26.7	金融业	1 710 451	16.7
租赁和商务服务业	54 340	8.4	租赁和商务服务业	868 267	8.5
采矿业	20 814	3.2	信息传输、软件和信息技术服务业	616 899	6.0

3. 中国对美国的投资

2023年,中国对美国直接投资流量为69.1亿美元,较上年下降5.2%,占当年中国对外直接投资流量的3.9%。存量为836.9亿美元,占中国对外直接投资存量的2.8%,占对北美洲投资存量的76%。2023年末,中国共在美国设立境外企业超5 100家,雇用外方员工超过8.5万人,2023年中国对美投资覆盖国民经济18个行业门类,表10-6为2023年中国对美国直接投资的前五行业。

表10-6 2023年中国对美国直接投资的前五行业

行业	流量/万美元	比重/%	行业	存量/万美元	比重/%
金融业	224 963	32.5	制造业	2 557 614	30.6
制造业	122 877	17.8	金融业	1 943 785	23.2
批发和零售业	122 857	17.8	批发和零售业	773 672	9.2
科学研究和技术服务业	82 000	11.9	采矿业	681 130	8.1
采矿业	41 749	6.0	租赁和商务服务业	676 400	8.1

4. 中国对澳大利亚的投资

2023年,中国对澳大利亚的投资流量为5.5亿美元,比上年下降80.4%,占流量总额的0.3%,占对大洋洲投资流量的超九成。从行业分布情况看,投资主要流向金融业,为4.4亿美元,占81.4%。2023年末,中国对澳大利亚的投资存量为347.7亿美元,占中国对外直接投资存量的1.2%,占对大洋洲投资存量的87.3%,共在澳大利亚设立超800家境外企业,雇用外方员工超2.5万人。表10-7为2023年中国对澳大利亚直接投资的前五行业。

表10-7　2023年中国对澳大利亚直接投资的前五行业

行　　业	流量/万美元	比重/%	行　　业	存量/万美元	比重/%
金融业	44 371	81.4	采矿业	1 544 892	44.4
制造业	14 838	27.2	租赁和商务服务业	667 147	19.2
卫生和社会工作	7 548	13.8	金融业	405 204	11.7
科学研究和技术服务业	4 111	7.5	房地产业	248 073	7.1
电力、热力、燃气及水的生产和供应业	3 732	6.9	制造业	170 169	4.9

第二节　"走出去"战略的发展

一、"走出去"战略的提出与演变

"走出去"战略提出的一个重要着眼点是如何开拓国际市场、利用国外资源,弥补我国经济发展过程中国内市场和资源的不足。从这个意义上说,"走出去"战略思想的萌芽,可以追溯到党的十四大。1992年,江泽民在党的十四大报告中提出:"积极开拓国际市场,促进对外贸易多元化,发展外向型经济","积极扩大我国企业的对外投资和跨国经营","更多地利用国外资源和引进先进技术"。这里,"对外贸易多元化""开拓国际市场"和"利用国外资源"等一些"走出去"战略的核心概念就提出来了,成为"走出去"战略思想的萌芽。

"走出去"战略思想首次明确提出是在1996年。这年7月26日,刚刚结束非洲六国访问回来的江泽民在河北唐山考察工作时提出:要加紧研究国有企业如何有重点有组织地走出去,做好利用国际市场和国外资源这篇大文章。广大发展中国家市场十分广阔,发展潜力很大。我们要把眼光放远一些,应着眼于未来、着眼于长远,努力加强同这些国家的经济技术合作,包括利用这些国家的市场和资源搞一些合资、合作经营的项目。这是江泽民首次明确提出"走出去"的思想。

1997年12月24日,江泽民在接见全国外资工作会议代表时,首次把"走出去"作为一个重要战略提出来,并把它置于国家发展战略的重要位置。他说:"我们不仅要积极吸引外国企业到中国投资办厂,也要积极引导和组织国内有实力的企业走出去,到国外去投资办厂,利用当地的市场和资源。""在努力扩大商品出口的同时,必须下大气力研究和部署如何走出去搞经济技术合作。'引进来'和'走出去',是我们对外开放基本国策两个紧密联系、相互促进的方面,缺一不可。这个指导思想一定要明确。""有步骤地组织和支持一批国有大中型骨干企业走出去,形成开拓国外投资市场的初步规模。这是一个大战略,既是对外开放的重要战略,也是经济发展的重要战略。"此后,江泽民在不同场合多次强调要抓紧研究实施"走出去"战略。1998年5月,他在一次讲话中呼吁:"要进一步研究如何加快实施'走出去'的发展战略。非洲、中东、中亚、南美等地区的广大发展中国家,市场很大,资源丰富,我们应该抓紧时机打进去。要组织一批有条件的国有企业出去投资办厂。"

进入21世纪以后,我国的改革开放和现代化建设面临新的形势。江泽民对"走出去"战略的论述也渐趋全面深入。2000年1月20日在中央政治局会议上,江泽民把抓紧实施"走出去"战略作为涉及党和国家工作全局、需要进一步研究和抓紧解决的七个重大问题之一加以论述。

(一) 分析了实施"走出去"战略的客观条件

"这20年,我们是以引进来为主,把外国的资金、技术、人才、管理经验等引进来,这是完全必要的。不先引进来,我们的产品、技术、管理水平就难以提高。你想走出去也出不去。现在情况与20年前不同了,我们的经济水平已大为提高,应该而且也有条件走出去了。"①

(二) 从我国当前经济发展的实际需要、国家的长远发展和安全等方面,深入论述了实施"走出去"战略的重要性和必要性

江泽民说:"只有大胆地积极地走出去,才能弥补我们国内资源和市场的不足;才能把我们的技术、设备、产品带出去,我们也才更有条件引进更新的技术,发展新的产业;才能由小到大逐步形成我们自己的跨国公司,以利更好地参与经济全球化的竞争;也才能更好地促进发展中国家的经济发展,从而增强反对霸权主义和强权政治、维护世界和平的国际力量。在这个问题上,不仅要从我国现在的实际出发,还要着眼于国家长远的发展和安全。所以,无论从哪方面考虑,加强对外合作都是一个大战略,应该不失时机地抓紧部署和实施。""这同西部大开发一样,也是关系我国发展全局和前途的重大战略之举。"①

(三) 提出实施"走出去"战略要贯彻多元化方针

"无论是开拓国际市场还是利用国外资源,都要贯彻多元化的方针。""要继续不断提高我们的产品质量,努力开拓欧美市场。同时,要继续努力开拓亚洲、非洲、拉丁美洲一些发展中国家的市场。这些国家经济发展水平较低,我国的产品和技术对他们还是比较适用的,何况那里市场广阔、资源丰富。应该精心组织我们的企业特别是国有大中型企业到这些国家去开拓市场,发展贸易,开展经济技术合作。"②

中国正式加入世界贸易组织,标志着我国对外开放进入一个新的阶段。一方面意味着中国将在更大范围、更广领域和更高层次上参与国际经济合作和竞争,另一方面也会为我们实施"走出去"战略带来更多的机遇。抓紧实施"走出去"战略,条件更成熟了,要求也更为迫切了。为此,江泽民在中共中央举办的省部级主要领导干部专题研究班上发表讲话,从"为我国的未来发展和中华民族的子孙后代考虑"的高度,论述了我国在对外开放进入新阶段、面临的国际竞争更趋激烈的新形势下抓紧实施"走出去"战略的紧迫性;"在新的条件下扩大对外开放,必须更好地实施'引进来'和'走出去'同时并举、相互促进的开放

---

① 江泽民.江泽民文选:第二卷[M].北京:人民出版社,2006:569.
② 江泽民.江泽民文选:第二卷[M].北京:人民出版社,2006:569-570.

战略,努力在'走出去'方面取得明显进展。实施'走出去'战略,是把对外开放推向新阶段的重大举措,是更好地利用国内国外两个市场、两种资源的必然选择,是逐步形成我们自己的大型企业和跨国公司的重要途径。"

几个月之后,"走出去"战略被写进党的十六大报告。报告指出:"坚持'引进来'和'走出去'相结合,全面提高对外开放水平。""实施'走出去'战略是对外开放新阶段的重大举措。"

从以上对"走出去"战略的提出和演变脉络的梳理中,可以得到这样两点认识:一是"走出去"战略从开始提出到写入党的十六大报告,经历了一个逐步明确、不断发展丰富的过程;二是"走出去"的基本内涵,就是组织我国有实力的企业走出去到国外投资办厂,开拓国外投资市场,其主体是企业、跨国公司,其战略价值取向,是要弥补我国经济发展过程中国内资源和市场的不足,在更广阔的空间里进行经济结构调整和资源优化配置,更好地参与经济全球化趋势下的国际竞争,不断增强我国经济发展的动力和后劲,促进我国经济的长远发展。

二、"走出去"战略的突出成果

(一)不断加强对外投资政策引领

加强对外投资合作高质量发展的政策引领。中国不断改革创新对外直接投资管理方式,强化监管服务,营造良好环境,有效防范风险,出台多项境外投资规范引导措施,加快推动中国从投资大国向投资强国的转变。加强制度建设,将促进、服务、监管和保障纳入法治化轨道。深化对外投资领域的"放管服"改革,实施对外投资备案管理办法,加大对外投资合作事中、事后监管力度。完善双边投资合作机制,与有关国家签署投资合作协议、双边经贸合作中长期发展规划。强化服务保障,建成"走出去"公共服务平台。重视绿色投资和数字经济投资,出台相关工作指引。创新对外投资方式,实施绿地投资、收购并购、股权置换等多种形式。

加强对跨境企业的规范引领与保护。规范企业海外经营行为,提升企业国际化经营水平,指导企业增强境外风险防范应对能力,保护企业海外合法权益。以"一带一路"为引领,坚持互利共赢,树立中国投资形象,打造中国投资品牌。2023年,中国企业对外投资并购涉及制造业、租赁和商务服务业、信息传输/软件和信息技术服务业等17个行业门类。从并购金额上看,制造业77.2亿美元,居首位,涉及127个项目;租赁和商务服务业33.7亿美元,居次席,涉及29个项目;信息传输/软件和信息技术服务业23.7亿美元,居第三位,涉及38个项目。2023年,中国企业对"一带一路"合作伙伴实施并购项目111个,并购金额121.3亿美元,占并购总额的59%,其中新加坡、印度尼西亚、波兰、韩国和老挝等国吸引中国企业投资并购规模均超5亿美元。[①]

(二)积极推动新产业、新平台、新业态、新模式对外投资

大力推动数字经济"走出去"。党的十八大以来,中国推动数字经济顶层设计,实施网络强国战略,加快建设网络强国、数字中国、智慧社会。加快培育数据要素市场,加快推动共享经济在生产制造领域的创新发展,推动共享制造成为制造业高质量发展的重要驱动

---

① 数据来源于《2023年度中国对外直接投资统计公报》。

力量,提升资源数字化水平。鼓励新产业、新平台、新业态、新模式发展,激活消费市场带动就业增长,打造数字经济新优势。打造开放共享生态,扩大平台影响力,同时加强平台治理与监管,优化平台发展环境。积极推动数字经济对外投资合作,积极融入数字经济全球产业链,支持数字企业积极参与全球竞争与合作,更好地服务于新发展格局。积极参与全球数字经济治理,如2016年G20杭州峰会提出的《二十国集团数字经济发展与合作倡议》,2022年的《金砖国家数字经济伙伴关系框架》,积极申请加入《数字经济伙伴关系协定》(DEPA),积极推动建设"数字丝绸之路",大力发展跨境电子商务。

积极推动对外投资合作绿色发展。中国高度重视对外投资合作绿色发展。2015年出台的《推动共建丝绸之路经济带和21世纪海上丝绸之路的愿景与行动》提出共建绿色丝绸之路,2017年出台《关于推进绿色"一带一路"建设的指导意见》和《"一带一路"生态环境保护合作规划》,2021年出台《对外投资合作绿色发展工作指引》,2022年出台《国家发展改革委等部门关于推进共建"一带一路"绿色发展的意见》和《对外投资合作建设项目生态环境保护指南》等政策,为推动"一带一路"绿色发展提供政策支撑与指引。中国力争到2025年共建"一带一路"绿色发展取得明显成效,到2030年基本形成共建"一带一路"绿色发展格局。

(三)积极推动贸易投资自由化、便利化

不断推进汇率形成机制改革。中国进一步推进外汇管理体制改革,完善以市场供求为基础的有管理的浮动汇率制度。进一步增强人民币汇率弹性,2014年人民币对美元汇率波幅扩大至2%。进一步扩大人民币跨境使用,有序实现人民币资本项目可兑换,稳步推进人民币国际化,推进人民币资本"走出去"。加强外汇储备经营管理,拓宽使用渠道,提高收益水平,逐步建立外汇管理负面清单制度。放宽境外投资汇兑限制,改进企业和个人外汇管理。2015年,人民币被IMF纳入SDR(特别提款权)篮子,人民币在国际货币体系中的话语权得到提升。俄乌冲突推动人民币和中国资产成为全球避险工具,有利于提升人民币的国际比重和中国资产的国际比重。

进一步促进跨境贸易投资便利化。不断完善境外融资及有价证券管理、境外证券市场投资外汇管理、外债对外担保管理等相关法规。不断丰富外汇交易品种,为企业外汇风险管理提供支撑。推进中国债券市场对外开放,提高金融开放水平。推动人民币境外贷款范围扩大到境外所有非金融企业,为企业"走出去"更好地提供跨境金融服务。积极开展跨境贸易投资高水平开放试点,促进贸易投资便利化。实行"备案为主、核准为辅"的境外投资管理模式,为企业更好地"走出去"提供制度保障。

(四)积极推动自由贸易试验区和自由贸易港发展,提高中国制度型开放水平

1. 推动自由贸易试验区和自由贸易港大发展

2013年,国务院批准设立中国(上海)自由贸易试验区(以下简称"上海自贸试验区"),2015年扩展实施范围并逐渐复制其经验推广全国,2017年上海自贸试验区进入全面深化改革阶段,2019年推进临港新片区建设,打造上海自贸试验区成为开放和创新融为一体的综合改革试验区、开放型经济体系的风险压力测试区、提升政府治理能力的先行

区和服务国家"一带一路"建设、推动市场主体"走出去"的桥头堡。自由贸易港作为自贸区的"升级版",对于中国全面深化改革具有重要战略意义。海南自由贸易港建设是中国全面深化改革开放的重要制度尝试,其成功经验将全面对接中国经济,产生更大范围的"制度红利"。海南有望在未来30年到50年之间成为全面开放的新高地,成为东南亚乃至整个亚太地区新的经济增长极。

2. 实施负面清单制度,放宽外资准入

从2013年中国在上海建立第一个自贸试验区,到2021年5月的21个自贸试验区,自贸试验区向全国复制推广了278项制度创新成果。从2013年的第一张外商投资准入负面清单的190项限制措施到现在的27项,全国范围内的限制措施由93项减少为31项,大幅减少了外资市场准入限制。2020年实施新的外商投资法,2022年海南推出第一张跨境服务贸易负面清单,中国制度型开放水平不断提高。围绕构建新发展格局,积极构建沿边地区对外开放重要节点和平台。

3. 不断完善跨境货物、服务、运输、人员等自由便利政策

2021年,《中华人民共和国海南自由贸易港法》正式发布,建立贸易投资自由便利的管理制度。2020年《海南自由贸易港建设总体方案》提出"6+1+4"的制度设计,到2035年全面实现跨境贸易、投资、资金、人员、运输来往"自由便利"和数据安全有序流动,构建现代产业体系,加强税收、社会治理、法治、风险防控等四个方面制度建设,推进建设海南高水平自由贸易港。

(五)实施高标准自由贸易区战略,加快构建开放型经济新体制

构建全球高标准自贸区网络体系。党的十七大把自由贸易区建设上升为国家战略,党的十八大提出要加快实施自由贸易区战略,党的十八届三中全会提出要以周边为基础加快实施自由贸易区战略,形成面向全球的高标准自由贸易区网络。不断加快构建开放型经济新体制,提升对外开放水平,推动经济高质量发展,努力赢得国际竞争主动。

积极签署双多边自由贸易协定,深化与各国的贸易投资往来和各领域务实合作。截至2022年8月,中国对外签署自贸协定21个,正在谈判的自贸区10个,正在研究的自贸区8个,优惠贸易安排1个。其中,RCEP(区域全面经济伙伴关系协定)是全球人口最多、经济规模最大的自贸区。随着RCEP的实施,中国的自贸伙伴圈不断扩大。中国不断向高标准自由贸易协定迈进,积极申请加入CPTPP(全面与进步跨太平洋伙伴关系协定)和DEPA,对标高标准推动国内改革。

(六)共建"一带一路",积极开展第三方市场合作

积极推动"一带一路"建设。"一带一路"是中国扩大对外开放的重大战略举措和经济外交的顶层设计,是今后相当长时期中国对外开放和对外合作的管总规划,是中国推动全球治理体系变革的主动作为。2013年,中国提出"一带一路"倡议,积极推动与共建"一带一路"国家与地区的合作,推动中小企业"走出去",推动第三方市场合作,共建"一带一路"高质量发展。2021年,我国对共建"一带一路"国家非金融类直接投资203亿美元,同比

增长14.1%。截至2022年7月底,中国已同149个国家和32个国际组织签署200多份合作文件。①

积极推动绿色丝绸之路建设。政策规则体系不断完善,绿色理念引领不断增强。早在2013年我国就出台了《对外投资合作环境保护指南》,指导中国企业在对外投资合作中提高环保意识,遵守东道国环境保护政策法规。绿色交流机制不断完善,国际务实合作不断深化。建立"一带一路"绿色发展国际联盟,搭建绿色"一带一路"生态环保大数据服务平台,构建"一带一路"绿色投资原则多边合作平台,携手联合国、亚太经合组织、"一带一路"论坛等多边合作机制,推进绿色"一带一路"多边化发展与国际合作。企业在绿色"一带一路"建设实践中发挥重要作用,在推动对外经贸活动中,直接参与当地生态环境保护,共同实现绿色发展。金融机构为"一带一路"项目提供绿色金融支持。2018年中英共同发布《"一带一路"绿色投资原则(GIP)》,截至2021年底,共有41家签署机构和13家支持机构参与,总计持有超过49万亿美元的综合资产,为绿色"一带一路"项目建设提供资金支撑。中国进出口银行、国家开发银行、丝路基金为中国企业海外绿色投资发展提供贷款,中国金融机构与IFC(世界银行旗下国际金融公司)组成国际银团为"一带一路"绿色投资项目提供融资支持。

(七)推进跨境电商综试区建设,鼓励跨境电商发展

积极推动跨境电商发展。跨境电商新业态、新模式成为国际贸易发展重要趋势。从2015年杭州设立首个跨境电商综合试验区(以下简称"跨境电商综试区"),到2022年底,中华人民共和国中央人民政府颁布《国务院关于同意在廊坊等33个城市和地区设立跨境电商综试区的批复》,我国已先后分七批设立165个跨境电商综试区,覆盖31个省区市,基本形成了陆海内外联动、东西双向互济的发展格局。2021年出台《国务院办公厅关于加快发展外贸新业态新模式的意见》,明确提出促进跨境电商综试区高质量发展。2021年中国跨境电商贸易规模达1.98万亿元,同比增长15%。跨境电商产业链中,主要包括进口跨境电商、出口跨境电商和跨境电商服务商三大类跨境电商企业。

支持海外仓建设和发展。共建共享海外仓是跨境电商企业重点关注问题。2022年的《政府工作报告》和《"十四五"商务发展规划》《"十四五"电子商务发展规划》《国务院办公厅关于加快发展外贸新业态新模式的意见》等发展规划政策中,均提到了促进跨境电商发展,支持海外仓建设、构建海外仓标准等内容,帮助企业开拓海外仓市场,加快海外仓标准化建设。海外仓建设将为中国跨境电商企业发展提供"仓储物流+海外仓+轨迹追踪"一站式服务,为跨境电商发展提供新驿站,助力跨境电商企业的发展。

(八)推动数据跨境有序流动,积极参与全球数字治理

不断完善数据治理顶层法律制度。2016年起陆续出台《中华人民共和国网络安全法》《中华人民共和国数据安全法》《中华人民共和国个人信息保护法》等,加强数据跨境流动管理。2022年中国出台《数据出境安全评估办法》,划定可能影响国家安全的数据出境

---

① 数据来源:中华人民共和国海关总署。

行为,强化数据出境风险自评估义务。《中共中央 国务院关于加快建设全国统一大市场的意见》再次强化建立健全数据安全、权利保护、跨境传输管理、交易流通、开放共享、安全认证等基础制度和标准规范。《海南自由贸易港建设总体方案》对数据安全有序流动进行了具体的制度设计。

积极参与全球数字治理。积极申请加入DEPA,提出《全球数据安全倡议》,贡献全球数据安全治理中国方案。积极推动数据安全有序跨境流动,平衡数据跨境流动与风险防控,秉承国(地区)与国(地区)之间对等原则,主张数据保护对等和数据跨境执法权对等。

三、"走出去"战略的重要意义

(一)有助于中国企业在国际分工体系中占据有利地位

从世界范围来看,经济全球化必将伴随国际产业链各环节区域分布的动态调整,凡是能够融入全球化生产网络的国家和企业都将大有作为,而游离在外则将被边缘化。就一国而言,融入经济全球化既可能使其受益,也可能使其受损。只有积极应对,主动实施"走出去"战略,在更广阔的空间进行产业结构调整和资源优化配置,一国才有可能在国际分工体系中占据有利地位。中国企业"走出去"开展国际化经营,能够改变出口产品的结构和方式,推动国内产业结构升级和优化。中国东南沿海较发达地区的企业可以充分利用自身的比较优势,通过对外直接投资的方式,将劳动密集型产业和资源消耗型产业转移到其他发展中国家,集中资源在本地区发展高新技术产业和新兴产业。

"走出去"是中国企业提高国际竞争能力和成长为具有较强实力跨国公司的必由之路。跨国公司是经济全球化的重要载体。在经济全球化背景下,一国拥有的跨国公司数量和规模是衡量其经济发展水平的重要标志,也是该国赢得国际竞争优势、获取支配全球资源权利的重要工具。随着经济持续快速增长,许多中国企业的国际竞争能力迅速提升,形成了一大批资本实力雄厚、技术管理水平先进和具备"走出去"能力的企业,有可能成长为具有全球影响力的跨国公司。在国内市场竞争日趋国际化、资源短缺、产业结构不尽合理、与其他国家的贸易摩擦日益增多的背景下,中国企业按照国际惯例参与全球化生产和资源配置的要求更为紧迫。因此,中国企业"走出去"不仅是自身发展壮大的内在要求,也是适应经济全球化趋势的现实选择。

(二)有助于我国扩大对外贸易规模

中国对外贸易持续高速增长,对促进经济增长发挥了重要作用。但同时也应看到,保持对外贸易高速增长面临着严峻的挑战,主要表现在以下方面:一是人民币升值导致中国企业产品的国际竞争能力下降。对于像纺织品和玩具等一些利润空间较小的出口产品来说,人民币升值影响了其在国际市场中份额的维持和扩大。二是贸易壁垒制约中国出口增长。随着经济全球化背景下贸易不平衡的进一步扩大,许多国家纷纷运用反倾销、反规避制度、保障措施、特保和反补贴等措施设置贸易壁垒。一些国家(特别是发达国家)还利用知识产权、劳工标准、技术壁垒、绿色贸易壁垒等措施限制对中国的进口。三是贸易顺差影响中国对外经贸关系。贸易顺差容易引发贸易摩擦,从而影响中国对外贸易发展。

中国企业"走出去"是缓解人民币升值压力和突破贸易壁垒的有效手段。中国企业"走出去",在境外投资设厂,在当地或国际市场上销售产品,以境外企业作为交易和结算主体,以外币作为记账本位币,则可以在很大程度上避免人民币升值产生的不利影响。中国企业"走出去"可以形成原产地多元化,对外直接投资既可以选择那些对中国企业设置贸易壁垒的国家,也可以选择第三国。中国境外企业在东道国销售产品或出口,替代境内企业出口,就可以绕过目标国的贸易壁垒。

中国企业"走出去",可以降低对外贸易顺差,改善与相关国家的经贸关系。中国企业可以选择贸易目标国进行投资,并在当地市场销售产品。作为东道国的法人,中国的境外企业在当地市场销售产品,维护和扩大了当地市场份额,但并不直接表现为中国企业对该东道国的出口贸易。对外直接投资产生的出口替代效应,在一定程度上减小了中国与东道国之间的贸易顺差,从而改善与该国的双边贸易关系。

(三) 有助于我国学习国外先进技术

处于主流地位的国际投资理论认为,发达国家的跨国公司向发展中国家直接投资所转移的并不是先进技术,而是已标准化的或即将淘汰的技术,其目的在于维护和增强其垄断优势。中国引进外资的实践也充分证明了这一点。20世纪90年代中期以来,在中国企业技术水平显著提高和国际竞争日趋激烈的背景下,发达国家跨国公司对华直接投资的技术含量明显提高,但技术外溢效应仍不显著。具体来讲,发达国家跨国公司对技术含量较高的对华投资一直倾向于采用独资方式,技术保密措施极为严格;发达国家跨国公司在华设立的研究与开发型外资企业规模小、层次低,并不进行基础研究和应用研究,而是只进行试验开发研究,与中国的研究机构也极少有前后向关联,其主要目标在于利用中国廉价的技术资源和为满足消费者偏好而对所销售的产品加以改进。

与引进外国直接投资相比,鼓励中国企业"走出去",发展"追赶型"对外直接投资是获得国外先进技术更为有效的途径。所谓"追赶型"对外直接投资,是指发展中国家的跨国公司在发达国家高新技术企业和研究机构聚集区进行研究与开发性投资,通过利用反向技术外溢效应获取发达国家先进技术的一种投资方式。中国企业通过发展"追赶型"对外直接投资设立境外企业,能够最大限度地获取发达国家技术集聚区所产生的溢出效应。同时,此类境外企业能将大量技术信息及时传递到国内公司总部,从而有助于中国企业及时了解世界前沿技术动态,增强国内企业研究与开发的能力。

发展"追赶型"对外直接投资,还有助于更好地培养高技术人才。中国企业"走出去",在发达国家设立研究与开发型企业,可以使中国企业的技术人员更为便捷地进入技术创新源头地,增加与国外技术人员的交流,进而提高自身的技术水平。

(四) 有助于增强我国文化软实力,传播中国智慧,促进世界文化繁荣

软实力是近年来国际关系中的一个新型词语,是由美国学者约瑟夫·奈(Joseph Nye)提出的概念。虽然他是从维护美国超级大国的战略地位出发而提出的这一概念,但我们确实应该认识到软实力在国家综合国力和国际竞争中所占有的重要地位。国家的经济、军事等硬实力固然不可缺少,但文化、思想等软实力也在国际关系中占有关键地位。

在文化软实力逐渐成为国家综合国力竞争的关键因素时,中国的文化软实力在国际地位竞争中却处于弱势地位。改革开放以后,中国的经济增长迅速,与其产生对照的却是不相配的文化软实力。由中国发起并获得国际社会竞相支持的"亚投行"与"一带一路"倡议规划使中国的经济发展又搭上了快车,跨国投资、跨国生产、跨国经营的企业也越来越多。跨国生产经营本质上也就是跨文化生产经营,跨文化生产经营必然需要强大的文化软实力。然而,中国的文化软实力显然不够,中国企业"走出去"难免受到由于习俗、习惯、观念上不同所产生的文化阻力。

推动文化走出去因此显得至关重要,增强中国文化的软实力,提高我国文化在国际上的吸引力,依托文化软实力的渗透力和凝聚力,是实现促进经济增长、更好地融入世界的重要途径,也是进一步增强我国综合国力的必由之路。

世界文化是多元的,是交流的,文化的多样性是世界文化大繁荣的前提,是关系到人类文明发展的大问题。诺贝尔奖获得者1988年曾在巴黎发表宣言:"人类要在二十一世纪生活得更好,必须回首2500多年前,从中国的孔夫子那里去寻找智慧。"这说明中华文化不仅仅是中国独特的瑰宝,也是促进世界文化繁荣发展、进步的不可缺少的资源。我国一些优秀的传统文化和独特的东方智慧在今日也具有时代的价值、闪烁着时代的光芒。在此境况下,推动中国文化"走出去",向世界传递中国声音、贡献东方智慧,对促进社会文明进步和世界文化繁荣,无疑具有重要的借鉴意义和宝贵的参考价值。

第三节　中国跨国企业经营的模式、特点与优势

一、中国跨国企业经营的模式

(一)跨国直接投资创办子公司

跨国直接投资创办子公司就是我国企业依据东道国法律,在东道国境内设立全部资本为自己所拥有的企业。它独自享有企业的所有权、经营管理权,承担相关责任、风险。如海尔在美国等国家建立自己的生产基地,直接建立和推广自己的品牌,在当地树立企业形象。这种跨国经营模式需要长期地对企业品牌进行培育,靠当地消费者的认同获得市场。它能够快速了解当地市场信息,生产经营针对性强,能做到当地化——当地设计、当地制造、当地销售,使中国产品国际化,获得越来越大的国际市场份额,增强国际竞争力,获取最大利润。但这种模式具有相当苛刻的制约条件,企业需要兼备所有权优势、内部化优势和区位优势。当企业具有规模、技术、产品和人才等方面的优势,应选择到一些法治比较健全的国家和地区投资建立海外子公司,利用自己雄厚的经济实力、完善的销售系统、先进的技术和拳头产品,才能取得一定成效。因此对于成本较高、风险较大、获利能力较差的中小企业应谨慎选择这一模式。

(二)跨国并购

跨国并购是指我国企业依法通过一定的程序和渠道,收购海外目标企业的全部资产或主要的运营资产,或者收购其一定数量的股份,从而对其进行控制或参股的投资行为。

如中石油出资 41.8 亿美元收购哈萨克斯坦 PK 油气公司,联想收购 IBM 的 PC 部从而一跃跨入世界 500 强行列,获得了 IBM 在国际上成熟的团队和销售渠道。

并购投资具有广阔的应用空间,将日益成为我国企业尤其是中小企业海外投资的重要模式。这种模式应用的制约条件:一是由于收购大多是以现金方式,我国企业需要投入大量运营资金。二是并购后整合将使企业面对严峻的考验,因此要具备较强的管理能力和人才。三是要弄清目标企业的技术装备、负债和法律诉讼等情况,避免误入并购陷阱,影响实现并购目标。例如海尔集团退出对美国的并购、中海油退出对加州联合石油的并购,两起中国企业对美国企业的并购在不到半月之内先后夭折,这些值得我们深思。

(三)跨国构建营销网络

跨国构建营销网络是指我国企业依靠自己在国外建立的国际营销机构及其他网络,或依靠国外的代理,把自己国内的产品直接或间接地销往国外市场的模式。企业构建自己的国外销售渠道和网络,有利于把产品直接销往国外市场,减少中间环节,提高企业的盈利水平;有利于积累国际营销经验,培养国际营销人才,提高跨国经营能力;有利于了解国际市场信息,扩大产品出口规模,并寻找进口盈利的好机会,做到国际化经营。三九集团在国内建立制造基地和研发中心,先后在俄罗斯、美国、日本等十几个国家和地区设立了营销公司,开拓了三九产品海外销售市场,使三九集团产品的市场由单一国内市场逐步演变成为全球性市场。

采用跨国构建营销网络也存在制约条件:这种模式主要是销售走出去了,但生产、研发仍在国内,容易受到包括国外反倾销在内的各种贸易壁垒的限制,所以企业需要增强这方面的应对能力。因此,依靠国外的代理,投资少、风险小、管理较容易,是我国现阶段大量中小型企业走出去的一种主要模式。其缺陷是企业对国外营销活动的控制有限,自有的品牌不突出,有时过于依赖国外代理,有时甚至有回收货款的风险,获得的利润比较少。对于具有一定出口规模和资金实力的企业而言,应积极建立自己控制的海外营销网络,增强对国外市场的了解,扩大盈利空间。

(四)跨国研发投资

跨国研发投资是指我国一些高科技企业通过建立国外研发中心,利用国外研发资源,使研发国际化,取得居国际先进水平的自主知识产权,并将对外直接投资与提供服务结合起来的行为。华为在印度班加罗尔、瑞典斯德哥尔摩、俄罗斯莫斯科等地建立了多家海外研发中心,并通过各种激励政策吸引国内外优秀科技人才进行研发,从而能够及时掌握业界最新动态。现在,华为的设备已经在非洲、南美、东南亚、东欧等地区 40 多个国家昼夜运转,靠着掌握越来越多的核心技术,华为在世界电信市场上已经能与跨国公司比肩较量。

进行跨国研发投资,建立研发中心,可以加强我国与世界各国的经济技术合作,增进科技交流,扬长避短,加快我国科技发展,可以利用海外的研发资源,推动研发国际化,提升科技竞争力,可以形成科、工、贸一体化。依托全球化技术开发网络,利用遍布各地的研发机构,以提供优质的产品和服务、更快的响应速度和更好的性能价格,确立可持续营利机制,提高企业的国际竞争力。当然,目前我国绝大部分的科技企业还基本上不具备跨国研发投资的条件,必须进行创新,构建拥有强大的高新技术开发实力和技术创新能力的跨国研发投资主体,拥有自主知识产权,避免知识产权纠纷,开展跨国研发投资,参与国际竞争。

(五) 跨国品牌经营

跨国品牌经营包括品牌输出、跨国品牌并购和跨国品牌自创等投资经营。品牌输出是指我国那些只有品牌优势的企业,采取以品牌人入股、独资、特许加盟、连锁等方式进行国外投资经营。中华老字号同仁堂历史悠久,成为海内外知名的比较成熟的品牌,同仁堂便把"同仁堂"这个金字招牌向国外输出,拓展国外市场。当然,采用这一模式的前提条件是企业拥有海内外知名品牌和自主知识产权,这样才能在国外发挥自身品牌的比较优势。跨国品牌并购是指我国企业通过并购国外品牌来开拓当地市场的投资经营。可以通过收购国外当地知名品牌对产品进行包装,获得或恢复当地消费者的认同,借助其品牌影响力,快速进入当地市场,也可以通过把并购来的国际上知名的品牌和自己在国际上还不知名的品牌结合起来,带动国内产品"走出去",逐步扩大国际市场。跨国品牌自创是我国企业在国外投资经营中,创立自主的国际知名品牌,开拓国外市场的模式。海尔集团在海外投资和跨国经营过程中,始终以"创海尔世界知名品牌"为核心目标,实施国际化战略,让海尔由中国名牌成长为世界名牌。选择跨国自创品牌,要求企业拥有较雄厚的资本、较强的经营管理能力尤其是争创、运营品牌的能力,同时也要承担较大的风险,不是一般的企业都能够采用的模式。

(六) 跨国加工贸易

跨国加工贸易是指我国企业以现有技术、设备投资,在国外以加工装配的形式,带动和扩大国内设备、技术、零配件、原材料出口的模式。例如,华源集团是以纺织业为支柱的大型国有企业集团,20世纪90年代中后期,抛弃单纯依靠出口占领海外市场的传统做法,开展境外加工贸易,先后在塔吉克斯坦、尼泊尔、墨西哥、加拿大和泰国等地投资建立海外生产加工基地,其中华源集团在墨西哥、加拿大设立的两家纺织企业,利用了《北美自由贸易协定》中贸易区内纺织品免税、免配额的政策,扩大了对北美尤其是美国纺织品的出口。此外深圳康佳集团、珠海格力集团和江苏春兰集团等企业的海外投资都属于这种模式。

跨国加工贸易把成熟的技术设备和过剩的生产能力搬迁到市场销路较好的国家和地区,使企业过剩的生产能力继续发挥作用,获得收益;主要以国内的技术、设备、原材料、零配件等实物作为出资物,节约外汇支出,合理地利用原产地规则,规避和突破各种贸易壁垒,更好地拓展海外市场,增强国际竞争能力,带动国内产业的升级、经济结构的优化。开展跨国加工贸易的企业,主要集中在技术成熟和生产能力过剩的轻工、纺织服装、家电、机电及原料药等行业。

(七）跨国资源开发

跨国资源开发是指我国资源企业对国外资源开发方面进行的投资，包括新建国外企业和通过资产或股权并购而设立国外企业。这种模式也被称为国家战略主导投资模式，因为其对海外投资主要是政府的推动，注重的是国家的宏观利益，是为国家经济的可持续发展和能源安全战略的需要而对海外能源开发方面进行投资。近几年来，中石化、中石油和中海油，纷纷进行海外油气田的投资开发，先后启动了二十几个项目，与国外的很多合作项目采取"份额油"的方式，即中国石油企业在当地的石油建设项目中参股或投资，每年从该项目的石油产量中分取一定的份额，一定程度上保证了石油进口数量及价格的稳定，有利于解决我国人均资源占有量较低，以及有些自然资源如石油的供给严峻的问题。

这种投资模式目前主要体现在能源战略方面，今后将向资源战略扩展。投资主体一般是大型国有或国有控股重点能源企业，以国家长期能源安全和国家经济的可持续发展为根本目的，主要是依靠政府政策的大力支持，拥有雄厚的资金和较强抵御风险能力。要加强可行性研究，避免决策失误，加强监管，确保安全生产和环境保护，真正落实国家能源安全战略，由于它把国家能源安全战略的宏观利益放在第一位，同时投资数额较大，投资回收期限长，投资风险大，因此，非能源行业的大型投资企业和中小投资企业一般不宜采用。

（八）跨国工程承包与劳务输出

跨国工程承包就是我国企业到国外去承揽工程。跨国工程承包可以充分利用我国劳动力的比较优势，在国际重新组合配置资源，缓解国内就业压力，带动商品出口，增加外汇收入，提高本国的技术、管理水平。如中国海外工程总公司、中国土木工程集团公司、中国建筑工程总公司、葛洲坝集团等都是国际上有名的中国跨国承包公司。它是一种相对传统的跨国经营模式，但要根据新形势提供的机遇与面临的挑战，很好地选择这一模式。政府应在政策上支持对外承包工程，企业要在国内建立联盟，扩大企业规模，形成核心竞争力，构建具有较强总承包能力的大型企业集团，加强与外国承包公司的合作。

劳务输出就是把我国劳动力输到国外去提供劳务以获取报酬，能够缓解国内就业压力，增加外汇收入。跨国劳务输出要规范境外就业中介机构，提供优质的服务，要强化培训，提高劳务人员素质，培训出有特色的劳务人员，增强竞争力，向海外输出较高级的、特殊的劳务人员，包括通信、信息、医生、护士、教师、厨师、海员等专门人才和工人、家政服务人员等一般的劳务人员，充分利用我国劳动力资源。

二、中国跨国企业经营的特点

（一）起步晚但发展快

我国企业跨国投资是从1979年开始的，仅有40余年的历史，而西方发达国家企业的跨国投资已有100余年的历史了。但我国企业的跨国投资发展很快。40多年来，我国海外企业数量和对外直接投资额的年平均增长率都实现了突飞猛进的发展，大大超过了亚洲新兴工业化国家以及苏联和东欧国家最初的对外直接投资增长速度。截至 2023 年底，中国 3.1 万家境内投资者在境外共设立对外直接投资企业 4.8 万家，分布在全球 189 个国家（地区）。党的十八大以来，中国累计对外直接投资达 1.68 万亿美元，相当于 2023 年年末存量规模的 57%，连续 8 年占全球份额超过一成，在投资所在国家（地区）累计缴纳各种税金 5 185 亿美元，年均解决超过 200 万个就业岗位，中国投资对世界经济的贡献日益凸显。

（二）投资主体多元化

21 世纪初，从投资主体看，专业外贸公司的海外投资进入萎缩、调整期，而工贸公司、民营、私营企业对外直接投资踊跃，成为对外直接投资的新生力量，中国对外投资主体初步呈现多元化，但大型国有企业仍是中国海外投资的主力军。在 2002 年中国最大的 12 家跨国公司中，中远以 90 亿美元的海外资产位居榜首。海尔和中兴是其中两家非国有企业，但其海外资产规模均较小。随着中国加入世界贸易组织，国家逐渐放宽了对外投资政策，对外直接投资主体逐渐由国有企业主导向投资主体多元化方向发展。2003 年以来，中国海外直接投资的境内主体最明显的变化是，国有企业作为对外直接投资主体所占比重持续下降，而有限责任公司所占比重则大幅度上升。就对外直接投资企业所在行业类型分析，批发和零售类企业所占对外直接投资境内主体数量的比重提升幅度最大，而制造类企业所占比重则下降较多。中国企业的对外直接投资，多数属于同行业内生产地点在空间上的转移或市场分布上的扩张。

（三）跨国并购成为重要方式

近年来，我国对外投资迅速增加，但是我国企业总体上还处于对外直接投资的初级阶段，绝大多数企业采用传统的新建独资或合资企业的方式。为了应对日益缩短的产品生命周期、日新月异的技术变革和高昂的研发成本，越来越多的跨国公司开始借助战略联盟方式来广泛开展经营合作，通过建立合资企业、并购、许可证经营、分包、特许权转让及合作生产等方式进入国际市场。特别应注意的是，跨国并购是影响国际直接投资规模的主导因素，2023 年中国企业共在 53 个国家（地区）实施并购项目 383 起，对外投资并购交易总额 205.7 亿美元，较上年增长 2.5%，但规模仍为 2010 年以来第二低位。从并购资金来源看，中国企业境内出资 167.8 亿美元，占并购总额的 81.6%，境外融资 37.9 亿美元，占并购总额的 18.4%。

（四）多样化的行业发展

中国商务部将中国的海外直接投资分成两大类：贸易类和非贸易类。前者包括在进出口贸易、交通与通信、金融与保险、餐饮与旅游、咨询与医疗等行业海外投资的企业；后者包括在工业生产、工程承包以及资源开发等领域海外投资的企业。随着中国对外直接投资流量的迅速上升，我国投资的行业分布更广泛，几乎遍及第一、二、三产业的各个细分领域。从境内投资者的行业分布看，制造业是对外投资最为活跃的主体，占境内投资者的三成以上，主要分布在计算机、通信和其他电子设备制造业、专用设备制造业、通用设备制造业、医药制造业、电气机械和器材制造业、化学原料和化学制品制造业、纺织服装、服饰业、金属制品业、纺织业、橡胶和塑料制品业以及汽车制造业等。

三、中国跨国企业经营的优势

（一）资源优势

特殊的分布条件和已经形成的开发优势是一个既定的事实。对我国企业竞争与发展来讲，这是一个重要的优势条件。我国的企业从总体上看仍是以传统产业为主，资源和资本仍然构成其增长的主体要素，我国企业与资源的相关度是很高的，目前产业增长基本仍是以消耗资源和能源为主，而且随着资源的开发利用，我国确实成长起来一批具有一定竞争实力的资源型企业，如石油、钢铁、煤炭以及稀土、钾等其他特有资源开发而形成的企业。资源的相对优势，将推动资源型企业的相对优势。当然，我们说的资源优势的更重要的一个方面还在于其廉价性，这是基于我国目前资源存量条件和开发能力而言的，随着国外资本的大量介入和资源存量的减少以及开发水平的提高，这种廉价优势还会有所变动。

（二）区位优势

中国之所以在过去的若干年时间里成为引进外资的超级大国，就是因为中国有很多其他国家和地区难以比拟的区位优势，包括工资、劳工素质、市场和政策等因素。在中国内部，我们也看到沿海特区和政策优惠力度大的地区对外资更有吸引力，这同样说明区位的差异对外国直接投资的影响。

我国资源、产业与市场的一体性，支撑了区位优势。一是资源区位，部分资源的区域专有性和区位指定性，形成比较明显的发展优势。二是产业区位，中国的企业总体上是以资源为依托发展起来的，资源的比较优势形成企业的竞争优势。三是市场区位，中国市场既有与世界市场的同一性，也有其区域市场的独特性，创造了需求的多样性，构成市场的区位优势。应当看到，我国经济是自成体系的，在很大程度上可以实现生产、流通、分配和消费的内循环，改革开放以来，尽管加大了对世界市场的参与度，进出口贸易进一步扩大，但是，在经济总量中，国内需求占据相当大比重。这就决定了市场区位优势的特殊意义，中国既可以是原料地，又可以是制造地，同时也可以成为市场所在地。

（三）总量优势

经过长期建设和发展，我国已经形成了庞大的经济规模和总量优势。我国的经济总量迅速增加，随着我国综合国力的大大增强，在世界经济中的地位进一步提升，促进了世界经济增长，中国经济成为世界经济增长的重要驱动力之一。根据世界银行公布的数据，2013—2021年中国对世界经济增长的平均贡献率达到38.6%，超过七国集团国家贡献率的总和。2023年中国经济增量相比2022年超过6万亿元，相当于一个中等国家一年的经济总量。中国物美价廉的商品输往世界各地，提高了进口国居民的实际收入水平，促进了消费的增长。同时，我国进口规模的快速扩大，为其他国家提供了广阔的市场，创造了就业机会。尽管与世界发达国家比较，特别是与世界500强企业比较，我们的平均优势还远远不足,但就其总量而言,如此规模之巨的资产是我们竞争与发展的基础,有了这一基础,我们才有了竞争与合作的前提,才有了讨价还价的底气。

(四)劳动力资源供给优势

由于我国人口众多,21世纪前10年,劳动力供给的快速增长和抚养率的下降,从要素方面为我国经济高速增长提供了良好的条件,形成了劳动力资源的充分供给,在一定时期内形成了比较优势,但同时从质量结构方面来看,我国的劳动力资源存在结构性短缺的问题。据统计,在城镇企业职工中,技术工人只占到一半。在这一半技术工人中,初、中等级技工的比例为33:1,与经济发展对高技能人才的要求差距较大。我国劳动力成本较低是突出的特点和优势,工人具有的吃苦耐劳精神,同样构成了劳动力资源供给的比较优势。20世纪90年代中期以来,我国在境外建成了一批颇具影响的项目,低廉的劳动力资源和管理成本显示出巨大的优势。但也应该看到,随着经济的发展、人们生活水平的大幅度提高,劳动力成本也不断提高。而地处美国周边的加勒比地区的一些国家,劳动力价格也比我国的便宜。可以预见,10年后,越来越多的国家劳动力会比我国便宜,我国的低薪优势很难永远维持。

(五)政策支持度优势

在国际竞争力的评价体系中,政府的政策支持同样作为一项重要的考察指标,因为在现代市场经济条件下和现代国际竞争中,政府的作用是不可替代的。有专家曾指出,当今国际竞争主要是政府的竞争、市场经济环境的竞争、公司要素的竞争、产业技术的竞争。政府通过直接参与市场经济、政策影响及法治规范,实现市场经济环境的高水平竞争力。企业的竞争力是国家竞争力的核心,但是,对于发展中国家来说,政府的作用却是第一位的,因为政府创造市场经济竞争的基础和环境,是一国企业竞争力提高的基础和前提。

我国企业成长,较多地得到政府的支持,有些还是在政府的政策保护下发展起来的,如部分垄断性企业。随着加入WTO,存在一个如何按WTO规则规范政府行为的问题,政府支持也存在一个如何发挥市场在资源配置中起基础作用的问题。但所有这些并没有否定政府对企业支持的可能性,只不过要保证这种支持必须在合理的界限之内。应当说,在这方面我国还是有一定优势的,因为国有经济的主导地位决定了政府对企业的支持力度和有效性。近年来实施的积极财政政策,就充分体现了这一点。由于特殊的成长背景,中国企业在政策支持方面具有自己的优势。特别是在改革开放的经济条件下,有效利用各种规则和政策支持,仍是中国市场经济和企业发展的重要特点。

(六)良好的海外关系

首先我国拥有良好的国际关系和信誉优势。改革开放以来,中国实行全方位的外交政策,与世界上绝大多数国家和地区建立了良好的外交关系,并广泛开展了多项经济技术合作。在此过程中树立的良好国际形象和信誉,为中国企业跨国经营活动的进一步扩大和发展创造了良好的条件。其次,中国企业在海外具有华人网络的优势。分散在全球各地的5 700多万华人和由他们编织的已有相当规模的海外华人网络是一笔巨大的无形资产,充分利用这一资产对成功实施"走出去"战略具有重大意义。

第四节 中国跨国企业经营面临的挑战与对策

一、中国跨国企业经营面临的挑战

(一)跨国经营意识薄弱,国际化经验不足

从跨国经营意识层面来看,我国多数企业仍然过于依赖国内市场的稳定收益,对国际市场的认知与参与程度严重不足。在全球经济一体化的大背景下,国际市场的竞争日益激烈,而我国企业却往往局限于本土市场的思维定式,缺乏主动出击的勇气与策略。这种保守的经营策略不仅限制了企业自身的国际化进程,也导致我国在全球经济体系中的地位和影响力难以得到显著提升。在国际化经验方面,国外企业历经上百年的市场洗礼,无论是从市场调研、产品研发、生产管理,还是从市场拓展、销售网络构建、人才培养机制以及战略规划制定等方面,均形成了高度成熟且系统化的运营模式。相比之下,我国企业在跨国经营过程中,往往缺乏一套既符合国际标准又适应本土特色的管理体系。这导致企业在面对复杂多变的国际环境时,难以快速适应并融入当地市场,从而限制了其跨国经营活动的深度和广度。

(二)国际化人才匮乏,国际商务知识不足

在全球化经济背景下,跨国经营企业面临着复杂多变的国际环境和激烈的市场竞争,这对企业的人才队伍提出了更高的要求。然而,现实情况却是,我国跨国经营企业在国际化人才方面存在明显的缺口。跨国经营企业所需的海外人才,往往需要具备"全才"的特质。他们不仅要精通国际经济与贸易实务,能够熟练掌握国际贸易规则、国际市场营销策略以及国际金融工具等专业知识,还需要具备处理一般事务的能力,如跨文化沟通、团队协作、危机管理等。然而,这样的人才在我国跨国经营企业中并不多见,导致企业在面对国际市场的挑战时,往往显得力不从心。由于国际化人才的匮乏,我国跨国经营企业对东道国的金融政策、外汇管制、税法、劳工法律以及资金管理等关键领域了解不够全面。这导致企业在面对有关经济政策的变化时,反应不够敏感,难以及时调整经营策略,制定相应的防范对策来减小和转移风险。

(三)自主知识产权缺乏,核心竞争力薄弱

中国跨国经营企业虽然发展快,但起步较晚,在全球资源配置上与发达国家的跨国公司还有差距,在全球范围配置资源的能力还不够。走出去的企业在产品设计、原料采购、加工制造、物流运输、订单处理、批发经营、终端零售的产业链中,以价值链低的加工制造为主,除了少数企业积极向产业链高端延伸外,中国跨国公司的投资主要集中在产业链中低端,附加值少,国际竞争力较弱。跨国经营企业缺乏研发能力,产品科技含量低,运行效率低,产品缺乏国际竞争力,使企业在竞争中处于不利的地位。作为对外投资主要力量的中央企业,境外投资也仍处在初级阶段。投资项目前期研究不够深入,投资风险控制能力

和利用全球资本市场的能力不强。同时企业境外国有资产监管中仍然存在一些薄弱环节,有的企业境外国有资产管理制度不健全,内控机制不完善,管理责任没有落实;有的企业在境外资产运营中风险意识不强,重投资、轻管理,影响企业境外国有资产的安全。

(四) 风险预警体系不全,风险防范措施不力

尽管中国意识到在国际化过程中可能产生风险,然而中国还没有建立健全的风险防范体系,风险防范措施不力,应对突发事件的应变能力不强。跨国经营风险是所有企业都会遇到的,有些企业因没有防范好,遭受巨大损失。企业对外直接投资面临的另一大风险是法律风险。不同的国家针对外国直接投资的政策和法律不同,而且有关投资的政策与法律经常会因为外部经济环境的变化而进行调整,同时在环境保护、劳工、税务、国家安全、反垄断以及行业限制等方面,各国都有不同的规定。许多企业由于对东道国的法律风险预估不够,结果运营遇到困难,对企业造成损失。

(五) 海外企业社会责任意识薄弱,履行社会责任能力不强

中国近年来制定了一系列有关企业社会责任的法规和政策,《境外投资管理办法》《境外中资企业(机构)员工管理指引》《中国境外企业文化建设若干意见》《中国对外承包工程行业社会责任指引》等规范和推动了跨国经营企业社会责任的履行。但是,一些企业没有把主动承担社会责任同企业发展战略相结合,从而将社会责任内化成企业的价值观,形成可持续的制度化运行机制,也没有配备相应资源,履行企业社会责任的方式方法有待改进,社会责任履行情况的披露信息较少,与东道国社区沟通不畅,企业社会责任的战略性、长期性和系统性有待加强。许多企业的社会责任实践活动同国际社会的责任标准还存在很大的差距,在熟悉当地法律,和谐劳资关系,改进社区关系,积极参加慈善活动等方面还需努力。个别海外中资企业在经营中社会责任意识淡薄,没有很好地履行社会责任,不仅对本企业的长期发展造成不良影响,甚至给中国企业的声誉和品牌建设,乃至中国的国家形象造成不良影响。

(六) 全球文化多样,跨文化沟通面临挑战

在全球化的浪潮中,中国跨国企业在国际舞台上日益崭露头角,然而,跨文化冲突成为它们不得不面对的一项重大挑战。这种冲突不仅源于不同国家和地区之间文化背景的显著差异,更体现在价值观、思维方式、工作习惯和沟通方式等多个层面。在价值观层面,中国文化强调集体主义、尊重权威和注重和谐,而许多西方国家的文化则更加倾向于个人主义、平等主义以及强调竞争。这种价值观的碰撞,往往导致中国企业在国际市场上遭遇沟通障碍和误解,甚至可能引发信任危机。在思维方式方面,中国文化注重直觉、整体性和辩证思维,而西方文化则更加注重逻辑、分析性和线性思维。这种思维方式的差异,导致中国企业在制定战略、解决问题和进行决策时,可能会与西方合作伙伴或消费者产生分歧,从而影响合作效率和效果。在工作习惯和沟通方式方面,中国文化注重人际关系和面子,往往采用含蓄、委婉的沟通方式,而西方文化则更加注重直接、坦率的表达。这种沟通

方式的差异,可能导致中国企业在国际市场上遭遇沟通障碍,甚至引发不必要的误解和冲突。

二、中国跨国企业经营的对策

(一)合理选择、扶持先行主体

大型国有企业和企业集团应当作为中国海外投资的先行主体。这些企业已有自己独特的竞争优势,完全有可能跻身于世界跨国企业之林。以下四类大企业或企业集团将担当起这一开创性的艰巨任务。

1. 具有海外贸易、投资经验的企业

这主要包括中央政府和各级地方政府直属的外贸专业公司和大型贸易集团,如中国化工进出口总公司、中国粮油进出口总公司、中国电子进出口总公司、中国机械设备进出口总公司、中国技术进出口总公司、中国轻工业品进出口总公司等。这些企业长期从事进出口贸易,逐渐形成了具有一定规模的海外市场网络,掌握熟练的营销技巧,有灵通的信息系统、稳定的业务渠道,融资便利,是我国企业海外经营的先锋和主力。

2. 大型生产性企业

大型生产性企业一般都有外贸经营权,通过早期的出口贸易,其产品已经在国际市场占有一定的份额。它们拥有相对成熟的生产技术和一定的研究与开发能力,在国内有庞大的生产基地和销售网络。由于它们在资金、技术、人才、市场、管理等方面有明显的竞争优势,因而海外经营起步虽晚,但在向海外扩张中有着极大的潜力。

3. 大型资源类开发企业

由于特殊的国情,人口众多,经济发展迅速,再加上粗放型的经济增长方式,我国经济的发展对国外资源的依赖性格外严重。国外资源的稳定供给不仅关系到经济的正常运转,还关系到中国的生死存亡。因此,扶持一批大型的资源类开发企业就显得尤其重要,比如中石化、中石油、宝山钢铁集团等资源类开发企业。

4. 大型金融、服务型企业

这类企业包括中国银行和中国工商银行等五大专业银行、中国人民保险公司、中国远洋运输公司、中国建筑工程公司、中国土木工程公司、中国水利电力公司等。这些企业资金雄厚,能够提供专业化服务,有良好的信誉,经营规模大,在国际市场上也有着较高的知名度。

(二)优化投资方式

1. 股权式合资企业为主

以股权合作方式建立合资子公司的好处主要在于租金的内部化。与海外独资子公司不同的是,股权式合资在降低其交易成本的同时,还可以获得一种前者所不具有的租金。这种租金来源于当地合作伙伴所掌握的有关当地经济、政治、法律、文化、政府以及现行实际商业背景等方面的知识和信息。利用当地合作伙伴所掌握的这些知识和信息,跨国公司便可降低其国外投资对信息要求所产生的成本和由知识不完全所造成的风险。这样既可增加跨国公司的盈利,又可降低其在东道国经营的不稳定性。股权式合资虽然在制定履行合同、执行定价协议以及跨国公司无形资产转让等方面的谈判中会增加费用,但大多数国家的经验证明,跨国公司和当地伙伴资产合并以后所产生的协同效应和租金的内部化使建立股权式合资企业所带来的资产收益增值的潜力足以抵消上述的谈判费用以及其他一些摩擦性费用。

2. 非股权式经营方式

非股权参与是指跨国经营企业不以直接获取股权的方式,而以签订合同的方式参与国际生产经营活动的各种方式的总称。非股权参与又称为"契约式参与"或"合同式参与",因为这些形式都是建立在契约或合同的基础上的。相对于股权式参与而言,非股权式参与显示了更多的灵活性。比如可以采取国际合作经营、许可证交易、对外特许授权、技术转让、管理合同、启钥工程、制造合同、联合销售合同、国际生产分包和国际战略联盟等。

3. 加入跨国战略联盟

目前,我国企业参与国际分工的水平比较低,大部分仍处于价值链的底端,这种情况对企业的长远发展十分不利。我国企业与发达国家的跨国公司建立战略联盟是应对全球竞争的一条捷径,应给予高度关注。战略联盟是指两个或两个以上有着对等的经营实力的企业为实现资源共享、风险或成本共担、优势互补等特定战略目标,在保持自身独立性的同时通过股权参与或契约联结的方式建立合作伙伴关系,并在某些领域采取协作活动,从而获得双赢效果。这是一种介于企业与市场之间的中间组织,是企业之间为了达到共同的战略目标而进行的一种长期合作。20世纪80年代初期以来,战略联盟这种组织形式在西方和日本企业界迅速发展,尤其是跨国公司之间在全球市场竞争中纷纷采取这种方式。企业要赶超那些同样有竞争力的对手就必须不断加快创新的步伐,然而面对激烈的竞争,单个企业的资源是有限的。战略联盟这种合作形式可以整合合作双方的资源与核心竞争力,在实现战略目标的同时,使企业不必扩大组织而扩大生产规模,它也能以同样的方式拓展企业的经营范围,实现范围经济;拥有某种互补资源和技术的企业通过组建战略联盟的方式进入新的行业领域,实现合成效应,减少管理成本,实现多元化经营。

4. 谨慎的跨国并购方式

对于企业而言,跨国并购最突出的优点是扩张速度快,跨国并购允许企业在东道国迅速建立商业设施,分享东道国的经济增长成果,同时便于获取战略性资产,包括专利、品牌、技术和营销网络等。然而,跨国并购的缺点也是显而易见的:耗资巨大,往往涉及巨额的资金流动,尤其在被并购方拥有专利、品牌等战略性资产时更是如此。巨大的耗资往往会给企业带来较为沉重的财务负担。并购后的整合难度较大,跨国并购最终能否成功,关键是并购后不同企业的文化能否有效整合。然而,迄今为止的有关研究表明,跨国并购后,企业整合的成功率并不高。

（三）结合行业特性制定战略

在跨国企业的发展过程中，对外直接投资在产业上的分布经历了从以资源开发为重点向工业制造业，进而向金融、保险、咨询等现代服务业转化的过程。目前，发达国家已经完成了第一个转化，进入第二个阶段，并在向第三个阶段转化推进。这是社会生产力发展在全球经济一体化过程中国际生产分工和要素流动的一个基本趋势。我国跨国企业的发展总体上也不能违背这一客观规律。与此同时，也要根据我国经济的特点和发展要求，在当今世界经济背景下，寻求快速完成这一转化的途径和方法，尽快跟上世界经济的发展步伐。我国可以考虑以下几个行业。

1. 制造业

制造业的对外投资，符合我国现阶段产业发展的方向，其技术含量大、附加价值高，加强与国际制造业的合作，有利于我国技术的发展与开发在深层次上推动国内经济的发展，它应为现阶段和未来相当一个时期我国对外直接投资的重点和方向。将劳动密集型产业作为对外直接投资的重点扶持产业。经过几十年的改革开放，我国在纺织、服装、机械、家用电器、普通电器设备等劳动密集型制造行业已具有明显的比较优势，产品国际竞争力明显提升。在这些领域，很多产品的品质都具有其他国家同类产品所不具有的独特比较优势。因此，我国政府可通过采取一系列政策措施大力引导此类产业进行对外直接投资。同时应加大力度采取倾斜政策扶持高新技术产业开发新兴的技术密集型产业。这些年来，我国在高新技术领域，特别是以计算机、通信为代表的IT产业和生物医药产业的迅猛发展，使得我国具备一定的高新技术研究与开发能力。但是有些科技成果在国内产业化条件尚未成熟、产业化比例较低，而发达国家却拥有优越的产业化条件，所以这些行业的对外投资可以利用发达国家的优势进行产业化，从而促进这些产业的加速发展。

2. 资源开发

面对我国的现实情况，在未来相当一段时期内，对外直接投资在资源开发部门还需有一个大规模的发展。目前，由于经济的快速发展，我国正面临严重的能源短缺。以单纯的贸易进口方式来弥补这些资源的短缺，往往会受出口国政治、经济等多方面因素的影响，风险很大。对外直接投资与资源开发型产业不仅可以补缺，而且可以进行能源战略性储备，通过直接投资取得的原料，在价格和供应的稳定性方面更有保证。因此，随着我国企业"走出去"步伐的加快，投资资源开发将仍然是我国对外直接投资的重要部分。资源开发的海外直接投资，在我国经济发展中占有十分突出的地位。虽然也不乏投资巨大的项目，但从现状来看，这一领域的投资还需进一步扩大。同时考虑到投资额大、周期长、运输量大、投资区位有限、潜在的政治风险高等原因，我们也需要适当而又谨慎地投资经营。

3. 研发

目前，高新技术正在呈现产业化趋势，在发达国家逐步成为支柱产业。为了在世界高新技术产业竞争中占据有利地位，一些国家纷纷向技术先进的国家投资，在那里新建高新技术子公司或收购兼并当地的高技术公司，借以进行科研开发和引进新技术、新工艺以及新产品设计，实现高新技术的输入和回流，促进国内产业结构高级化。我国目前对高新技术产业的境外投资虽然已经起步,但投资规模明显偏小,对国内产业结构升级的带动作用不大。为了提高我国境外投资的技术水平和层次,很有必要扩大对高新技术产业的投资规模。

4. 工程承包

建筑承包业是建立在人力资本输出基础上的,既能充分利用我国丰富的人力资源、缓解国内的就业压力,又能带动国内设备和材料的出口,促进相关产业的发展。在建筑工程承包方面,我国企业具有较大的相对优势。2001年出版的美国权威杂志《工程新闻纪录》评选出了2000年度全球最大的225家国际承包公司,我国就有34家。中国的建筑承包公司不仅获取了巨大的经济效益,而且通过为当地创造巨大的就业机会,从而赢得了当地的支持,产生了良好的经济效益,宣传了中国的正面形象。

5. 金融服务

在我国非贸易性境外投资中,目前服务业投资所占比重仅为19%,这一偏低的比例与国际投资发展潮流不吻合,因而需要逐步提高对服务业的投资比重。与第一、二产业相比,服务业投资风险较小,投资回收期较短,而且资金有机构成较低,劳动力容量较大,发展服务业的境外投资适合我国现实情况。同时,只有加快对服务业的境外投资,才能配合其他行业的投资,增强我国境外投资企业的综合竞争实力。根据国际经验和我国特点,目前应大力对外开拓发展的服务行业就是金融保险业。它有利于我们在国际上融通资金,增加境外企业和国内企业的资金来源,防范和化解境外投资风险,对我国境外企业的成长发展起到重大的支撑作用。

(四)把握区位战略拓展优势合作

对外直接投资以什么区域为重点,既关系到现阶段跨国企业的发展,又关系到未来长期的发展空间。从我国国情出发,在未来一个时期,对外投资的重点应以亚太经济圈为主。我国处于亚太经济圈,相对而言经济技术有一定优势,与亚洲国家经济技术联系较为密切,地理、文化和消费习惯较为接近,生产和技术向这些国家或地区转移较为容易。向这些国家投资可以带动我国技术、设备、劳动力、管理等生产要素的一揽子转移,取得更为显著的效果。除此之外,亚太地区人口众多,经济发展较快,市场容量较大。因而,向这一区域重点投资是我们的必然选择。同时,亚太地区是世界上经济增长最快的地区之一,也是吸引国际直接投资的热点所在。日本在亚太经济圈处于核心地位,正奉行其区域网络化的对外投资战略,以增强自身的向心力。中国在利用这种形势吸引日商资本的同时,发展本地区的对外直接投资,使亚太地区的经济战略势态不至于发生过分恶化,这也是建立国际经济新秩序的主要内容之一。

欧盟是世界上经济高度发达的地区之一。直接向欧盟发达国家进行逆向投资以获得大容量市场、高技术,紧跟世界经济发展潮流。这也是少数新兴工业化国家和地区的最新投资战略。其既可绕开其排他性很强的贸易壁垒,又可利用其"四大流通"的便利条件在整个欧盟内部通行无阻地销售产品。由于欧盟国家众多,投资于欧盟不同国家,可能会有不同的投资效益。一般来说,以占领对方市场为主的投资主要集中于东欧经济发展水平较低的国家(一般为劳动密集型)。这些国家劳动力价格较低,并且这些国家对吸引外商直接投资也提出了种种优惠条件。而资本、技术密集的投资主要集中于西欧各国,它们的技术较为发达,管理经验较为丰富,有利于学习其先进技术、管理经验和获取必要的信息,缩小我国企业水平同发达国家之间的差距。

积极关注热点地区,比如中东石油国家和地区拥有庞大的石油收入,是世界上最富裕和消费水平最高的地区之一。虽然由于特殊的民族宗教习惯,其商品市场的规模受到一定的限制,但其在基础设施方面存在巨大的承包市场。中国拥有丰富的劳动力资源,因此从事承包的劳务合作企业在这一地区的市场十分广阔,并且该地区的石油资源也是不能忽视的。同样作为发展中国家,中国和其他发展中国家和地区形成了传统的经济合作关系。发展中国家和地区丰富的要素资源为我国的产品、技术和机器设备提供了发挥相对优势的广阔空间。通过对这些国家和地区的跨国投资,既可以推动我国产业结构的调整,也有利于巩固加强传统的合作关系。但是由于一些发展中国家和地区政治局势不稳,因此选择投资时机时要更为慎重。

(五) 提升技术创新成果转化

技术资本化是指通过市场机制实现技术创新成果转化为资本,进而实现技术创新成果市场化的过程。其一般可分为两个阶段:一是技术的商品化阶段,也称为初级阶段;二是技术的资本化阶段,即高级阶段。技术资本化的形式一般有三种:第一是技术入股,指把技术作为资金、实物一样的投资列入企业注册资金中,投资者与企业共担风险、共享利润分成。第二是技术抵押,指在技术可以作为资本的前提下,以拥有先进技术作为财产保证,取得贷款或组建风险企业。第三是补偿贸易,指在信贷的基础上,一方向另一方输出技术,然后在一定时期用产品和双方商定的商品清偿贷款的一种贸易方式,实质是一种技术商品信贷关系,也是利用国外资金的一种方式。

我国在长期工业发展过程中形成的小规模、劳动密集型生产技术,非常适合那些市场规模较小、工业化程度不高、资金和熟练劳动力缺乏的发展中国家的需要。因此,在我国企业"走出去"的过程中,可以转移我国的这些劳动密集型生产技术,一方面可以调整我国的产业结构,另一方面也可以带动相关欠发达国家的发展。但是,需要注意的是,以小规模生产、劳动密集型技术为特征的对外直接投资,由于产品生命周期多处于标准化或成熟期,技术层次低,容易被他人模仿和掌握,再加上合资经营保密性较差,一旦技术公开,投资优势丧失,经营即告失败。因此我国企业在跨国经营时要注意在不断革新技术的基础上保有优势,延长产品生命周期,一方面加紧对新技术的研制和新产品的开发,另一方面缩短引进技术的消化吸收过程,尽快地把改进的技术推广出去。

引进、消化、吸收、再创造,是我国在尽可能短的时间内缩小同发达国家技术水平差距的一条捷径。经过几十年的发展,我国在许多领域的技术水平已和发达国家相差不远。但是随着技术更新换代的速度越来越快,我国引进的技术大多已经不再适合我国的需要,然而这些技术,在相对于中国较落后的国家和地区,仍然有着较好的发展前景,通过把这些引进的技术再输出,不仅可以部分地抵消我国在引进时的巨额成本,还可以促进我国引进或创新更高水平的技术。

（六）加大政府扶持力度

1. 加快对外直接投资的立法保护以促进"走出去"企业的发展

当前,政府应尽快出台相关法律法规,将现有的对外直接投资政策和条例纳入法治化的框架,规范管理我国的对外直接投资,同时,对对外直接投资企业的立项、审批、资金汇出、利润汇入、税收财务、信贷、会计核算等作出详细具体的规定,使对外直接投资的行业发展能够有法可依。另外,还要积极推进同相关国家协商签订投资保护协定,使我国对外直接投资企业免受因战争、汇款限制、贸易保护等意外风险而遭受的损失。

2. 实行金融、税收、外汇等倾斜政策

制定优惠政策以促进对外直接投资的发展。在金融政策方面,可适当放宽金融政策,赋予具有一定规模和实力的对外直接投资企业对外金融权,取消境内企业对境外融资担保的限制,使企业能够以多种方式在国际金融市场上融资。在财政税收政策方面,可对对外直接投资企业实行多层次、差异化的税收减免。同时,要完善国家税收制度,与东道国签订避免双重征税协定。在投资保护方面,可借鉴欧美等发达国家的做法,建立对外投资保险制度,以降低我国跨国公司的投资风险。还应简化对外直接投资相关手续的办理程序。建立适应国际市场需要的外汇管理制度,今后随着越来越多的产业走出去进行对外直接投资,需要更加宽松的外汇管理环境。政府部门应适应"走出去"战略的要求,实行科学的外汇管理制度。改革现行外汇管理体制中与市场经济和"走出去"开放战略不相适应的部分,给予企业对外直接投资外汇使用和结汇方面更多的自由和方便。同时加强外汇监管,与金融部门合作,全面收集行业用汇信息,建立行业数据库,鼓励有信誉、效益好的企业使用外汇,以促进我国对外直接投资的快速健康发展。除此之外,还应优化我国的融资体系,为我国对外直接投资的产业发展提供金融保障。为了解决我国对外直接投资企业发展融资难的问题,政府应积极支持我国对外投资企业融资体系的建立,拓展我国企业融资渠道,以便从资金上支持我国对外投资。通过股票市场、债券市场、信用体系建设和风险投资机制建设等融资渠道,可以有效地为我国企业提供发展所需的资金。还可以借鉴发达国家对外直接投资的促进与管理经验,在加强对对外直接投资保护基础上,加大对其发展的促进力度,特别是要加快和完善国内金融服务体系的建设,为我国企业走出去进行对外直接投资和工程承包项目提供优惠贷款、担保及保险等更多的服务。

3. 建立完善的信息服务体系

信息的缺乏一直都是我国企业对外直接投资产业选择的关键问题。为此,政府应尽快地建立完善的社会化信息服务体系,在市场信息、技术信息、政策信息等方面建立国外信息网络和信息发布渠道,提升我国企业的国外信息获得能力和开放能力,全面收集和分析投资东道国的政治、法律、经济、社会、文化、自然生态、基础设施、市场情况及投资机会,为行业内的投资行为决策提供全方位的支持。具体来讲,可通过以下几种方式建立对外直接投资的信息服务体系:第一,独立的对外投资研究信息咨询中心。第二,各种行业协会组织,充分发挥其管理、服务、规划、协调的功能,以便在企业、政府、市场之间充分地沟通。第三,发挥我国现有各种驻外机构的作用。各种驻外机构在收集和处理所在国经贸信息方面具有独特优势,能够更好地为企业对外直接投资服务。第四,建立合作项目信息库,组织对外直接投资合作论坛。

4. 充分挖掘利用人才资源

随着跨国公司经营管理的国际化、全球化,其对高层管理人员的素质提出了更高要求。美国经济学家大卫·勃莱克在《跨国公司对外关系管理》一书中曾明确提出:"跨国公司经营成败的关键并不只是拿捏技术,而更重要的是拥有优秀人才,以便企业能在不稳定的、面对各种挑战的东道国环境中有效地进行经营管理。"因此,跨国企业要求高层次管理人员必须具有进行政治、外交、技术谈判的技巧和能力。当前,缺乏谙熟业务和精通外语的管理人才是中国跨国公司发展的一大障碍,我国要打入国际市场,在国际市场上立稳脚跟,就必须培养出一批开拓型的企业家人才、开创性的专业化人才、经营性的经理人才,培养一批通晓世情国情的高级专业人才,如国际企业管理人才、国际经济法人才、国际会计统计人才。跨国公司人才的开发和培养是一项长期而艰巨的任务,因此,现在就应立即抓紧人才的培养。可以在高等院校开设有关专业,如国际商务硕士专业,有目的地培养从事对外投资的管理、财会、营销人才;从有关部门、企业抽调德才兼备的干部进行定向培训,仿效西方的聘请制,聘请有经验、有才华的外国人担任经理和重要负责人等。

 即测即练

参考文献

[1] ADAIR W,BUCHAN N,CHEN X P. Conceptualizing culture as communication in management and marketing research[M]//NAKATA C. Beyond hofstede:culture frameworks for global marketing and management. London:Macmillan's Palgrave,2009.

[2] ADAMS L,DRTINA R. Transfer pricing for aligning division and corporate decisions[J]. Business horizons,2008,51(5):411-417.

[3] ARGYLE M. Bodily communication[M]. London:Methuen,1988.

[4] BARRY D. Dave barry is from Mars & Venus[M]. New York:Ballantine Books,Random House Publishing Group,1997.

[5] BENGTSSON M,KOCK S."Coopetition"in business networks to cooperate and competes imultane-ously[J]. Industrial marketing management,2000,29(5):411-426.

[6] BERRY S,ARIEL P. Some applications and limitations of recent advances in empirical industrial organization:merger analysis[J]. The American economic review,1993,83(2):247-252.

[7] BRISLIN R,YOSIDA T. Acquiring intercultural communication skills[M]//BRISLIN R W,YOSHIDA T. Intercultural communication training. Thousand Oaks:SEGA Publications,1994:85-113.

[8] BURKART M. Initial shareholders and over bidding in take over contests[J]. Journal of finance,1995,50(5):1491-1515.

[9] RICE J,GALVIN P. Alliance patterns during industry lifecycle emergence:the case of Ericsson and Nokia[J]. Technovation,2005,26(3):384-395.

[10] 夏皮罗.跨国公司财务管理[M].北京:中国人民大学出版社,2005.

[11] 埃文斯.国际人力资源管理[M].唐宁玉,等译.北京:机械工业出版社,2007.

[12] 陈宝森.美国跨国公司的全球竞争[M].北京:中国社会科学出版社,1999.

[13] 陈国欣.财务管理学[M].天津:南开大学出版社,2011.

[14] 陈文浩.公司财务[M].上海:上海财经大学出版社,2003.

[15] 陈晓萍.跨文化管理[M].北京:清华大学出版社,2016.

[16] 陈莹.国际结算[M].北京:经济管理出版社,2010.

[17] 崔日明,徐春祥.跨国公司经营与管理[M].北京:机械工业出版社,2014.

[18] 杜奇华,白小伟.跨国公司与跨国经营[M].北京:电子工业出版社,2008.

[19] 段云程.中国企业跨国经营与战略[M].北京:中国发展出版社,1995.

[20] 甘碧群.国际市场营销学[M].北京:高等教育出版社,2006.

[21] 高湘一.跨国公司经营与管理[M].北京:中国商务出版社,2006.

[22] 关雪凌,罗来军.跨国公司经营与管理[M].北京:中国人民大学出版社,2012.

[23] 林季红.跨国公司经营与管理[M].北京:清华大学出版社,2015.

[24] 林季红.跨国企业管理案例[M].北京:中国人民大学出版社,2013.

[25] 林新奇.跨国公司人力资源管理[M].北京:清华大学出版社,2015.

[26] 卢进勇,邰志雄,温丽琴,等.跨国公司经营与管理[M].3版.北京:机械工业出版社,2022.

[27] 马述忠.国际企业管理[M].北京:北京大学出版社,2010.

[28] 晏雄.跨文化管理[M].2版.北京:北京大学出版社,2016.

[29] 杨培雷.跨国公司经营与管理[M].上海:上海财经大学出版社,2015.

[30] 朱晋伟.跨国公司经营与管理[M].北京:北京大学出版社,2018.

[31] 朱智洺,符磊,绪辉.跨国公司经营管理[M].北京:清华大学出版社,2018.

[32] 朱智洺.跨国公司经营管理[M].北京:清华大学出版社,2018.

教师服务

感谢您选用清华大学出版社的教材！为了更好地服务教学，我们为授课教师提供本书的教学辅助资源，以及本学科重点教材信息。请您扫码获取。

❯❯ 教辅获取

本书教辅资源，授课教师扫码获取

❯❯ 样书赠送

国际经济与贸易类重点教材，教师扫码获取样书

 清华大学出版社

E-mail：tupfuwu@163.com
电话：010-83470332 / 83470142
地址：北京市海淀区双清路学研大厦B座509

网址：https://www.tup.com.cn/
传真：8610-83470107
邮编：100084